OS ELEMENTOS DO CARÁTER E SUAS LEIS DE COMBINAÇÃO

TRADUÇÃO
PABLO PINHEIRO DA COSTA

OS ELEMENTOS DO CARÁTER
E SUAS LEIS DE COMBINAÇÃO

PAULIN MALAPERT

Os elementos do caráter e suas leis de combinação
Paulin Malapert
1ª edição — julho de 2019 — CEDET

Título original: *Les éléments du caractère et leurs lois de combinaison.*

Os direitos desta edição pertencem ao
CEDET — Centro de Desenvolvimento Profissional e Tecnológico
Rua Armando Strazzacappa, 490
CEP: 13087-605 — Campinas, SP
Telefone: (19) 3249-0580
e-mail: livros@cedet.com.br

EDITOR:
Felipe Denardi

TRADUÇÃO:
Pablo Pinheiro da Costa

REVISÃO ORTOGRÁFICA:
José Lima

PREPARAÇÃO DO TEXTO:
Beatriz Mancilha

DIAGRAMAÇÃO E PROJETO GRÁFICO:
Pedro Spigolon

CAPA:
Bruno Ortega

REVISÃO DE PROVAS:
Luiz Fernando Alves Rosa
Natalia Ruggiero

CONSELHO EDITORIAL:
Adelice Godoy
César Kyn d'Ávila
Silvio Grimaldo de Camargo

FICHA CATALOGRÁFICA

Malapert, Paulin.
Os elementos do caráter e suas leis de combinação / Paulin Malapert; tradução de Pablo Pinheiro da Costa — Campinas, SP: Editora Auster, 2019.
Título original: *Les éléments du caractère et leurs lois de combinaison*

ISBN: 978-65-80136-07-0

1. Psicologia. 2. Aperfeiçoamento pessoal. 3. Caráter.
I. Caráter. II. Temperamento.

CDD — 150 / 158-1 / 179-9

ÍNDICE PARA CATÁLOGO SISTEMÁTICO
1. Psicologia — 150
2. Aperfeiçoamento pessoal — 158-1
3. Caráter — 179-9

Auster — www.editoraauster.com.br

Reservados todos os direitos desta obra. Proibida toda e qualquer reprodução desta edição por qualquer meio ou forma, seja ela eletrônica, mecânica, fotocópia, gravação ou qualquer outro meio de reprodução, sem permissão expressa do editor.

SUMÁRIO

08 PREFÁCIO À SEGUNDA EDIÇÃO
22 INTRODUÇÃO

PRIMEIRA PARTE
OS ELEMENTOS DO CARÁTER

CAPÍTULO I
35 O temperamento físico
O temperamento e os temperamentos
Relações entre o temperamento e o caráter

CAPÍTULO II
49 O temperamento da alma

CAPÍTULO III
57 Os modos da sensibilidade

CAPÍTULO IV
77 Os modos da inteligência

CAPÍTULO V
97 Os modos da atividade

CAPÍTULO VI
111 As formas da vontade

SEGUNDA PARTE
AS LEIS DE COMPOSIÇÃO DOS ELEMENTOS DO CARÁTER

CAPÍTULO I
131 Leis de coordenação e leis de subordinação

CAPÍTULO II
143 Das relações existentes entre os modos da sensibilidade e os da inteligência

CAPÍTULO III
167 Das relações existentes entre os modos da sensibilidade e da inteligência e os da atividade

CAPÍTULO IV
189 Classificação dos caracteres

TERCEIRA PARTE
A FORMAÇÃO DO CARÁTER

CAPÍTULO I
239 A evolução do caráter

CAPÍTULO II
255 A criação do caráter pela vontade

276 CONCLUSÃO

PREFÁCIO À SEGUNDA EDIÇÃO

Não introduzi nesta nova edição nenhuma modificação essencial; limitei-me a fazer um grande número de correções nos detalhes e a completar minha exposição em certos pontos.

Gostaria, porém, de aproveitar a ocasião que me é oferecida para especificar e me justificar de algumas objeções que foram feitas às teses principais que defendi neste ensaio. Elas podem ser reduzidas a duas.

A primeira é que, se desejamos determinar as principais variações apresentadas pelos elementos essenciais desse complexo singularíssimo a que chamamos de individualidade psicológica ou caráter, não basta considerar as desigualdades que as grandes funções da vida mental, em sua intensidade e em sua amplidão, manifestam no desenvolvimento de sua atividade; é preciso, sobretudo, estudar suas *formas*, ou *modos*. Esse ponto de vista certamente não é de forma alguma original; ele não escapou a psicólogos como o senhor Fouillée ou Höffding. Todavia, não creio que eles o tenham precisado, identificado e utilizado suficientemente. O primeiro, por exemplo, criticando a teoria do senhor Paulhan, escreveu:

> Entre as formas gerais da associação sistemática e os objetos particulares das tendências ou das paixões, parece-nos que deva existir um intermediário, e esse intermediário é precisamente o caráter, isto é, a natureza própria da sensibilidade, da vontade e da inteligência, assim como a sua relação mútua. A aplicação a este ou àquele "objeto" é ulterior e derivada; o que é primordial é o modo individual do desenvolvimento e do funcionamento do processo psíquico, *sentir, pensar, querer*... Não é, assim, a paixão dominante que faz o caráter: é a predominância da sensibilidade, ou da inteligência, ou da vontade, e, em seguida, dessa determinada sensibilidade, daquele modo de inteligência, etc.[1]

Infelizmente, o senhor Fouillée, em sua própria teoria, não parece tirar partido da distinção indicada na passagem que acabo de recordar; em sua determinação dos diversos tipos de caráter, apenas considera a *quantidade*, a sensibilidade, a inteligência e a vontade, mas não suas *modalidades*.[2] Por sua vez, Höffding se exprime assim:

> A individualidade geral e abstrata de que a psicologia fala é apenas um esquema preenchido em cada caso de forma diferente. A psicologia geral não poderia esgotar essa multiplicidade; esta é a tarefa da experiência de vida, da arte, sobretudo da poesia e da história. Tudo que se pode solicitar à psicologia é que ela indique algumas *diversidades típicas*, condicionadas pela relação que existe entre os diversos elementos psíquicos e as diversas formas de atividade. Uma primeira diferença característica resultará da predominância que os elementos, sejam intelectuais, afetivos ou volitivos, terão no indivíduo. Poderá ocorrer que, em cada uma dessas espécies de elementos, uma direção particular se sobressaia às demais. Assim, no domínio do conhecimento, há oposição entre a percepção sensível e o pensamento; na percepção sensível, por sua vez, entre os diferentes sentidos (conferir, por exemplo, a diferença que existe entre o dom da pintura e o da música), e, no pensa-

---

1 Fouillée, *Tempérament et Caractère*. Paris: Félix Alcan, pp. 127–128.
2 Höffding, *Esquisse d'une psychologie fondée sur l'expérience*. Paris: Félix Alcan, ii, cap. 4, p. 190.

mento, entre as associações por semelhança e as por contigüidade. No domínio afetivo, a oposição dos sentimentos elementares e ideais tem grande importância; da mesma forma, a oposição entre os do prazer e da dor, do egoísmo e da simpatia. Enfim, a respeito da vontade, há indivíduos que são dirigidos sobretudo pela tendência e pelo instinto, ao passo que outros não param de fazer esforços penosos por toda uma seqüência de resoluções. Há aqueles nos quais a vontade se manifesta sobretudo como uma força imobilizante, e outros, nos quais o que sobressai é principalmente a atividade positiva que escolhe e produz. A todas essas diversidades somam-se, ainda, em cada divisão, diferenças de força, de rapidez e de extensão.[3]

Höffding, nota-se, esforça-se aqui em distinguir três gêneros de diversidades: o primeiro se deve à predominância de uma função psicológica; o segundo, ao que ele chama a *direção* particular preponderante em cada função, e o terceiro, a diferenças na "força, rapidez e extensão" desses diversos processos. E essas observações parecem-me confirmar o ponto de vista que defendi. Todavia, ainda que Höffding nos dê indicações apenas muito breves sobre essas diversidades de direção, não posso deixar de pensar que haja alguma confusão entre a consideração da modalidade particular das funções mentais e a de seus pontos de aplicação: a diferença que existe entre o desenvolvimento da associação por semelhança e o da associação por contigüidade não é da mesma natureza daquela que existe entre a aptidão à música e a aptidão à pintura; a oposição entre egoísmo e simpatia é uma oposição de *direção*, mas a oposição entre prazer e dor é muito mais uma diferença de *tonalidade*. De outra parte, as determinações do terceiro gênero são muito vagas; força, rapidez e extensão não parecem designar qualidades de mesma ordem. Por exemplo, no domínio da sensibilidade, compreendo bem que a oposição entre sentimentos elementares e ideais, entre egoísmo e simpatia, é diferente das diferenças que se podem notar na força ou na intensidade das emoções, na rapidez de sua sucessão; mas vejo menos claramente o que se poderia entender por *extensão* da sensibilidade.

O que chamei de *modos* ou *formas* das funções psicológicas são os aspectos característicos com que elas se revestem, e que devem muito

---

3 Höffding, *Esquisse d'une psychologie fondée sur l'expérience*. Paris: Félix Alcan, VII, cap. 4, p. 454.

menos à sua intensidade, ao seu desenvolvimento ou a seus objetos do que à forma de atuação destes, se se pode assim dizer. O que me parece importante não é somente saber se um homem sente mais ou menos, e nem mesmo quais são as circunstâncias, os objetos que preferencialmente requerem sua sensibilidade; é, também, e sobretudo, conhecer sua maneira individual de sentir, quero dizer, a brusquidão ou a lentidão com que nascem nele as suas emoções, a estabilidade ou a fugacidade destas, sua aptidão para reviver e se transmitir, para estimular favoravelmente, o poder que elas têm de impacto, sua energia, ou sua independência, sua discordância recíproca, sua tonalidade habitual, etc. Esse aspecto me parece completamente essencial, e tentei identificá-lo com a maior clareza possível. Talvez eu tenha até mesmo ido muito longe nesse sentido; talvez devesse considerar mais expressamente o objeto mesmo das tendências, que tem manifestamente uma grande parte na constituição do caráter. O desenvolvimento observável desta ou daquela tendência (apetite sexual, aptidões estéticas, paixão pelo jogo, etc.) dá ou pode dar ao caráter inteiro uma fisionomia, um aspecto, um vigor original e particular. Quanto a isso, julgo um pouco exageradas algumas das críticas que eu mesmo dirigi ao senhor Paulhan. Mas persisto em crer que a determinação dos principais modos da vida psicológica, tais como tento definir, é o ponto de partida de um estudo ao mesmo tempo analítico e sintético do caráter, e que vale a pena tentar fazê-lo.

O segundo ponto sobre o qual desejaria insistir é a questão das leis de combinação dos elementos do caráter. A idéia de que tais leis devam existir não é nova. Ela foi formulada com um rigor absoluto por Taine[4] e expressa de forma bastante explícita também pelo senhor Gustave Le Bon:

> Tudo se mantém dentro do organismo, e se pelo resultado de correlações fisiológicas existentes entre as diversas partes de um animal um naturalista pode, pelo exame de uma única parte, como um dente, reconstituir não somente o aspecto interior, mas o modo de vida e os hábitos do animal de onde esse dente provém, também é freqüentemente possível, quando se conhecem certas particularidades de um caráter, deduzir todas as demais.[5]

---

4 Cf. infra, parte II, cap. 1.
5 Gustave Le Bon, "Étude Du Caractère", em *Revue Philosophique*, t. IV, p. 509.

PREFÁCIO À SEGUNDA EDIÇÃO

No mesmo sentido, Marion escreveu: "É de se crer que nem todas as combinações psicológicas imagináveis sejam igualmente possíveis, e que existam certas leis de composição do caráter".[6] Seria fácil encontrar em outros psicólogos fórmulas análogas. Todavia, até onde sei, ninguém propôs-se expressamente a determinar essas leis. Procurei fazê-lo, e essa foi, seguramente, a parte mais delicada da tarefa a que me propusera, e também a mais contestada. Entre as objeções que me foram apresentadas, é necessária uma distinção. Evidentemente, deixo de lado aquelas direcionadas às leis particulares que acreditei poder observar; é possível que todas, ou quase todas, as correlações que assinalei sejam inexatas ou insignificantes. Mas este não é, a meu ver, o essencial.

Outras dificuldades se relacionam à interpretação que convém dar. Marillier me reprovou por não ter procurado essa explicação nas disposições biológicas congênitas.

> É bem provável que certas correlações que Malapert procura evidenciar entre tal forma de sensibilidade e tal modo de atividade resultem de que elas sejam a dupla expressão de um mesmo organismo e, mais precisamente, de um mesmo sistema nervoso: o vínculo que existe entre essas formas mentais é um vínculo indireto; elas não se determinam uma pela outra, mas são determinadas por uma condição comum ou, antes, por um conjunto de condições comuns. E é aí que se permite compreender que a correlação não é rigorosa: se o estado do sistema nervoso varia, pode ser que suas variações provoquem a alteração de um dos grupos de funções, e que elas não sejam de natureza a fazer o outro sofrer uma alteração de mesma qualidade e nem, sobretudo, de mesma extensão. Se houvesse nesses casos a ação direta de um grupo de fenômenos psíquicos sobre o outro, suas variações seriam muito mais rigorosamente coordenadas do que a experiência parece revelar.[7]

No geral, estou quase que completamente de acordo com Marillier, salvo algumas reservas em favor da influência direta das funções mentais umas sobre as outras. Basta-me que admitamos a realidade dessas correlações e que concordemos, por outro lado, que "conhecemos

---

6 Marion, *De La Solidarité morale*. Paris: Félix Alcan, 3ª ed., p. 58, nota.
7 Marillier, *Année biologique*, 1898, 4ª ed., p. 748.

melhor, no presente momento, o funcionamento do espírito do que o dos centros nervosos, e que, se a lógica ordena, quanto à exposição dos fatos, o trajeto da condição ao condicionado, do fenômeno cerebral à manifestação psíquica, todo método de pesquisa sadio deverá seguir a marcha oposta".

Mas foi o senhor Paulhan[8] que mais expressamente criticou o princípio mesmo das leis de coordenação dos elementos do caráter. Sua argumentação merece que nos detenhamos nela; apresentaremos seus principais pontos. Ele reconhece de bom grado que "em cada indivíduo há relações estreitas entre diversos elementos do caráter, e que uma dependência mais estreita ou menos estreita os liga uns aos outros". Prossegue: "Admitiremos que cada elemento do caráter exerce alguma influência sobre os demais, e que cada elemento é, por sua vez, influenciado pelos demais. Há um ajuste inegável e uma dependência recíproca das qualidades do caráter num dado indivíduo". Porém, como se vê, essas correlações seriam puramente individuais: "Elas são muito reais em todos os espíritos, mas, dentro de cada um, as condições são diferentes e, por isso, os resultados também serão diferentes". O determinismo mental não implica, de forma alguma, a existência de leis de correlação. Não é nem necessário, *a priori*, nem exato que esse determinismo tome formas regulares na associação das qualidades psicológicas.

> Os elementos da personalidade são tão numerosos e tão complexos, sua influência pode ser exercida de tantas formas diferentes, que o determinismo de sua ação não pode acarretar produtos regulares e sempre semelhantes. Esses próprios elementos, ou suas qualidades, mesmo quando os chamamos pelo mesmo nome, sempre diferem de um indivíduo para outro. A ambição de um não é a ambição do outro, nem a vivacidade deste pode ser a de seu companheiro. Essa diversidade dos elementos tomados em si mesmos, e dos vizinhos que eles encontram, e das condições de sua atividade, acarretam inumeráveis combinações mentais que fazem de cada indivíduo concreto um ser à parte... Disto provém o caráter instável e pouco regular das associações das qualidades.

---

8 Numa resenha, aliás benevolente, sobre meu livro (*Revue philosophique*, julho de 1898) e no prefácio da 2ª edição de sua obra *Les Caractères*. É desse prefácio que tomo as citações que seguirão.

PREFÁCIO À SEGUNDA EDIÇÃO

E, no entanto, o senhor Paulhan foi levado a fazer concessões cuja importância não poderia deixar de ser mencionada. Ele reconhece que, entre essas ligações, há algumas que são mais "constantes e estáveis".

> Há mesmo o esboço de algumas associações habituais de traços de caráter... Aqui e ali se podem ver esboçar algumas associações mais freqüentes que outras. Está fora de dúvida que a existência de certos traços de caráter ajuda na formação e no desenvolvimento de certas qualidades, ao passo que prejudica outras. Ocorre também que as associações mais freqüentes de qualidades são postas em relevo.

Dessas conexões, o autor até nos fornece uma explicação: elas são devidas ou à unidade de causa (um mesmo caráter dominante suscita e desenvolve várias qualidades), ou à unidade de fim (todo elemento psíquico tende a fazer nascer, conservar e desenvolver os elementos que podem se associar a ele em vista de um fim comum).

Mas com tudo isso admitido, o senhor Paulhan avalia que não existem "leis regulares e concretas da correlação entre as diferentes qualidades do caráter".

> Não penso que essa influência [dos elementos do caráter, uns sobre os demais] geralmente tome formas regulares na humanidade, forme grupos constantes de tipos complexos onde uma das qualidades sempre determine um agrupamento semelhante em relação aos demais, de maneira a fornecer uma base possível à classificação dos caracteres.

Em uma palavra, "essas associações não têm nem a freqüência, nem a regularidade requerida para constituir leis verdadeiras".

Tais são os argumentos essenciais que o senhor Paulhan invoca. É-me necessário examiná-los agora. Mas não começarei sem observar que o senhor Paulhan admite, por um lado, a existência das relações e das dependências mútuas entre os diversos elementos do caráter *em um dado indivíduo*, e, por outro lado, que certas associações são *mais freqüentes* que outras, que haja mesmo relações *muito freqüentes, habituais*: estas teriam uma abrangência não mais puramente individual, mas de uma generalidade relativa. Em uma obra recente e curiosa sobre *as dissimulações do caráter*, encontramos passagens muito significativas. Cito apenas uma:

> A falsa impassibilidade geralmente se associa com certos traços de caráter sem que as correlações assim estabelecidas tenham qualquer coisa de absoluta. Os resultantes mentais se obtêm, ao menos em muitos casos, por combinações diversas de elementos muito variados, e o equilíbrio moral pode resultar de oposições e associações bastante diferentes. Todavia, algumas confluências de traços de caráter ocorrem bem freqüentemente, e descobrimos, assim, que certas qualidades, certos defeitos e certas maneiras de sentir ou de pensar associam-se comumente à falsa impassibilidade. Elas tendem a produzi-la, ou são produzidas por ela, ou então fortalecem-na e são fortalecidas por ela, e modificam-na transformando-se de uma maneira apreciável e mais regular ou menos regular.[9]

Mas, sendo assim, não haveria para a etologia um interesse de primeira ordem em pesquisar quais são as mais regulares, comuns e estáveis de todas essas correlações, as que mais fortemente determinam o caráter acidental ou, ao menos, puramente individual dos demais?

Dizem, porém: elas nada têm de absoluto; jamais apresentam o grau de generalidade, de constância, que seria necessário para merecer o nome de lei. Mas aqui a questão muda um pouco de aspecto. A discussão diz respeito ao sentido que convém dar, em psicologia, ao termo *lei*. Digo *em psicologia*, pois as leis que as diversas ciências enunciam não têm o mesmo rigor. As da biologia não são universais, e parecem pouco rigorosas quando comparadas às da mecânica: e, no entanto, são leis. Talvez se deva concordar com o senhor Ribot que "a psicologia se contenta com leis empíricas que abarcam a generalidade, mas jamais a totalidade dos casos". Mesmo que, com Stuart Mill, distingam-se das leis empíricas, que são apenas "generalizaçõcs aproximativas", as leis causais, que explicam aquelas e são as únicas propriamente científicas, ainda faltaria, diz ele, reconhecer que estas, em todos os casos onde se trate de fenômenos complexos, "só são exatas sob a condição de que afirmam apenas tendências, não fatos; elas não devem afirmar seguramente que tal coisa se produzirá sempre, mas apenas que este e aquele serão os efeitos de

---

9 Paulhan, *Les Mensonges du Caractère*. Paris: Félix Alcan, 1905, p. 15.

uma causa dada, na medida em que esta age sem ser contrariada".¹⁰ Ora, quando se trata do caráter, a complexidade dos elementos e dos fatores presentes é tal, que jamais se pode afirmar que tal modalidade se acompanhará certa e constantemente de tal outra, mas que ela *tende* a produzi-la, que ela a produzirá a menos que um conjunto de circunstâncias venha a contrariar ou modificar o resultado. É nesse sentido, e insisti nisso várias vezes, que pretendi falar de leis de correlação.

Uma distinção também me parece necessária. Entre os diversos traços de caráter, há os muito compostos e derivados. Ora: como o senhor Paulhan o observa muito corretamente, "uma qualidade mental complexa pode ser obtida por associações de elementos muito diversos", e, quanto mais a propriedade considerada é composta, mais chances há de que seja a resultante de vários sistemas de condições. Mas, não é sobretudo dessas qualidades mentais extremamente complexas que se extraem argumentos contra as leis de correlação? É a "disposição ao ciúme", "a ambição", "a tendência à dissimulação", "a susceptibilidade", ou, ainda, essa coisa estranhamente derivada e composta que é "um temperamento de poeta". Não haveria traços de caráter, propriedades psicológicas mais simples, mais elementares, entre as quais as correlações seriam então mais constantes e estáveis? Eis uma verdade de abrangência muito geral, e quase universal, em psicologia, como, além do mais, em todas as ciências. As emoções primitivas se apresentam sob formas muito mais regulares, muito mais homogêneas que as emoções derivadas. As leis das sensações são muito mais fixas do que as que regem as imagens e as combinações entre imagens.

No fundo, o desacordo entre mim e o senhor Paulhan parece-me consistir sobretudo em que não entendamos exatamente a mesma coisa pela expressão *elementos do caráter*. Para ele, trata-se de algo além das formas gerais de organização dos fenômenos psicológicos, das "tendências" e dos "produtos secundários da atividade das tendências" — *tendências* definidas sobretudo por seu objeto (gula, gosto pelos odores, pelas cores, amor ao belo, à humanidade, a Deus, etc.), e *produtos da atividade das tendências* sendo precisamente essas qualidade complexas, mais de caráter moral e social do que propriamente psicológico, de que falávamos há pouco e que jamais são idênticas entre os diversos indivíduos nos

---

10 Stuart Mill, *Système de Logique inductive et déductive*. Paris: Félix Alcan, l. VI, cap. 5.

quais eles se encontram. E, sem retornar ao que eu já dissera quanto a este último ponto, parece-me que, com efeito, não há relações constantes entre as formas gerais da atividade mental e as diversas tendências; pode-se ser inquieto ou equilibrado, coerente ou confuso, e, ao mesmo tempo, guloso ou sóbrio, avaro ou econômico, bom ou mau pai de família, arquiteto ou músico. O mesmo ocorre necessariamente se, por *elementos do caráter*, entende-se outra coisa, a saber, o que chamei de *modos* ou *formas* específicas das diversas funções psíquicas? A essa concepção está ligada intimamente a questão da existência e da abrangência das leis de combinação.

Disso deriva igualmente, e de forma natural, o método de classificação que empreguei: método sintético de determinação de tipos concretos. O método analítico a que o senhor Paulhan adere consiste em precisar o caráter de um indivíduo dispondo-o em um número sempre considerável de grupos, dos quais cada um exprime certa ordem de qualidades. Estamos lidando com uma classificação das qualidades, ou traços de caráter, organizada sob quatro chaves principais, mas não uma classificação dos *caracteres*, nem uma distribuição metódica dos diversos tipos de gêneros e espécies. Uma tabela das categorias não é uma classificação dos objetos ou dos seres: é uma tabela das categorias criada pelo senhor Paulhan. E essas categorias não se combinam entre si segundo modos fixos, ou, como lho objetava o senhor Georges Dumas, os diferentes círculos que ele traça "podem se entremear e não se misturar".

O senhor Paulhan escreveu: "Musset é um sensível. Mas, se nos limitarmos a considerá-lo e a classificá-lo como tal, não o conheceremos o bastante. Poderíamos igualmente dizer que ele é um tipo contrastante, ou que ele é um passional, ou que é um poeta, e o teríamos caracterizado, em cada caso, tão bem ou quase tão bem". *Quase tão bem*! Mas não reside aí toda a questão? Musset, por seu *caráter*, assemelha-se mais a um prosador como Jean-Jacques Rousseau, a um músico como Mozart, que são também sensíveis, ou a outros poetas que não seriam sensíveis, como Goethe, por exemplo? Sem nenhuma dúvida, não se caracteriza suficientemente um homem quando se diz dele ser um sensível, como não se caracteriza suficientemente um cachorro quando se diz que este é um carnívoro: será necessário indicar ainda a família, o gênero, a espécie, a variedade, a raça a que ele pertence, além de outras características. Mas, afinal, se terá dito dele algo de mais importante do que a mera observação de que ele é branco ou fiel. Quando classifiquei Musset, localizei-o na família dos *afetivos*, no gênero dos *emotivos*, na espécie dos *emotivos-impulsivos*. E não acreditei poder, e nem pretendi, *defini-lo*, pois não se define o indivíduo; e nem pretendi esgotar *todos* os traços de seu caráter, pois isso iria ao infinito; mas pensei em indicar um conjunto de traços coordenados que constituem o que há de mais importante e característico nele, e, ademais, certa hierarquia desses diferentes traços.

Tocamos aqui num último ponto de importância igualmente considerável. A existência de leis de correlações torna possível a determinação dos tipos; para classificá-los é preciso, ademais, pesquisar em quais aspectos eles se assemelham e quais semelhanças têm a importância mais real. Cabe perguntar se, entre os diversos elementos que constituem um tipo de caráter, não há algum que condicione, de alguma forma, os demais, que os mantenha sob sua dependência. E, se isso ocorrer, dois tipos que apresentarão esse mesmo caráter preponderante deverão ser aproximados um do outro, com sua semelhança nesse ponto sendo mais significativa do que sua semelhança, ou mesmo sua dessemelhança, em outros pontos. É por isso que falei, aliás, com todo tipo de reservas, de *leis de subordinação*. Mas é necessário entender a significação exata do termo *predominância*.

Em um artigo[11] muito amável sobre meu livro — após ter observado que o que se entende na língua comum por "homem de ação" é um homem que, *comparado aos demais*, desdobre um grau inusitado de atividade, sem questionar aqui a relação da atividade com as outras funções psíquicas *nele mesmo*, e que, inversamente, supondo que a atividade fosse "predominante" em um dado indivíduo, disso não decorreria, de forma alguma, ser ele, no sentido popular, um homem de ação —, o senhor Alexander Shand escreve:

> Quanto ao emprego do termo "predominância" em etologia, falei, nas revistas anteriores, de seu sentido vago. Nenhum termo é mais marcante nas obras francesas e inglesas sobre a teoria do caráter. Ele é suficientemente inteligível, aplicado em seu uso popular, para significar a força superior de uma emoção ou de um sentimento, fazendo-o predominar sobre outras emoções e outros sentimentos num mesmo indivíduo. Mas ninguém pensou que valesse a pena

11 *Mind*, abril de 1898.

procurar qual significação justa, precisa e uniforme se pode aderir à preponderância de uma das funções mentais universais sobre as demais.

E, após ter citado uma passagem na qual eu dizia que a questão é saber não se um homem tem *muita* sensibilidade ou inteligência, ou *mais* sensibilidade ou inteligência, e sim qual forma determinada de sensibilidade coincide com tal forma determinada de inteligência, ele acrescenta: "Creio que, se o senhor Malapert tivesse seguido seu próprio e excelente conselho, teria substituído a concepção de uma relação quantitativa entre as funções mentais inseparáveis pela concepção de uma relação qualitativa, e sua obra teria, com isso, ganhado em precisão e clareza". É bem possível que tenha faltado clareza na minha exposição; mas estou completamente de acordo com o senhor Shand em avaliar que é necessário colocar-se no ponto de vista qualitativo, quero dizer, examinar se a qualidade especial, a modalidade característica de uma das funções psíquicas (qualquer que seja, no mais, seu grau de desenvolvimento) não traz consigo esta ou aquela modalidade ou qualidade das demais (qualquer que seja, igualmente, seu grau de desenvolvimento). É exatamente isso o que quis dizer.

Mas eis o ponto no qual eu me separaria do senhor Shand. Seguramente, como ele o diz de forma excelente, as diversas funções mentais não se assemelham, de forma alguma, a unidades individuais agindo externamente uma sobre a outra; mas ele avalia que não seria possível, em suma, dar nenhum sentido inteligível à "predominância de um aspecto de um fato mental sobre seus demais aspectos". É a questão da *influência* que uma função psicológica pode exercer sobre outra. E penso que podemos, sem, de forma alguma, retornar à antiga teoria das faculdades, dar um sentido positivo à idéia de influência ou predominância. Por exemplo, quando os alienistas e os psicólogos estudiosos da melancolia se perguntam qual é o fenômeno primitivo, se idéia ou tristeza, se estados intelectuais ou estado afetivo, a questão que eles apresentam não é, de forma alguma, susceptível de receber uma solução fácil e simples, mas ela não está desprovida de uma significação precisa. E se, com Schüle e muitos outros, se distinguem melancólicos, nos quais o fato primitivo é o estado afetivo (melancólicos de origem orgânica), e melancólicos nos quais esse fato é a idéia (melancólicos de origem intelectual), não será legítimo falar aqui de dependência e influência, qual seja, ademais, uma forma de conceber o mecanismo profundo?

Tais são algumas das considerações principais que me parecem legitimar o método sintético, do qual não me gabo de ter empregado perfeitamente, nem de ter extraído tudo o que poderia fornecer. Eu mesmo, em outro local, indiquei[12] todas as pesquisas que ele pressuporia e que estão longe da conclusão, mas continuo a considerá-lo como o único suscetível de conduzir a uma determinação sistemática e a uma classificação cada vez menos artificial dos diversos tipos de caracteres.

Paris, novembro de 1905.

---

12 *Le Caractère*. Paris: Octave Doin, 1902, conclusão.

INTRODUÇÃO

Há mais de meio século, Stuart Mill escrevia: "A etologia ainda está por ser criada. Mas sua criação será, afinal, possível". Houve importantes contribuições à ciência do caráter desde então.¹ Notadamente nos últimos anos, pode-se considerar que os trabalhos dos senhores Pérez, Ribot, Paulhan, Fouillée² aportaram material mais que suficiente para

1 Cf. Alexander Bain, *On study of the Character, including an estimate of Phrenology*. Londres: Parker, Son, and Bourn, 1861; Julius Bahnsen, *Beiträge zur Charakterologie*. Leipzig: Brockhaus, 1868; Gustave Le Bon, "Sur l'étude des caracteres", em *Revue Philos*, novembro de 1877, t. IV, p. 496.

2 Bernard Pérez, *Le Caractère, de l'enfant à l'homme*. Paris: Félix Alcan, 1892; Ribot, "Sur les diverses formes de caracteres", em *Revue Philosophique*, 1892, t. XXXIV, reproduzido em sua *Psychologie des Sentiments*. Paris: Félix Alcan, 1896, parte II, cap. 12; Paulhan, *Les Caractères*. Paris: Félix Alcan, 1893; Fouillée, *Le Temperament et Le caractere, d'après les individus, les sexes et les races*. Paris: Félix Alcan, 1895. Seria necessário acrescentar: Queyrat, *Les Caractères er l'éducation morale*. Paris: Félix Alcan, 1896; Alb. Lévy, *La*

a constituição de uma teoria sólida. Todavia (e a própria diversidade dessas obras e a diferença entre os pontos de vista nos quais se situam os autores bastariam para prová-lo), a questão não está esgotada, e parece que ainda há o direito de abordá-la. Em um problema tão difícil, de uma complexidade tão desconcertante e, ao mesmo tempo, de uma importância psicológica, moral e social verdadeiramente capital, é permitido trazer o resultado de suas observações e reflexões, mesmo que elas só sirvam para precisar alguns pontos particulares e não tenham a pretensão de fornecer uma teoria completa e nova.

Todavia, uma obrigação se nos impõe desde o início: dizer como compreendemos e delimitamos o nosso assunto, e, sobretudo, em que pontos nos propomos a insistir. Ora, a questão do objeto próprio de uma ciência está tão estreitamente unida à questão do método, que não se pode tratar uma sem a outra.

1 — Até onde sei, apenas Stuart Mill se ocupou expressamente do método da etologia. É a ela consagrado um dos capítulos mais curiosos, e também mais conhecidos, de sua *Lógica*.[3] Eis, abreviadas, suas conclusões. Os homens não sentem e nem agem todos da mesma maneira nas mesmas circunstâncias, mas há causas gerais que fazem com que, em tais ou quais condições, esta ou aquela pessoa sentirá ou agirá de uma forma determinada. "Em outros termos, não há caráter universal na humanidade, mas há leis universais da formação do caráter". Essas leis são as leis "derivadas resultantes das leis gerais do espírito"; elas não poderiam, pois, ser descobertas por observação e experimentação; para obtê-las "será necessário deduzi-las das leis gerais"; o método deve ser "inteiramente dedutivo". Simultaneamente, encontram-se estabelecidas as relações e as diferenças entre a psicologia e a etologia. A psicologia é "a ciência das leis fundamentais do espírito", isto é, das uniformidades de sucessão que os fenômenos do espírito apresentam. A etologia será "a ciência ulterior que determina o gênero de caráter produzido confor-

---

Psychologie Du Caractère. Bruxelas–Paris: Lamertin, Félix Alcan, 1896; W. Stern, *Über Psychologie der individuellen Differenzen: ideen zur einer "differenziellen Psychologie"*. Leipzig: Barth, 1900; Charles Ribéry, *Essai de Classification naturelle des Caractères*. Paris: Félix Alcan, 1902.

3 *Système de Logique inductive et déductive*. Paris: Félix Alcan, l. VI, cap. 5.

memente a essas leis gerais, por um conjunto qualquer de circunstâncias físicas e morais", quer trate-se, aliás, da formação do caráter nacional ou coletivo, ou do caráter individual.

Apesar da autoridade de Mill e daqueles que aceitaram — um pouco facilmente *demais*, talvez — suas idéias a esse respeito, a legitimidade e, sobretudo, a necessidade de tal método pode ser contestada. De início, com efeito, não é absolutamente exato que as leis derivadas sejam sempre *descobertas* por dedução. De fato, pode-se dizer que, ao contrário, em quase todos os casos, elas são experimentalmente estabelecidas (leis empíricas) antes de ser associadas a leis mais altas, das quais aparecem como casos particulares (leis derivadas). As leis da queda dos corpos eram conhecidas muito antes que se pudessem deduzi-las da lei da gravitação universal. A ordem da pesquisa é aqui inversa à ordem da lógica. E não se vê por que as leis da etologia fariam exceção a essa regra.

Porém, ainda há mais. As leis gerais que a psicologia procura identificar são a expressão das relações constantes de sucessão que os fenômenos mentais, considerados em geral, sustentam entre si. Uma vez que essas leis sejam conhecidas, poder-se-ia deduzir delas, sem dúvida, os efeitos que cada uma, em condições dadas, tende a produzir, e quais fenômenos complexos devem ordinariamente resultar do entrecruzamento de certo número dessas leis. Mas ainda é preciso reconhecer que causas e leis, para fazer seus efeitos nascerem, pressupõem certas circunstâncias; e, entre essas circunstâncias, convém ter em conta as atitudes psicológicas individuais, a natureza psíquica de cada um, isto é, precisamente, o ser humano real e concreto, com suas predisposições originais; em uma palavra, seu caráter. Como o conhecimento desse elemento essencial poderia ser derivado do conhecimento das leis psicológicas gerais?

Também é justo observar a maneira muito particular como Stuart Mill propõe e delimita o problema. Por etologia ele entende não precisamente a ciência do caráter ou dos caracteres, mas a ciência "das leis de formação" do caráter em geral. Em última análise, trata-se, para ele, da determinação científica dos meios suscetíveis de desenvolver, nos homens tomados em geral, certas disposições mentais. Como existem leis que regem o desenvolvimento das diversas funções psíquicas, são essas leis que, "combinadas com as circunstâncias de cada caso determinado", produzem o conjunto dos fenômenos da conduta humana. Seguramente, não se pode, e Stuart Mill o reconhece expressamente, esperar conhecer a totalidade dessas circunstâncias com exatidão e precisão suficientes para que uma previsão positiva e certa dos efeitos produzidos em cada caso particular se torne possível; todavia, na prática basta saber, para exercer uma influência sobre uma dada ordem de fenômenos, que "certas causas têm uma *tendência* a produzir um dado efeito, e outras, uma *tendência* a não produzi-lo". De tal maneira que a consideração pelo indivíduo desaparece. E isso, tanto mais se as circunstâncias de que Mill fala forem as exteriores. É por suas particularidades (combinadas com as leis psicológicas gerais) que devem ser explicadas as particularidades características "dos diferentes tipos que a natureza humana pode apresentar pelo mundo com apenas um resíduo, e, mesmo assim, se este for identificado, computado entre as predisposições congênitas". Dessas predisposições congênitas, Stuart Mill não parece, de forma alguma, se ocupar; ele quase duvida de sua realidade. Assim, a etologia é, para ele, a Teoria Geral da Educação, e, mesmo assim, uma parte, a saber: a determinação dos processos gerais graças aos quais se pode esperar dirigir num certo sentido o desenvolvimento das faculdades. É a ciência dos *meios* da educação, e a ciência da educação também pressupõe uma determinação do *fim* a ser perseguido. Nesse sentido, tal ciência salienta a moral e a sociologia ainda mais do que a psicologia. De qualquer forma, parece-nos que tal é a concepção de Stuart Mill, e é assim que explicamos passagens como esta:

> À parte a incerteza que ainda reina sobre a extensão das diferenças naturais dos espíritos individuais e sobre as circunstâncias de ordem secundária, quando se considera o gênero humano em sua média ou em massa, creio que os juízes competentes concordarão em reconhecer que as leis gerais dos elementos constitutivos da natureza humana estão, no presente momento, bem compreendidas, para poder deduzir delas o tipo particular de caráter que produziria na *humanidade em geral*[4] um dado conjunto de circunstâncias.

II — Mas não se trata de, ao menos uma parte da etologia, pesquisar aonde vão "as diferenças naturais dos indivíduos", quais são as "predisposições congênitas" que os caracterizam e os distinguem, quais são os

---

4 Grifos nossos.

tipos mais delineados e gerais que resultam de seu encontro e de suas múltiplas combinações? Esse estudo não emerge da psicologia propriamente dita, ao menos daquela como Mill e sua escola entendem. Esta se preocupa, antes de tudo, em decompor o espírito em seus elementos, isolar os fenômenos que se sucedem na consciência, descobrir as leis de seu encadeamento mútuo, e estava mal situada para considerar as funções da vida psíquica em sua complexidade, em sua individualidade. Todavia, é possível e necessário acrescentar à psicologia analítica e abstrata uma psicologia sintética e concreta.

Essa idéia foi mais bem e fortemente expressa por Taine. Ao lado da "psicologia geral", que tem por objeto *os fenômenos mentais em geral*, há lugar para uma "psicologia aplicada", como ele diz, que compreenderia *os seres* e seus caracteres específicos, os indivíduos reais, vivos, agentes, que sentem e pensam. A primeira, por sua própria definição, negligencia tudo que não for geral; a outra se interessa, antes de tudo, por aquilo que é individual — ou, antes, pois nesse caso não seria uma ciência, ela se detém no meio do caminho, entre o individual e o universal, aplicando-se a determinar e a classificar as formas principais com que a natureza humana pode se revestir, em uma palavra: a distinguir e definir *os tipos*. Há tipos em psicologia, assim como na zoologia: classificá-los cabe à etologia.

O problema assim posto parece-nos comportar apenas um método: observação e comparação. Sem nenhuma dúvida, neste estudo, será conveniente ter constantemente presentes no espírito os fatos e as leis que a psicologia geral determina, as conclusões mais significativas a que ela chegou a respeito da natureza do espírito humano e de suas operações: mas estes serão mais princípios reguladores do que premissas com conseqüências e desdobramentos. Da mesma forma que, das leis da psicologia geral, não seria possível deduzir as formas variáveis com as quais os diversos sistemas orgânicos aparecem nas espécies animais ou vegetais, e as leis de correlação entre esses organismos, também das leis da psicologia geral parece-nos impossível obter por dedução os diferentes aspectos essenciais que a sensibilidade, a atividade, etc., apresentam entre os indivíduos humanos, e nem os seus modos de combinação. Trata-se, aqui, com efeito, de algo perfeitamente análogo a uma morfologia e a uma taxonomia.

De tudo que foi dito até agora, chega-se a uma conclusão. A etologia, considerada em toda a sua generalidade, compreende, assim como

Auguste Comte estabeleceu para a sociologia, duas partes: uma estática e uma dinâmica. A primeira estudará o caráter na sua estrutura, ouso dizer, em seus órgãos e nas suas funções, nas leis de coexistência que ligam os órgãos e as funções; a última o estudará em suas manifestações, em suas transformações, nas causas que determinam essa evolução, nas leis de sucessão que o presidem. Ora, a dinâmica necessariamente pressupõe e, ao mesmo tempo, completa, a estática. Isso parece evidente sobretudo a quem avalia que o caráter é essencialmente algo modificável, perpetuamente em via de mudança. Eis por que — mesmo que nosso ponto de vista seja sobretudo estático e, por assim dizer, morfológico — pareceu-nos impossível fazer a total abstração da outra face do problema. Sem dúvida, não poderíamos pretender abordar em seu conjunto um assunto tão vasto, tão complexo e tão digno de excitar a pena de um moralista. Toda a ciência da educação entraria nele, com a determinação de seu objetivo, de seus meios, de seus métodos, de seus resultados morais e sociais. Seria necessário impor a nossas investigações limites muito estreitos. Deveríamos estudar a evolução do caráter sob um duplo ponto de vista, e por uma dupla razão. Primeiramente, nossa concepção de caráter se mostraria singularmente desfigurada e inexata se tivéssemos deixado supor que o caráter é fixo e imutável. O estudo morfológico dos animais que se metamorfoseiam não seria irremediavelmente falsificado, se não se tivessem em conta essas metamorfoses? De outra parte, em virtude mesmo das leis de combinação, ação e reação mútuas que temos a pesquisar, os elementos constitutivos do caráter tendem a se alterar reciprocamente, a modificar profundamente a fisionomia primitiva do indivíduo. As leis de composição do caráter só tomarão seu significado verdadeiro aos nossos olhos se tivermos a preocupação de indicar os seus efeitos novos e importantes.

Assim se desenharam as grandes linhas de nosso estudo, assim se nos impôs o nosso plano.

Três grandes ordens de questões devem ser sucessivamente abordadas.

Primeiramente, trata-se de determinar quais são os elementos do caráter. Compreendo por esse termo os diversos modos específicos de cada uma das funções da vida mental. A sensibilidade, a atividade, a vontade, consideradas não em seus fenômenos, mas em sua natureza individual, apresentam-se nos homens com mil nuances variadas; mas essas diferenças são de importância desigual: umas são superficiais, outras, profundas;

algumas exprimem simplesmente variedades no interior de uma mesma espécie; outras têm um valor específico ou genérico. Identificar essas formas essenciais e distribuí-las metodicamente, tal era o primeiro problema.

Mas certas formas definidas das diversas funções psíquicas não podem unir-se indiferentemente e como que ao acaso e de todas as maneiras logicamente possíveis; certos traços de fisionomia moral comumente aparecem juntos, e a alguns outros repugna, de certa forma, a mútua associação, e assim se excluem normalmente. Da mesma forma que, entre as formas orgânicas, há relações constantes de coexistência ou de exclusão, também deve haver leis de composição dos elementos do caráter. É necessário pesquisá-las. É por isso que a etologia, tal como a acabamos de definir, é uma ciência. Penso que seja um dos pontos essenciais de um estudo do caráter, e também um ponto que nos parece ter sido quase que inteiramente negligenciado pelos autores que trataram da questão.

Enfim, precisaremos nos perguntar se, em virtude da natureza mesma desses elementos e da lei de sua combinação, todo caráter não está submisso à lei da mudança, quais causas essenciais condicionam essa evolução e, enfim, se ela não depende, ao menos parcialmente, da reação própria que o indivíduo pode exercer sobre a natureza primitiva que lhe foi dada.

III — Uma última observação. Tratamos aqui apenas de etologia individual, e, mais ainda, apenas da etologia normal. Requereremos à patologia um número bem grande de informações, mas somente a fim de nos esclarecer quanto ao que ocorre na saúde, ou no que se chama assim. Esta é certamente uma limitação arbitrária do assunto, mas que não nos parece absolutamente ilegítima. Teoricamente, a etologia individual, para constituir-se de maneira científica, talvez supusesse etologias completas das raças, dos povos, dos sexos, dos grupos sociais. Pois o caráter de um dado indivíduo pode ser considerado como constituído por um número de camadas sucessivas cada vez mais profundas; sob os traços que o diversificam e o distinguem de todos os homens ao seu redor, há traços comuns a todos os indivíduos pertencentes ao mesmo grupo social;[5] mais ao fundo, há traços do tipo nacional e, depois, os da raça,

---

5 Ver as interessantes observações do senhor Tarde sobre os "tipos profissionais" em *La Criminalité comparée*. Paris: Félix Alcan, pp. 51 e ss.

do sexo e, enfim, os da humanidade e até os da animalidade. A antropologia geral deve evidentemente escavar cada vez mais em cada uma dessas direções, e é do conjunto de todas essas descobertas parciais que um dia poderá sair uma teoria completa do homem. Mas não é possível esquecer que a lei da divisão do trabalho nos obriga a explorar apenas sucessivamente, e cada um por si, esses múltiplos cantões da ciência. Deixamos, pois, de lado, no limite do possível, todas as considerações de sexo, raça, etc.: também descartamos a questão de saber se o caráter da criança é diferente do caráter adulto. Falamos apenas do adulto civilizado, independentemente de sua nacionalidade, de sua profissão; e procuramos determinar em que consiste o seu caráter, e quais diversos tipos se podem encontrar, nesse âmbito, na infinita multiplicidade dos indivíduos. O problema, mesmo restrito assim, pareceu-nos suficientemente delicado e complexo.

Enfim, não quisemos propor uma teoria *explicativa*: o estado atual da ciência não nos parece comportar nada de definitivo. Antes que uma interpretação rigorosa dos fatos se torne possível, será necessário acumular ainda uma massa considerável de observações. Apenas gostaríamos de contribuir com algumas.

Em resumo, o caráter de um homem, tal como se nos manifesta, isto é, sua fisionomia psíquica própria, a que poderíamos chamar sua "idiossincrasia moral", é constituída por certo número de traços essenciais, de elementos fundamentais, a saber, o aspecto particular que apresentam nele as diversas funções psíquicas: sua sensibilidade, sua inteligência, sua atividade; e cada uma dessas funções pode revestir um número determinado de formas específicas bem claramente definidas. Esses elementos são combinados entre si segundo certas relações constantes, que assim fazem nascer uma pluralidade de gêneros, de espécies, de variedades; em uma palavra, de tipos; algumas dessas leis de composição, alguns desses tipos podem ser identificados. Por último, o caráter que em certo sentido é inato submete-se a uma evolução individual, e a vontade pode ser um dos agentes mais importantes dessa transformação. Eis o que se pretendeu fazer aqui, e este poderia ser, na medida de nosso êxito, o interesse deste trabalho.

PRIMEIRA PARTE

Os elementos do caráter

CAPÍTULO I

O TEMPERAMENTO FÍSICO
O TEMPERAMENTO E OS TEMPERAMENTOS
RELAÇÕES ENTRE O TEMPERAMENTO E O CARÁTER

"O homem está inteiro nos lençóis de seu berço", diz-se. Palavra desencorajadora e desprovida do conhecimento da ação que duas forças poderosíssimas — educação e vontade — podem exercer sobre os homens, mesmo que em graus diversos; mas, incontestavelmente, verdade parcial, pois os homens não nascem igualmente aptos a todas as coisas, ou igualmente indeterminados. Todo germe contém em si uma capacidade de desenvolvimento num dado sentido e em dados limites. Isso é manifestamente verdadeiro em primeiro lugar sob o ponto de vista físico ou fisiológico. Todo animal não somente possui os órgãos e as formas orgânicas da espécie à qual pertence, mas as possui de uma forma que lhe é própria. A considerá-lo apenas em sua forma externa, ele tem pigmentos com certa cor, certo tamanho, certo peso, certa predisposição à magreza ou ao sobrepeso, certa fisionomia. Perscrutando-o mais a fundo, examinando como funcionam os órgãos, o poder de sua vitalidade varia com a predominância de tal ou qual sistema orgânico: em uma palavra, ele tem um temperamento que lhe vem da raça, do sexo, da hereditariedade, do meio, de mil causas entrecruzadas, enfim; causas tão reais quanto misteriosas.

Ora, as relações que unem a vida mental à vida orgânica são tão estreitas que, desde sempre, sabe-se que a fisionomia moral dos indivíduos parece corresponder à sua fisionomia física, que "a cada marca moral determinada corresponde uma marca psíquica determinada".[1] Desde a mais remota antiguidade, os filósofos e, sobretudo, os médicos esforçaram-se em distinguir e classificar os diversos temperamentos, e em relacionar os traços essenciais das grandes classes de caracteres que a observação psicológica permitia notar às particularidades que eles atribuíam àqueles diversos temperamentos. Enfim, desejavam ver no temperamento a base e a causa do caráter, "o caráter moral sendo apenas a fisionomia do temperamento psíquico" (Bichat), sua expressão consciente, sua face objetiva. De tal sorte que era preciso partir do estudo do temperamento para chegar à determinação do caráter. E, entre os fisiologistas, até aqueles que não atribuíam nenhum valor à antiga teoria dos temperamentos concluíram que nada se pode saber do caráter. "As particularidades atribuídas aos diversos temperamentos que se tentaram distinguir", escreveu, por exemplo, o senhor Charles Féré, "nunca se apresentam sob forma de grupos suficientemente naturais para ser unanimemente aceitas pelos médicos. Não podemos, pois, esperar encontrar melhores classificações dos caracteres".[2]

Esbocemos, pois, uma definição dessa noção de temperamentos que, após ter sido quase que inteiramente abandonada, parece retomar hoje algum crédito, e perguntemo-nos que informações a teoria dos temperamentos teria a contribuir com a teoria dos caracteres.

I — Um primeiro fato curioso a se notar é que, no geral, desde Hipócrates até Kant, Wundt e o senhor Fouillée, há uma concordância em se contarem quatro temperamentos principais. Sem dúvida, alguns

---

1 Letourneau, *Physiologie des Passions*, p. 206.
2 Charles Féré, *La Pathologie des Emotions*. Paris: Félix Alcan, p. 505.

autores acrescentaram um quinto, ou mesmo um sexto temperamento simples; temperamentos parciais ou mistos foram contados em número variável, e os nomes foram mudados, mas sempre se retorna a esta tetralogia: sangüíneo, nervoso, bilioso, linfático. Esses quatro tipos são muito conhecidos para que nos demoremos a lembrar sua descrição. O que nos importa aqui é investigar ao quê os relacionamos, por quais características fisiológicas os explicamos.

Aqui vão se acusar as divergências mais singulares. E, sem fazer uma revisão histórica de todas as teorias do temperamento que foram propostas,[3] é importante mostrar brevemente o quanto os pontos de vista precisaram se modificar.

Hipócrates relacionava sua classificação dos temperamentos à sua teoria dos quatro humores: sangue, atrabílis, bile, pituíta, e à sua predominância no organismo. Galeno também explica os temperamentos não pelos humores, e sim pelos elementos materiais aos quais estes correspondem (a bile branca representa o fogo, a bile negra representa a terra, etc.), e pelas quatro qualidades fundamentais que se encontram unidas a eles: o quente e o frio, o seco e o úmido. Porém, foi preciso livrar-se dessas hipóteses pueris a partir do momento que a fisiologia começou a se tornar científica. Stahl,[4] quanto a isso, merece um lugar à parte: ele mostra que, à consideração dos humores, é preciso ajuntar, concedendo-lhe uma importância mais considerável, a textura dos sólidos; foi ele que primeiro golpeou vitoriosamente as hipóteses humoristas e preparou o advento dos solidistas. Haller[5] delineia as idéias de Stahl, insiste quanto ao papel que a solidez variável dos tecidos desempenha e, sobretudo, mostra que é preciso levar em conta sua dose mais forte, ou menos forte, de irritabilidade própria.

---

3 Sobre esse ponto, além de *Histoires de la Médecine* de Schulze, Sprengel, Guardia, e os artigos de Hallé et Tillaye (*Dictionnaire des Sciences Médicales*, 1821), Adelon (*Dictionnaire de Médecine*, 1828) e Dechambre (*Dictionnaire encyclopédique des Sciences Médicales*), ver também: *Dictionnaires de Médecine* de Littré e Robin de Jaccoud; Siebeck, *Geschichte der Psychologie*; K. Hertz, *Temperamentslären Historie*; L. Georg, *Lehrbuch der Psychologie*; H. Royer-Collard, *Mémoires de l'Académie royale de Médecine*, 1843; Letourneau, *Physiologie des Passions*; Manouvrier, *Revue Mensuelle de l'Ecole d'Anthropologie de Paris*, 1896 e 1898.

4 Georg Ernst Stahl (1659–1734) — NT.

5 Albrecht Von Haller (1708–1777) — NT.

Desde então uma dupla tendência se manifesta. Ou se considera sobretudo o desenvolvimento de certos órgãos ou sistemas de órgãos, ou se faz que o temperamento dependa da natureza própria dos centros nervosos. Hallé e Thomas, por exemplo, vêem em todos os lugares predominâncias orgânicas bem localizadas; este classifica os cerebrais, os torácicos, os abdominais. Cabanis, sem ir tão longe — mas pondo no cômputo a estrutura do sistema nervoso mais frouxa ou mais densa, mais esponjosa ou mais firme, mais úmida ou mais seca —, insiste particularmente no desenvolvimento relativo dos órgãos que enviam suas impressões ao sistema nervoso: pulmão, fígado, sistema muscular, e conta seis temperamentos: sangüíneo, bilioso, pituitoso, melancólico, nervoso, muscular.

Por outro lado, Zimmermann havia observado que o sistema nervoso é o órgão capital, aquele cuja atividade particular caracteriza o temperamento, que ele definia como "a constituição do cérebro e dos nervos segundo a qual o homem sente, pensa e age, de forma que, abandonado a essa força corporal, ele pensa e age como sente".[6] Por esse caminho trilham Bordeu, Pinel e, sobretudo, os frenólogos. Estes últimos, em meio a muitos exageros e hipóteses temerárias sobre as localizações cerebrais e cranianas, pelo menos contribuíram singularmente para iluminar a verdade de que o sistema nervoso é o grande regulador das atividades vitais e que é preciso atribuir-lhe um papel preponderante.

Sem dúvida, nossos conhecimentos atuais em anatomia e, sobretudo, fisiologia cerebrais são absolutamente insuficientes para nos ensinar sobre as particularidades que condicionam tais ou quais aptidões mentais. Um grande número de neuropatias, dentre as quais aquelas que provocam as modificações mais profundas no caráter, não estão localizadas, e ignoramos completamente as alterações que as sustentam. E, no entanto, toda patologia mental tende a demonstrar cada vez mais vitoriosamente que as perturbações profundas devem ser relacionadas à desorganização e à degeneração dos elementos nervosos. Também é da atividade própria do sistema nervoso que serão derivados os traços fundamentais da nossa fisionomia física e moral.

6 Zimmerman, *Von der Erfahrung in Arzneikunst*, 1797. Zimmermann chega a localizar na sensibilidade ao odor a característica do temperamento, o que não o impede de contabilizar quatro temperamentos: sangüíneo, nervoso, bilioso e linfático, além de diversos temperamentos mistos.

É assim que Henle[7] foi conduzido à sua teoria do tônus nervoso. O sistema nervoso (centros sensitivos e centros motores) tem uma tonicidade própria, variável entre os indivíduos, isto é, uma aptidão particular a se desestabilizar e reagir com mais ou menos intensidade. E Wundt,[8] retomando a teoria de Henle sobre a tonicidade dos nervos, tentou mostrar que essas diferenças deviam remeter a diferenças na *energia*, por um lado, e, por outro lado, na *rapidez de sucessão* das vibrações nervosas; com essas oposições combinando-se duas a duas, chegar-se-ia à seguinte classificação: temperamentos fortes e fracos; temperamentos céleres e lentos (temperamento forte e célere: colérico; forte e lento: melancólico; fraco e célere: sangüíneo; fraco e lento: fleumático).

Mas isso não seria restringir singularmente o sentido e a abrangência do termo *temperamento*? Por que Wundt não considera a oposição entre o sentir e o agir, a relação com o sentimento ou a ação, como o fazia Kant? Por que não distingue entre os centros sensitivos e os centros motores? A tonicidade de uns e a dos outros seriam, pois, necessariamente correlatas? Isso não me parece nem um pouco exato. Mas, sobretudo, seria possível considerar, em uma teoria do temperamento, apenas o sistema nervoso? Sem dúvida, o movimento da vida total ressoa nele, movimento de que ele é, em certo sentido, o regulador; mas não se pode considerá-lo como portador de uma vida independente, e nem fazer abstração dessa "vida total", desse tipo de atmosfera viva e vibrante no interior da qual ele mergulha, de onde recebe não apenas suas desestabilizações, mas sua vitalidade característica; é à atividade da circulação, à qualidade do sangue, à atividade geral do organismo que ele deve, ao menos em parte, sua tonicidade, a energia e a rapidez de suas vibrações. E a partir disso, aderindo-se à teoria de Wundt, o temperamento não será nada mais que a sensibilidade moral, a aptidão variável para se emocionar.[9] De tal forma

---

7 Henle, *Anthropologische Vorträge*.
8 Wundt, *Éléments de psychologie physiologique*, t. II, pp. 390 e ss.
9 Ibid., t. II, pp. 390–391: "Indicaremos as disposições individuais e particulares da alma no nascimento das emoções ou das paixões. Essas disposições são os temperamentos. O que a excitabilidade é em relação à sensação sensorial, o temperamento o é em relação à emoção e ao instinto [...]. A repartição dos temperamentos em quatro classes se justifica, uma vez que na conduta individual das emoções e das paixões podemos contar dois tipos de oposições ou de contrários: uma primeira oposição que se relaciona à energia e uma segunda que se relaciona à rapidez da sucessão dos movimentos da alma".

que nos encontramos impelidos a alargar o sentido do termo e a considerar os fatores mais propriamente orgânicos. Sem ir, como o senhor Mario Pilo,[10] ao ponto de fazer o temperamento depender unicamente da composição química e do calor do sangue, é preciso manifestamente associá-lo aos fenômenos biológicos de ordem mais elementar, ao metabolismo geral, à qualidade, à energia, à direção da "energia vital", ao que podemos chamar de "o tônus da vitalidade geral".

O senhor Fouillée,[11] recentemente, esforçou-se por delinear nesse sentido a teoria do temperamento e de encontrar-lhe um princípio biológico verdadeiramente fundamental e verdadeiramente explicativo. É necessário buscar esse princípio nas doutrinas mais novas sobre a atividade íntima e primitiva da matéria viva, o protoplasma. A vida consiste essencialmente em um duplo movimento de restauração e desgaste, assimilação e desassimilação; ela é, para retomar e completar a célebre expressão de Bichat, o equilíbrio entre as funções que conduzem à morte e as funções que resistem à morte; ela é a combinação, ou melhor, a ponderação de duas séries de processos, uns construtivos ou anabólicos, e os demais destrutivos ou catabólicos. O senhor Fouillée escreveu:

> Afirmamos tratar-se do modo e da proporção das mudanças construtivas e destrutivas no funcionamento do organismo o que produz o temperamento. O temperamento é como um destino interno que impõe uma orientação determinada às funções de um ser vivo, e ele deve se formular em termos da constituição química predominante, segundo nela preponder a poupança ou o dispêndio.

Há duas grandes classes de temperamentos: aqueles de predominância à integração ou aos temperamentos de poupança, e aqueles em predominância à desintegração, ou temperamentos de dispêndio. Enfim, cada uma dessas classes se subdivide em dois grupos, considerando-se particularmente o sistema nervoso como o "pêndulo regulador dos movimentos do relógio", a rapidez ou a lentidão, a energia ou a moleza desse

---

10 Mario Pilo, *Nuovi Studii sul Carattere*. Milão, 1892. Ele distingue doze temperamentos-caracteres: pletóricos, serosos, biliosos, linfáticos; quatros formas a partir do exagero destes (ultra-pletóricos, ultra-serosos, etc.), e quatro a partir de sua atenuação (semi-pletóricos, semi-serosos, etc.).

11 Fouillée, *Tempérament et Caractère*. Paris: Félix Alcan, 1895.

duplo processo de assimilação e desassimilação. Mas, ao passo que, nos temperamentos de poupança, a intensidade caminha com a lentidão, a pouca intensidade com a rapidez, nos temperamentos de dispêndio ocorre o oposto.

> Eis, pois, em resumo, a fórmula científica que proporemos para cada um dos temperamentos mais simples, fundamentando-nos nas trocas íntimas do protoplasma e na sua direção predominante, seja no organismo em geral, seja no sistema nervoso. Para o sangüíneo (sensitivo vivo e ligeiro): integração predominante por excesso de nutrição, com reação rápida, pouco intensa e pouco durável; para o nervoso (sensitivo profundo e passional): integração predominante por necessidade de nutrição, com reação mais lenta, intensa e durável; para o bilioso (ou ativo ardente): desinteresse rápido e intenso; para o fleumático (ou ativo frio): desintegração lenta e menos intensa.

Essa teoria, ainda que muito engenhosamente apresentada, não levantará numerosas dificuldades? Num primeiro ponto: por que a rapidez e a intensidade só se acompanham nos processos destrutivos, e não nos processos construtivos? Procuramos em vão a razão. E mais: como podem os processos de desintegração e reintegração não se realizarem no sistema nervoso seguindo as mesmas relações que o organismo em geral? E qual é o caráter dominante? "A relação mútua entre manutenção e dispêndio no organismo, em geral, basta para fornecer os dois grandes tipos fundamentais", diz o senhor Fouillée. Mas em seguida ele escreve: "As mudanças nutritivas que conduzem à reconstituição molecular estão sob o império do sistema nervoso, que dirige assim todos os atos do organismo, destrutivos ou reparadores". Já se põe a questão de compreender como, num temperamento de predominância geral à desintegração, haja no sistema nervoso reparação igual e paralela ao desgaste. Enfim, e, sobretudo, um organismo pode ser considerado como realizando em si mesmo de forma preponderante, seja as operações construtivas, seja as operações destrutivas? Um indivíduo pode estar "em preponderância constante de integração" ou de desintegração? Em que se tornaria um ser vivo que adquirisse mais do que gastasse, e, sobretudo, em que se tornaria aquele que gastasse sempre mais do que adquirisse? Como compreender que, em certos casos, a predominância relativa da desintegração, do desgaste, se traduza no inchaço dos corpos, na obstrução, na flacidez dos tecidos, enquanto que, em certos casos, a predominância da desintegração se manifeste pela magreza, pela secura do corpo?

O que me parece bem mais aceitável é que esse duplo movimento, ainda que proporcional, se opera com uma intensidade variável; que, em algumas pessoas, o dispêndio e a restauração são poderosos, e, em outros, definhantes. Em uma palavra, estamos restritos a considerações muito gerais e, ao mesmo tempo, muito vagas sobre a energia variável da atividade vital. Em suma, é o ponto de vista no qual o senhor Manouvrier se detém em dois interessantes artigos que consagrou à questão do temperamento.[12] Segundo ele, as diferenças profundas que constituem os temperamentos devem evidentemente se relacionar a variações de ordem anatômica, mas, no estado atual de nosso conhecimento, e também porque um grande número de condições anatômicas conhecidas ou desconhecidas concorre para a formação de um mesmo caráter fisiológico, é necessário partir da consideração das variações fisiológicas mais elementares e mais gerais. O metabolismo geral produz uma quantidade variável de energia potencial no organismo de cada indivíduo. Como, aliás, o sistema nervoso mantém sob sua dependência a economia inteira, o temperamento consiste essencialmente nas variações da quantidade de energia nervosa. Os diversos graus da potencialidade nervosa são em número indeterminado; todavia, podem-se distinguir três principais: temperamentos astênico, mesostênico e hipostênico, sendo os termos *astênico* e *hiperestênico* reservados para os casos patológicos e excepcionais.

Tal consideração da quantidade de energia potencial é certamente interessante e importante. Mas permanece muito vaga; ora trata da potencialidade do organismo, ora da potencialidade do sistema nervoso, e a relação entre esses dois termos não está determinada. O senhor Manouvrier parece considerar a energia nervosa às vezes como o efeito, como a manifestação da energia do organismo inteiro, e às vezes como sua causa; outras vezes ainda ele parece reconhecer que, entre as duas, não há uma correlação constante e certa.

Há pessoas em quem a vida é plena, potente e regrada; em outras, é fraca, lerda, e também menos harmoniosa. Desejamos precisar? É preciso incluir no cômputo as modificações profundas que resultam

---

12 Manouvrier, *Le Tempérament, Revue Mensuelle de l'École d'Anthropologie de Paris*. Paris: Félix Alcan, 1896 e 1898.

do desenvolvimento exagerado de tal ou qual sistema orgânico para o equilíbrio da vida geral. E, certamente, haveria páginas curiosas a se escrever sobre as relações existentes entre certos problemas funcionais e a vitalidade geral e mesmo o humor. Quem não conhece os efeitos notáveis, quanto a isso, das doenças do estômago, da diabetes, das doenças cardíacas, etc.? Mas quantas obscuridades ainda existem! E se podemos chegar a alguns resultados quando se trata de casos patológicos, o que sabemos do "resultado geral para o organismo da predominância da ação de um órgão ou de um sistema" no estado normal? Qual papel atribuir ao sistema nervoso, em particular, e a esta e àquela parte?

Assim, a antiga noção de temperamento permanece em um extraordinário impasse. Quanto mais se quer precisá-la, mais ela foge e se apaga. As definições que se dão são também as menos coerentes possíveis. Será temperamento "o centro de gravidade de todas as atividades orgânicas e funcionais"? Ou "o resultado geral para o organismo da predominância de ação de um órgão ou de um sistema"? Ou, ainda, "a energia da força vital"? Ou "a energia do tônus nervoso"? A quais particularidades fisiológicas ou anatômicas relacionar os diversos temperamentos? Mesma incerteza, ou melhor, incerteza ainda maior. Sangue, sistema nervoso, relação entre o sangue e o sistema nervoso, movimentos anabólicos e catabólicos: nada mais bem definido e mais rigorosamente delineado do que os humores de Hipócrates. Sob o ponto de vista fisiológico, o termo *temperamento* não significa nada de preciso; é um termo vago sob o qual escondemos nossa ignorância das coisas, e, como diz Maudsley, "um símbolo representando quantidades desconhecidas de coisas".

II — Se a coisa é assim, quais luzes a teoria dos temperamentos poderia lançar sobre a teoria e a classificação dos caracteres? Aqui, no entanto, uma objeção imediatamente se apresenta ao espírito. Se a teoria dos temperamentos não se assenta sobre uma base séria, como explicar que, em última análise, aos poucos se concorde com o número e as características essenciais dos tipos de temperamentos? A resposta nos parece bem simples. Todas as classificações dos temperamentos são de base psicológica. Se relermos todas as descrições que foram tantas vezes dadas, de Hipócrates a Cabanis, de Kant ao senhor Fouillée, perceberemos rapidamente que todas as indicações essenciais foram tomadas da vida psicológica. Por caráter, entende-se aproximadamente a mesma coisa que o humor, e os homens são divididos em quatro grandes grupos a partir de seu humor geral: há pessoas alegres, divertidas, outras, tristes, contidas, outras violentas, coléricas, irritadiças, e outras, enfim, indiferentes, indolentes: eis quatro temperamentos. Então, em sentido inverso, ligamos, mais ou menos artificial e arbitrariamente, esses traços psicológicos a particularidades fisiológicas indeterminadas e indetermináveis, para as quais se propõem teorias explicativas tão diversas quanto indemonstráveis. O consenso final também não é ótimo, e não constitui uma prova em favor da teoria do temperamento. Não se deve concluir disso que a classificação dos caracteres deve assentar sobre a dos temperamentos, uma vez que, ao contrário, *os temperamentos são definidos apenas em termos psicológicos*.

Certos autores compreenderam isso e não hesitam em reconhecê-lo expressa ou implicitamente.

Müller, que aceita e considera "excelente" essa classificação em sangüíneo, melancólico (ou nervoso), fleumático (ou linfático) e bilioso, declara expressamente que só se deve ver nisso uma divisão "psicológica", e "não fisiológica", uma classificação dos diversos "tipos de humor", que simplesmente exprime a forma como se manifesta entre os diferentes homens a faculdade do prazer e da dor.[13] Kant e Wundt, por seu lado, não se iludem quanto a isso. Kant só quer falar do "temperamento da alma" psicologicamente considerada, e as expressões que ele emprega "tomadas da qualidade do sangue, têm um sentido determinado apenas a partir da analogia do concerto dos sentimentos e dos desejos com as causas motrizes corporais", que ignoramos completamente.

> Não se trata de querer saber, antes de qualquer outra coisa, qual é a composição química do sangue, para, em seguida, designar de maneira conveniente a propriedade de certo temperamento; mas,

---

13 Müller, *Manuel de Physiologie*, trad. de Jourdan, 2ª ed., t. II, p. 337: "Em minha opinião, os temperamentos só dependem de mais ou menos disposição às emoções e às paixões que nascem da excitação ou da contrariedade das inclinações, isto é, que eles reconhecem por causa da disposição aos estados de prazer, de sofrimento e desejo, como também os alimentos que esses estados da alma encontram na composição material das partes organizadas".

trata-se de saber quais sentimentos e quais inclinações se observam no homem, a fim de poder chamá-lo convenientemente pelo nome de uma classe particular.[14]

Da mesma forma, como o mostramos, Wundt entende por temperamento a disposição da alma em relação às emoções. Os termos fisiológicos são aqui símbolos, não explicações. Também assim, recentemente o senhor Nicolas Seeland,[15] combatendo "a tendência enraizada de procurar a essência dos temperamentos nos fenômenos da circulação e seu satélite, o intercâmbio material", crê encontrar a base do temperamento na vida elementar do sistema nervoso, no modo como ele recebe os estímulos externos e internos. De tal forma que, em última análise, é mais o *humor* do que o temperamento que ele considera, e são diversidades de humor que ele distingue sob o nome de temperamento alegre, sereno, melancólico, etc. Da mesma forma, Höffding[16] define o temperamento como "o nível afetivo do indivíduo", "a disposição íntima que domina a sensibilidade, abstraindo-se determinadas experiências externas".

Se examinarmos as teorias dos autores segundo os quais convém, pelo contrário, partir da determinação do temperamento para chegar à do humor e à do caráter, ser-nos-á preciso chegar à mesma conclusão. Para simplificar, limitemo-nos a estudar a doutrina do senhor Fouillée, que é, em suma, a tentativa mais recente e mais engenhosa para fundar uma classificação natural dos "temperamentos morais" e dos caracteres sobre uma base fisiológica. Deixemos de lado até a objeção, capital, de que nem o próprio senhor Fouillée, quando propõe sua classificação dos *caracteres*, a assenta mais sobre a dos temperamentos físicos e morais que esboçara antes. O *caráter*, ele diz, consiste na "reação da inteligência e da vontade sobre o natural". O necessário, pois, seria mostrar como essa reação pessoal pode agir para transformar cada forma típica de temperamento. Isso não foi feito, o que parece autorizar algumas dúvidas sobre a legitimidade do empreendimento. Perguntemo-nos

---

14 Kant, *Anthropologie*, parte II, A, § 2.

15 Nicolas Seeland, "Le Tempérament au point de vue psychologique et anthropologique", em *Bulletin du Congrès International d'Anthropologie*. São Petersburgo, 1892, IV, pp. 91–154.

16 Höffding, *Esquisse d'une Psychologie fondée sur l'Expérience*. Paris: Félix Alcan, VII, cap. 1, pp. 455–456.

simplesmente como se podem relacionar certos traços psicológicos definidos aos gêneros biologicamente distintos. Vimos que há duas grandes classes de temperamentos: uns de poupança e outros de dispêndio. Veremos então que os indivíduos em quem dominam os processos construtivos ou de integração são os *sensitivos*; aqueles em quem dominam os processos destrutivos ou de desintegração são os *ativos*. E por quê? Porque "a volição e a ação muscular são manifestamente um *dispêndio* de energia", e "sentir é *receber* uma impressão". Não será por uma espécie de simbolismo pitagórico, poderíamos quase dizer que por uma simples analogia verbal, que se chega a estabelecer tal aproximação? Não seria mais honesto inverter os termos e dizer que os ativos são aqueles em quem uma integração muito enérgica permite e provoca um dispêndio mais considerável de energia motriz? A sensação também não é, ela própria, um dispêndio, e uma emoção violenta não provoca um esgotamento nervoso às vezes mais profundo do que os movimentos musculares? Todos os trabalhos dos neuropatologistas não conduzem à conclusão de que as neuroses com afloramento da sensibilidade e da emotividade se devem a uma falta de nutrição das células? Acrescentemos, aliás, que aqui não se trata, de forma alguma, de inverter as afirmações do senhor Fouillée, o que seria igualmente falso. É preciso apenas reter que aqui, também e apesar de tudo, o verdadeiro ponto de partida é a descrição psicológica que, bem artificialmente, esforçam-se em relacionar a hipóteses biológicas muito contestáveis.

III — Que não nos enganemos, contudo, sobre o sentido dessas conclusões. Não pode estar no nosso pensamento negar as relações singularmente estreitas e de modo verossímil muito constantes que existem entre a atividade biológica e a atividade psicológica. Tudo que se passa num organismo ressoa na consciência: as crises fisiológicas e as doenças modificam profundamente nossa sensibilidade, nossa atividade, nossa inteligência mesma; o tônus vital, o estado de nossas vísceras, o movimento regular ou irregular dos órgãos, a estrutura e o modo particular de funcionamento do sistema nervoso, em especial, constituem, em parte, nossa "natureza psíquica", ou mesmo nosso *humor*. Mas o humor em si não está sob a dependência exclusiva do temperamento; há os nervosos alegres e os nervosos tristes. Uma multidão de psicoses que transformam o humor pode se desenvolver sobre qualquer temperamento, como a histeria, por exemplo.

Todos estamos dispostos a admitir que todo fato psíquico pressupõe condições fisiológicas, que todos os modos de sensibilidade, inteligência, atividade que se podem distinguir entre os diferentes indivíduos têm sua base física no estado do sistema nervoso. O que nos recusamos a admitir é que se deva partir da consideração do organismo, e pedir da teoria do temperamento uma iluminação que ela esteja atualmente na absoluta impotência de nos fornecer. Os alienistas são, em verdade, bem mais psicólogos do que certos psicólogos. Sobre o que eles fundam suas classificações? E, para tomar um exemplo, como se chega a uma determinação nosográfica da histeria? Seguramente, ela tem suas condições orgânicas definidas, mas as ignoramos. Considerá-la-emos, pois, como uma doença "sem lesão e sem localização"; defini-la-emos como "um modo particular de sentir e de reagir", "uma maneira de o cérebro funcionar"; caracterizá-la-emos pelos "sintomas morais", estudá-la-emos em seus "estigmas e acidentes mentais". É essa sabedoria, esse método verdadeiramente científico que é necessário carregar para o estudo do caráter e de suas relações com o temperamento. Não se deve obstinar em tomar como ponto de partida o obscuro e o desconhecido; a questão é complicada o bastante sem isso.

É da observação psicológica que se deve partir; é preciso constatar quais são, de fato, as diversas formas de pensar, de sentir, de agir, que caracterizam os homens. O que importa é bem menos o temperamento do corpo do que aquilo que Kant chamava de o temperamento da alma, isto é, em um termo de sentido mais amplo do que Kant o atribuía, a constituição psíquica individual.

CAPÍTULO II

O TEMPERAMENTO DA ALMA

1 — O temperamento físico é a base desconhecida da personalidade psicológica. O desempenho mais ou menos ativo e potente, mais ou menos regular e harmônico, das diversas funções vitais dá origem à sinestesia, àquilo que chamamos de sensibilidade orgânica, sentido vital, e se traduz na consciência sob a forma de humor. Mas, se o humor realmente é algo do caráter, ele não o constitui inteiramente. Acima desse temperamento físico encontra-se um conjunto de disposições propriamente psicológicas, que são coisa diversa e bem mais que o inverso consciente do primeiro. É o natural. E mesmo isso é algo de dado ou inato: é a verdadeira base psicológica do caráter. O natural oferece à vontade a matéria com a qual esta poderá formar o caráter moral e, ao mesmo tempo, lhe

impõe limites de que ela não poderá se libertar. Muitos homens, aliás, em quem a vontade entrega os pontos, têm apenas um temperamento psicológico. Deve-se partir, pois, de sua determinação.

> Uma criança acaba de nascer: não há nada de mais obscuro, seguramente, que seu futuro moral; quem poderia predizer o que ela se tornará? E, no entanto, ninguém imagina que essa criança possa se tornar qualquer coisa indiferentemente, quero dizer, com uma facilidade igual, como se fosse uma *tábula rasa*. Ela carrega em germe, além das faculdades essenciais do espírito humano e das potências fundamentais comuns a toda a espécie, uma compleição intelectual e moral particular, que dará sua individualidade.[1]

Sem dúvida, a educação influirá sobre esses poderes psíquicos e seu conjunto; essa variabilidade e maleabilidade são certas e seus limites são muito flexíveis e recuáveis. Porém, por mais que estejamos dispostos a atribuir o papel dessa ação ao meio, ao tempo, à experiência, ainda seria preciso estar advertido contra um perigoso exagero que levaria a nada contabilizar, na educação mesma, da natureza individual e das aptidões inatas. Isso seria um retorno à velha concepção do século XVIII, segundo a qual seria possível criar gênios, heróis e santos à vontade, nada vindo da experiência e da ação do meio físico ou social. A criança não é um ser amorfo quanto à moral mais do que quanto ao físico; a hereditariedade desempenha, num e noutro caso, um papel cuja grande importância não seria possível desdenhar sem se expor a grandes desilusões.

Seria preciso jamais ter visto crianças para ignorar as profundas diferenças que, desde os primeiros anos, desde os primeiros meses da existência, as diferenciam sob o ponto de vista moral. Seguramente há *um caráter infantil*, assim como há uma *fisionomia infantil*. Duas crianças, tomadas aleatoriamente, certamente serão mais semelhantes entre si do que dois adultos. Certos traços lhes são comuns, porque representam o caráter da humanidade primitiva; o que aparece mais manifestamente é a base genérica sobre a qual pouco a pouco enxertam-se todas as diferenças étnicas e, depois, individuais. Mas, para um olho atento, como são

---

1 Marion, *Solidarité morale*. Paris: Félix Alcan, parte I, cap. 1.

distintivos esses traços, e como são irredutíveis as variedades no interior dessa aparente uniformidade!

Uma criança se distingue de outra pela acuidade da sua sensibilidade, por sua impressionabilidade aos agentes externos; o frio e o quente afetam-na mais ou menos vivamente: ela é mais ou menos sensível ao barulho, à luz, aos contatos. É acolhedora e chorosa, ou alegre e resistente à dor. Desde o primeiro período da vida, quando mesmo chorando a criança apenas grita, diferenças já se mostram. A época na qual aparecem as lágrimas é variável. A forma de uma criança soluçar não é a mesma da outra. Siroski[2] observa que "entre as crianças pouco queixosas, os soluços são em geral de curta duração e cessam logo após a criança parar de chorar. Entre as crianças mais queixosas, os soluços são, ao contrário, muito obstinados", indo até o sufoco. Igualmente, é de primeira hora que, desde o primeiro ano, diferenças se apresentam no que diz respeito ao momento, à ordem e ao modo de surgimento de certos sentimentos e de certas emoções: medo, irritabilidade, cólera, timidez, pudor. Se relermos as observações de Taine, Darwin, Preyer, James Sully, Bernard Pérez, etc., ficaremos surpresos com as divergências, às vezes singulares; e ficaremos tentados a crer em erros de observação ou de interpretação muito concebíveis e desculpáveis em tão delicada matéria. Inclino-me muito mais a pensar que se deva explicá-los pela diferença de natureza das crianças observadas. Conheci uma criança que nascera com um dente; conheci outra que teve seu primeiro dente aos dezessete meses: não vejo contradição nisso. A sensibilidade moral não é mais uniforme do que a sensibilidade física: uma criança é encantadora, carinhosa, doce, afetuosa, terna; outra não gosta nem de dar, nem de receber beijos, é brusca, parece ter o coração muito seco e predisposto ao egoísmo. Se considerarmos a inteligência, desde as primeiras semanas, ao menos por volta do terceiro ou quarto mês, já se verá que a criança tem o ar mais "desperto", mais "astuto", ou mais "adormecido", mais "bobalhão". Ela é mais ou menos precoce para imitar gestos, para reconhecer pessoas ou objetos, para entender ou falar. Espere dois ou três anos: a memória é diferente entre uma criança e outra, tanto em relação à sua capacidade, quanto às qualidades de facilidade, tenacidade, acesso rápido e quanto

---

2 Sirorski, "Remarques sur le développement psychologique de l'enfant", em *Revue Philosophique*, t. XIX, p. 247.

a seus objetos de predileção; a imaginação também não é a mesma, não somente no sentido de que sua vivacidade é variável, mas também no de que ela não é de mesma natureza e evolução; "certas crianças cedo se mostram atentas, ponderadas, ao menos dispostas a tornar-se assim; outras, de uma leviandade quase doentia, são incapazes de fixar seu pensamento por um instante que seja"; a justiça, a clareza do julgamento, a capacidade de raciocinar também são muito desiguais. Assim como nascemos com sentidos mais ou menos delicados, como as disposições à miopia, por exemplo, também há um tipo de miopia intelectual que é congênita e hereditária, e de igual importância. E isso não é apenas uma diferença de graus, mas uma diferença de natureza; o limite do desenvolvimento intelectual tem recuos variáveis segundo as raças e os indivíduos; e, ademais, há aptidões primitivas com as quais é preciso saber contar.

Quanto ao assunto da atividade, devem-se fazer as mesmas observações. A excitação reflexa não é igualmente viva; com mais forte razão, a motilidade espontânea, a necessidade de se mover, de se agitar, ou, ao contrário, a tendência ao repouso, à inércia, a resistência à fadiga, a vivacidade e a lentidão dos movimentos. As divergências notáveis se deixam perceber até na vontade, pois esta encontra condições de desenvolvimento mais ou menos favoráveis, um terreno mais ou menos propício, mesmo que, talvez, só se manifeste sob a forma de docilidade um pouco passiva ou de violência irrefletida, de resistência ou de obstinação um pouco cegas, de tenacidade ou inconstância muito pouco razoáveis.

Enfim, além do fato de que todas as funções psíquicas diferem ao mesmo tempo tanto em quantidade quanto em qualidade, a proporção é variável, segundo a qual elas se equilibram, se organizam e se temperam. E, se a loucura, a epilepsia, a tendência ao crime ou ao suicídio são hereditárias, por que seria espantoso que o fossem também a harmonia e a saúde moral?

É esse conjunto de funções psicológicas primitivas e primitivamente definidas que constitui o caráter inato, o que Leibniz e Kant chamavam o "temperamento moral", o "temperamento da alma". Está aí o ponto de partida de toda a evolução futura do ser: para alguns, isso será o caráter inteiro; para outros, a base. Eis o que o educador deve propor-se antes de tudo a discernir em cada criança, para saber em que sentido e por quais procedimentos convém agir sobre ela. Pois só se transforma uma matéria se se sabe muito bem qual é a sua natureza, resistência, elasticidade, plasticidade. Eis também ao que deve visar de início o psicólogo que se propõe a determinar as diversas formas de caracteres.

11 — Isso quer dizer que deveríamos nos limitar ao estudo da criança nesta pesquisa? Seguramente não, e por várias razões. Em primeiro lugar, se quiséssemos falar com rigor, seria da criança no momento exato do seu nascimento que deveríamos nos ocupar, isto é, no momento em que todos os traços distintivos, as particularidades individuais, permanecem quase intangíveis e são ainda apenas os traços fugitivos daquilo que se manifestará claramente mais tarde. Por pouco que, com efeito, esperarmos, causas singularmente complexas intervirão, e a influência da primeira educação se fará sentir. Que a educação começa desde o berço e que, como o diz Montaigne, "nosso principal governo sejam as mãos das amas", eis uma verdade incontestável e que tem sido tão freqüentemente trazida à luz que não há que se insistir nela. Mas dela resulta que, precisamente na época em que poderíamos observar na criança manifestações um pouco precisas de seu caráter inato, influências estrangeiras intervêm, e então já não se tem mais aquele ser primitivo aos olhos.

E, sobretudo, a criança não é o homem abreviado. Não é verdade que nela se encontrem abreviadas todas as funções psicológicas que a análise descobrirá posteriormente no indivíduo completamente desenvolvido. A psicologia infantil nem sempre teve o cuidado de se manter atenta contra uma concepção análoga à do pré-formismo dos germes, segundo a qual o germe conteria o ser futuro não apenas virtualmente, mas sob sua forma completa, com todas as suas partes extremamente reduzidas em dimensão. O que é verdadeiro do organismo embrionário, onde os germes e as funções — ainda que *inatos* em todo o rigor do termo — não são pré-formados e só se diferenciam progressivamente, pela seqüência de uma evolução mais ou menos lenta, é verdadeiro também no que podemos chamar de "a alma embrionária da criança". Nela estão adormecidas potências que só se atualizarão mais tarde. Uma criança, dissemos, nasce com uma dada capacidade e uma forma determinada de memória, de atenção, de energia, de vontade: mas como — nem digo prever o que essa criança será quando crescer, sob diferentes aspectos —, como constatar que ela seja mais ou menos felizmente dotada antes de atingir certo desenvolvimento?

É preciso esperar que o desenvolvimento seja completado para conhecer seu limite extremo, sua variável, segundo as raças e os indivíduos.

É, pois, o adulto que estudaremos. Fazer a distinção rigorosa daquilo que, num dado ser, é verdadeiramente primitivo daquilo que é o resultado das influências múltiplas que ele sofreu, seria uma tarefa cuja inextricável complexidade bastaria para nos deter. Felizmente, não é necessária para o nosso assunto. Que tal ou qual modo de sensibilidade, de inteligência, de atividade seja em alguém absolutamente original e, em outra pessoa, o resultado de uma evolução mais ou menos derivada, determinada mais ou menos completamente por causas externas, isso importa quase nada, afinal. O que nos interessa principalmente é saber que esses diversos modos são reais, que eles de fato se encontram, que se pode esboçar uma classificação deles. É, por outro lado, que se combinam segundo certas relações de uma generalidade e de uma fixidez suficientes, e que formam sistemas definidos, que reagem uns sobre os outros de forma constante e definida.

O primeiro desses problemas deve ser resolvido antes do outro, e é ele que abordamos agora. Deixando de lado, na maior medida, toda consideração de raça, sexo e de idade, deixando sobretudo de lado o estudo das transformações de que a reação própria da vontade faz a natureza psicológica padecer, consideraremos o homem adulto no momento em que todas as suas qualidades nativas não estão suficientemente afirmadas e fixadas; isto é, por volta dos vinte ou vinte e cinco anos. Perguntar-nos-emos quais são os aspectos característicos com que cada uma das grandes funções da vida psíquica reveste os diferentes homens, e pesquisaremos, quanto à sensibilidade, inteligência, atividade, a vontade mesma, se não ocorre distinguir alguns tipos gerais de que cada indivíduo nos oferece um exemplar determinado. E é isso que entendemos por determinação dos *elementos do caráter*.

CAPÍTULO III

Os modos da sensibilidade

1 — "O que é fundamental no caráter", escreveu o senhor Ribot,[1] "são os instintos, as tendências, os impulsos, os desejos, os sentimentos: tudo isso, e nada a não ser isso". Igualmente, mas de forma mais breve, o senhor Charles Féré: "O caráter nada mais é que a expressão da sensibilidade".[2] Esta é, sem dúvida, uma concepção muito exclusiva, e parece que nem a natureza da inteligência, nem a da vontade são elementos menos essenciais: talvez mesmo, em um sentido, deveremos reconhecer que tendências, impulsos, desejos importam menos que a maneira pessoal

1 Ribot, *La Psychologie des sentiments*. Paris: Félix Alcan, p. 391.
2 Charles Féré, *La Pathologie des Émotions*. Paris: Félix Alcan, p. 369.

como nós nos entregamos ou resistimos a eles, como os coordenamos e dirigimos. Mas, feitas essas reservas, é certo que a natureza da nossa sensibilidade, se não é todo o caráter, é parte importante deste. Tanto quanto é a expressão do temperamento, ela constitui nosso humor, e o humor é algo do caráter. Qualificamos, em certa medida, o caráter de uma pessoa quando dizemos que ela é animada ou triste, lenta ou pronta a se mover, fria ou passional, de coração seco ou alma terna, generosa ou egoísta. Ora, todas essas disposições são, em grande medida, primitivas ou nativas, e, se a educação e o movimento mesmo da vida podem e devem modificá-las, ao menos será necessário ter-se sempre isso em conta; em todo caso, elas contribuem singularmente para diferenciar a natureza moral de um indivíduo. É necessário, pois, descrever e classificar as formas mais notáveis sob as quais se manifesta a sensibilidade entre os homens.

Não basta, com efeito, dizer de um homem que ele é mais ou menos sensível, se não se distingue o gênero de sua sensibilidade, se não se mostra a que coisas e de que maneira ele é sensível. São os *modos* da sensibilidade que variam estranhamente de uma pessoa a outra e, na mesma pessoa, de um momento a outro. Há sopros de humor, como há sopros de vento. Há dias em que tudo nos parece fácil, amável e sorridente; há dias em que todas as coisas e a vida são para nós sombrias, cheias de inquietudes e de amarguras: ninguém escapa dessa lei. Também, da mesma forma, sentimo-nos às vezes cheios de entusiasmo e ardor, com o peito inflado de desejos poderosos, e depois abatidos, indiferentes a todas as coisas, sem força para aspirar nem mesmo à alegria. Hoje vibramos como cordas esticadas, e nossas emoções nos parecem desproporcionais às suas causas; amanhã sentiremos acabarem-se em nós as fontes da emoção, e constataremos dolorosamente algum tipo de secura passageira. Há poucos homens que não tenham observado tudo isso em si mesmos. Somente, segundo a natureza de cada um, esses desvios serão mais ou menos notáveis e freqüentes, e as mudanças serão mais ou menos profundas e duráveis: enquanto que, nesta pessoa, à exaltação mais viva se sucederá bruscamente a depressão mais profunda e essas alternativas se renovarão sem parar e a quase todo momento, naquela outra haverá somente (e isso mais lenta do que raramente) a passagem de uma alegria e de uma amenidade maiores a uma tristeza e a uma irritação mais proeminentes. E, sobretudo, existe em cada um certa atitude da sensibilidade permanente e mais normal; há certos traços profundos e duráveis que dão à natureza sensível o seu vigor e, por assim dizer, a sua cor diferencial. São esses aspectos característicos da sensibilidade que se trata aqui de delinear.

II — O termo *sensibilidade* é mais comumente empregado por psicólogos para designar dois tipos de fatos que, sem dúvida, estão estreitamente relacionados, mas que, no entanto, distinguem-se muito claramente: *estados* afetivos e *tendências* afetivas. A sensibilidade é, ao mesmo tempo, aptidão para desfrutar e sofrer e aptidão para desejar. Será, pois, conveniente considerar sucessivamente essas duas faces do problema.

Considerando, de início, apenas a afetividade, a disposição para experimentar o prazer ou o sofrimento, é evidente que ela está desigualmente viva entre as diferentes pessoas.

A intensidade de uma sensação penosa, ou simplesmente agradável depende, antes de qualquer coisa, em parte, da natureza própria e do poder da excitação externa ou interna, mas se deve também a uma multidão de outras condições particulares, cuja síntese é muito complexa e variável: estado dos órgãos, atividade da nutrição celular, anemia ou hiperemia, estado dos nervos, tonicidade dos centros sensitivos, etc., e, também, estado anterior da sensibilidade, contraste, disposição da imaginação, etc. Da mesma forma que há substâncias anestésicas e outras que poderíamos chamar de hiperestésicas, há certo conjunto de circunstâncias de ordem fisiológica e psicológica que rebaixam ou elevam o tom da nossa sensibilidade. Ora, o temperamento físico e psíquico de cada indivíduo constitui um sistema de condições normais e relativamente estáveis que o predispõem a provar, com mais ou menos força, sensações, sentimentos, emoções. Se é verdadeiro, com efeito, que o prazer e a dor resultam de certa proporção ou desproporção entre a quantidade de energia nervosa disponível e a quantidade de energia nervosa livre, se, em uma palavra, o prazer é a consciência do crescimento da atividade vital, se a dor se resolve na consciência de uma depressão, de um esgotamento, concebe-se facilmente que a sua intensidade depende em grande medida daquilo que poderíamos chamar de "estado dinâmico" do sujeito. A apatia, a indiferença graças à qual tudo parece deslizar em certas pessoas, ou, ao contrário, a irritabilidade superaguda que faz com que outros se machuquem até correr sangue, devem-se, pois, à base de nossa natureza. Poderíamos dizer que há homens que são naturalmente hiperestesiados, e outros normalmente anestesiados ou, melhor, hipoestesiados. Os casos patológicos nos mostram, com um relevo impressionante, o que na vida ordinária só se manifesta por diferenças menos proeminentes.

Os alienistas freqüentemente notaram esse fenômeno impressionante do desaparecimento quase total da sensibilidade ao mesmo tempo orgânica e moral que se encontra na coréia, na neuropatia cérebro-cardíaca, na lipemania, na melancolia estúpida, cujo estupor epiléptico nos oferece um caso extremo: "Minha existência", dizia um paciente de Esquirol, "é incompleta: as funções, os atos da vida ordinária me permaneceram; mas em cada uma delas falta algo, a saber, a sensação que lhes é própria e a alegria que se lhes sucede... Todos os meus sentidos, cada parte de mim mesmo é, por assim dizer, separada de mim e não pode mais me obter uma sensação". "Os doentes", escreveu Falret, "se tornaram insensíveis a tudo; até a morte de pessoas caras os deixariam absolutamente frios e indiferentes". O senhor Charles Féré, na obra que consagrou à patologia das emoções (*Pathologie des émotions*), foi feliz ao descrever essa apatia mórbida como consistindo em um tipo de inércia moral que nada pode vencer, uma incapacidade radical de se emocionar. Por outro lado, em certas neuropatias, como a histeria, a neurastenia, a melancolia agitada, uma superacuidade extraordinária da sensibilidade sensorial e moral se manifesta: o odor de uma flor, o enrugamento de um tecido de cetim levam a desmaios e a crises de nervos. A emotividade mórbida difusa consiste em uma disposição permanente em experimentar emoções cuja violência, freqüência, duração não têm nenhuma proporção com suas causas. Sempre vibrante, de uma extraordinária irritabilidade moral, passando sem razão do entusiasmo mais exuberante ao terror mais esmagador, da alegria mais viva à cólera, eis a doença.

> As pessoas enfraquecidas, os degenerados, os neuropatas são mais suscetíveis que as outras pessoas aos efeitos dinamógenos ou esgotadores das excitações extremas; estão sempre em estado de equilíbrio instável, assemelhando-se a uma balança louca, que um leve toque faz desviar em um sentido ou outro.[3]

---

3 Charles Féré, *Sensations et Mouvement*. Paris: Félix Alcan, p. 132.

Mas, quer se atenuem ou se nivelem em alguma medida todas essas manifestações caracterizadas por seu próprio exagero, e, mesmo assim, na humanidade normal, que oscila de alguma forma entre a insensibilidade quase absoluta a certos elementos e a hiperestesia das neuropatias, há lugar para diferenças consideráveis. Considere-se, por exemplo, a diferença entre a sensibilidade olfativa ou auditiva de um camponês normando e a de Urquiza, que desmaiava de volúpia ao respirar o odor de uma rosa, e de Jules de Goncourt, que, disse o seu irmão, "sofria com o barulho como se fosse uma agressão física brutal"; compare-se, sob um ponto de vista especial, o prazer calmo de um amador na presença de um belo quadro e a emoção do pintor Francia morrendo de felicidade à vista de uma tela de Rafael; aproxime-se a frieza de Fontenelle à extraordinária sensibilidade de Diderot inflamando-se, entusiasmando-se por tudo e fora de propósito.

Em uma extremidade, pois, encontramos as pessoas que, graças a um tipo de inércia, ataraxia inata resistente a todos os estímulos, permanecem indiferentes, impassíveis, e sobre quem se enfraquecem todos os estímulos, que parecem passar a vida sem considerar as coisas, os eventos e os homens. Na extremidade oposta, encontram-se aqueles que sentem todas as impressões com uma intensidade espantosa, que se arrepiam de prazer e sofrimento até a medula de seus ossos, em quem a alegria e a dor se exasperam até o delírio, cujos nervos vibram a todos os ventos do horizonte e vibram até se quebrar. Entre esses dois limites há uma infinidade de graus.

III — Ademais, essas variedades não resultam somente de uma diferença na qualidade, se se pode dizê-lo, mas também da diversidade dos modos de exercício da sensibilidade.

A sensibilidade pode, com efeito, diferir de uma pessoa a outra pela rapidez ou pela lentidão com que se move. Sabemos que o tempo de percepção, mesmo com todas as circunstâncias iguais, varia com os indivíduos: poder-se-ia dizer também que há um *tempo de sensibilidade*. Os estados afetivos, tais como prazer ou dor, não nascem simultaneamente; o processo psíquico total descreve uma curva no alto da qual há a consciência da modificação, mas, não tendo ainda se revestido de seu "tom de sentimento", segundo a expressão de Wundt, apenas a certa altura aparece a dor, por exemplo. É isso que notadamente o senhor

Charles Richet estabeleceu experimentalmente em seus *Études cliniques sur la sensibilité* [Estudos clínicos sobre a sensibilidade]. Há um limite à sensibilidade física, assim como há um limite à consciência, e ele é mais ou menos rapidamente ultrapassado. Isso é verdadeiro *também* e talvez *sobretudo* quanto à sensibilidade moral. Os sentimentos e as emoções nos invadem mais ou menos bruscamente. Observemos, por exemplo, as diferenças que o aparecimento de uma emoção muito geral, como o medo ou a cólera, suscita em duas pessoas. Em uma, o menor barulho, a mínima palavra ofensiva provoca instantaneamente uma emoção, uma batida cardíaca violenta, um acesso de irritação; na outra, a emoção é tão tardia, que ela quase só tem medos ou cóleras retrospectivas. Cada um de nós pode ser comparado a uma pólvora que, não somente tem um poder explosivo diferente, mas que também é de conflagração mais lenta ou mais rápida.

Está, porém, essa vivacidade ligada por uma relação constante à intensidade? E qual é essa relação? Não poderia, de minha parte, aceitar, sem as mais expressas reservas, a opinião de Bain, que vê no tempo que um estado afetivo atinge seu máximo "o sinal do grau de força que ele adquiriu". De fato, podemos freqüentemente constatar em nós mesmos que uma emoção pode irromper subitamente com uma extrema intensidade, e que, de forma inversa, ela pode se desenvolver com lentidão e permanecer medíocre.

Poderíamos mesmo mostrar que a *lei da relatividade*, cuja importância à sensibilidade Bain tão justamente assinalou, deve originar um efeito precisamente oposto àquele que ele assinala. Pois a brusca modificação da consciência, a invasão instantânea de um estado novo, deve provocar um recrudescimento na intensidade do fenômeno afetivo. Entenda-se que não se trata aqui do modo de ação do estímulo, mas da capacidade de abalo do sujeito; também não se trata do ardor da paixão (pois há pessoas que se inflamam lentamente e chegam a arder com uma violência inaudita), mas da intensidade que um estado afetivo apresenta. Ora, aqui a lei nos parece ser de que a vivacidade se une à intensidade, sendo a instabilidade nervosa do sujeito a causa comum desses dois efeitos concordantes. A descarga nervosa que põe fim a toda excitação é tão mais brusca à medida que o sujeito possui uma vibratilidade mais acusada. Os hiperestesiados, cuja sensibilidade é superaguda, são também aqueles em quem ela é mais súbita, mais instantânea.

Da mesma forma, não se deve confundir a rapidez ou lentidão com as quais um estado afetivo nos invade e sua fugacidade ou duração. A característica efêmera ou persistente dos fenômenos sensíveis constitui um fator novo de capital importância. Basta ter visto crianças para perceber que sua impressionabilidade é viva, mas singularmente móvel e fugitiva. Elas passam quase sem transição do riso às lágrimas, esquecendo instantaneamente suas alegrias e tristezas de um instante atrás, para entregar-se inteiras ao sentimento presente. Falo apenas, que fique claro, da característica mais geral da sensibilidade infantil que se mostra a um observador atento, e não de nuances que existem em crianças de dois a três anos. Há aquelas em quem a volubilidade é bem mínima, de tal maneira que um desgosto as tornará tristes por várias horas e encobrirá de melancolia seu sorriso e sua alegria. Com a idade, as divergências individuais se acentuarão. E esse caráter de instabilidade ou de permanência das atitudes da sensibilidade terá conseqüências muito interessantes.

Sem nenhuma dúvida, um estado afetivo pode ser passageiro e, ao mesmo tempo, ter certa intensidade. Mas, em um homem no qual os sentimentos e as emoções passam rapidamente, a sensibilidade se reveste de uma aparência característica. Ela, de certa forma, permanece mais superficial, pois os sentimentos não têm tempo de penetrar toda a substância da alma, de lá se estabelecer e permanecer, de interessar a um maior número de tendências; eles são, assim, facilmente quase suplantados por outros, e não deixam quase nada subsistir por si mesmo. O indivíduo, de certa forma, parece que só vive o presente, com seu passado sentimental para sempre abolido. A sensibilidade, após uma oscilação até forte, retoma rapidamente seu equilíbrio e se torna novamente susceptível de se impressionar de uma maneira totalmente diferente. Há nisso como que uma espécie de elasticidade própria da sensibilidade, que a repõe após cada esfacelamento em um novo estado de frescor e inocência. Cada emoção, cada sentimento vale o que vale enquanto dura. Há outras pessoas, ao contrário, para quem uma emoção, uma dor, se instalam e permanecem: o sistema nervoso se abala por um tempo considerável: sua sensibilidade é como um sino de um metal raro que vibra por muito tempo ainda após o choque recebido. Isso se deve, diz Bain, àquilo que se pode chamar de "a força de retenção própria do sistema nervoso". Disso resulta que o estado afetivo adquire uma intensidade maior, pois essa retenção penosa consecutiva à dor a constitui em grande parte, e podemos dizer que a dor é quase a lembrança da dor. Disso resulta, sobretudo, o fato capital de que a impressão moral tende a se tornar um hábito sentimental, colorindo com sua nuance própria um longo cortejo de estados simultâneos ou posteriores, que o indivíduo revive suas emoções anteriores e, por uma espécie de ruminação psíquica, lhes confere uma existência nova, uma força superior, uma orientação permanente e definida.

iv — Aqui tocamos um ponto essencial. Esse prolongamento das impressões sensíveis, sua repercussão em toda a consciência, que lhes permite evocar e suscitar simpaticamente uma massa mais ou menos considerável de estados afetivos, que, de alguma forma, adormeciam; eis o que constitui a emotividade. A emotividade, em efeito, não é exatamente aquilo que poderíamos chamar de *excitabilidade*. Por excitabilidade, entendo propriamente a aptidão a ser agradável ou penosamente afetado por um estímulo de ordem sensorial ou moral. A emotividade está seguramente ligada à impressionabilidade moral, mas se distingue dela: um sentimento vivo não é uma emoção. Tentemos analisar uma emoção claramente delineada. Eis um exemplo retirado, pelo Doutor LeTourneau, das memórias do senhor Monnier (Du Jura):

> Rouget de Lisle contava ao senhor Monnier que, após um jantar com o prefeito de Estrasburgo, Dietrich, este lamentou que não houvesse um canto de guerra nacional em vez da "Carmagnole" e do "Ça ira". Depois, incumbiu o jovem subtenente de compor um. Pouco após, Rouget de Lisle se retira discretamente para sua casa, toma seu violão, encontra nos seus primeiros toques as notas inspiradas e inspiradoras que esperavam dele. Ele me disse: "As palavras vinham com o ar, o ar com as palavras. Minha emoção estava no seu auge, e meu cabelo se arrepiava. Eu estava agitado com uma febre ardente, e depois um suor abundante gotejou de meu corpo, e depois me encolhi, e lágrimas cortaram minha voz".[4]

Tal emoção se constitui de quê?[5] Podemos distinguir nela, logo de início, uma impressão moral viva (um sentimento patriótico e estético);

---
4 Letourneau, *Physiologie des Passions*, p. 77.
5 O problema da natureza da emoção é um dos mais obscuros da teoria da sensibilidade.

em seguida, a difusão dessa impressão estimulando uma massa mais ou menos considerável de outros sentimentos, tendências, lembranças, imagens, idéias, enfim, uma série de reações fisiológicas (aceleração ou desaceleração do ritmo da circulação e da respiração, problemas viscerais, secreção mais ativa das glândulas sudoríparas, lacrimais, etc.), que ressoam na consciência e cumprem a tarefa de dar à emoção sua característica própria. Com Spencer e Wundt, avaliamos que emoção é essencialmente constituída pela reunião dessas três ordens de fatos. Se a emoção não foi criada por uma simples mudança no curso das representações, como o quer Herbart, se ela também não foi criada pelos problemas viscerais, ao menos ela é, em parte, o resultado de uma reação desse problema das representações contra o sentimento, e é "mantida e fortalecida", como Descartes já o dizia, pelas modificações psicológicas, das quais mantém, em parte, sua intensidade. A emoção é tanto mais forte e caracterizada à medida que contém um maior número de estados afetivos e ideais de toda ordem, fundidos e aglutinados. A emoção vive e se desenvolve graças à multidão de impressões revivescentes e de sensações orgânicas que ela evoca por um tipo de indução psíquica, graças a esse esfarelar que se difunde em todos os sentidos, a esse "impacto simpático que opera sobre as redes sensitivas de nossa personalidade íntima".[6]

Várias conseqüências resultam disso. Primeiramente, a emotividade é uma predisposição ao mesmo tempo psicológica e fisiológica, verdadeiramente individual e inata. Ela mantém a excitabilidade própria das diversas tendências sensíveis à sua multiplicidade, à presença de uma rica base de sentimentos sempre prontos a surgir, aspirando confusamente

---

Até Kant, a emoção não era distinta da paixão. Kant fez a emoção entrar na faculdade apetitiva, mas definiu-a como um sentimento violento que suprime a reflexão. Schopenhauer vê nela uma espécie de acesso passional, passageiro e súbito. Bain estende o termo a todos os estados afetivos. Berbart insiste sobretudo no perigo das representações que a acompanham e produzem: para ele, a emoção é a alteração da vida afetiva provocada por uma modificação do curso das representações. Recentemente, William James e o Doutor Lange defenderam que a emoção não é outra coisa que a consciência que tomamos das desordens viscerais, vasomotores, musculares, consideradas geralmente como efeitos ou acompanhamentos da emoção. Não temos que entrar aqui no exame e na discussão dessas teorias; retomá-la-emos apenas no que importa ao nosso assunto. Cf. Sergi, *Les Émotions*. Paris, 1901.

6 Luys, *Le Cerveau*. Paris: Félix Alcan.

à vida, a uma vida intensa e, sobretudo, a uma vida coletiva, isto é, apta a participar sinergeticamente do estímulo de cada uma e de repercutir em todo o organismo. Ela mantém a instabilidade do sistema sensitivo sempre disposto a se descarregar.

E esse tipo de eco multiplicador reforça cada fenômeno afetivo, transforma-o em um problema mais profundo e mais durável. Há, como o observa finamente Bain, prazeres de que não gozaríamos plenamente se eles se apresentassem de maneira isolada e se tivéssemos o sangue frio. O mesmo ocorre com dores que são "em nossa alma como uma doença mortal que rói todo o resto". Essa aptidão a se estar profunda e freqüentemente comovido, não a criamos, e nem a suprimimos inteiramente. É em vão que uma natureza emocional fria gostaria de se dar essa emoção misteriosa que abraça o coração; também é em vão que tentaríamos aniquilá-la. Pode-se lutar contra sua emotividade, moderar suas manifestações, eliminar os efeitos; pode-se avivar a sensibilidade que encontramos em nós mesmos; mas, como a graça, a emotividade é um dom, tem seus eleitos e seus réprobos. Quando está exaltada em um indivíduo, imprime à sua natureza psicológica um selo singularmente original e quase permanente. Existe um caráter, ou ao menos um temperamento emocional.

Ademais, como ela é uma perturbação vital, é essencialmente dolorosa e predisposta à tristeza. Mas essa é uma consideração de uma nova ordem, e merece ser desenvolvida à parte.

v — A sensibilidade humana oscila entre dois pólos: prazer e dor. Mas, entre os homens, uns são de tal forma organizados, que se encontram, como que por uma graça atenciosa, inclinados para o prazer; outros o são para a dor. Como os cristais que desviam num sentido o plano de polarização da luz, também nossa natureza sensível é um meio através do qual os eventos, passando, se impregnam, colorem-se com uma tinta particular. É menos a picada que importa do que a sensibilidade que ela atinge. É em nós que se encontra a fonte profunda da alegria ou da tristeza.

Há certas naturezas de início indiferentes, em certa medida imutáveis, ignorando igualmente as oscilações violentas para um ou outro pólo, incapazes ao mesmo tempo das dores que levam à agonia e das alegrias que levam ao êxtase. Elas são, se se pode criar esse barbarismo, *ingaudentes* tanto quanto *indolentes*. Elas são — sob esse ponto de vista especial — medianas, medíocres, apagadas. É a saúde, mas que simplesmente ignora, sem plenitude e sem esforço, a falta de doença. Nós os conhecemos: são os apáticos. Deveríamos lamentá-los ou invejá-los? Hesitamos em respondê-lo.

E eis que há outros, francamente felizes, que, em meio a todas as vicissitudes, excelem em retomar seu equilíbrio, que uma certa energia interna, uma faculdade de impulsionar, protege contra as dores ferozes, os abatimentos prolongados. De sensibilidade viva, mas muito passageira, um temperamento suficientemente enérgico e certa segurança vital lhes conservam o bom humor e a alegria, imunizam-nos contra as falhas da dor, garantem-lhes uma juventude durável, uma alegria, uma leveza de alma raramente alteradas. Otimistas de nascimento, espécies de Polianas sempre levando a existência por sua face sorridente e ensolarada, procurando e encontrando o prazer, degustam a alegria de viver, e para eles certos abalos são apenas a ocasião de uma convalescença mais doce do que uma saúde muito monótona.

Enfim, há homens que são perpetuamente amassados em seus corpos, em seu espírito e em seu coração, "a pele de sua alma" é muito mole, são fechados à alegria, feridos, doloridos em sua substância, tanto mais que, em tal estado geral, todo pequeno sofrimento aumenta por si mesmo e se exacerba. Assim como Flaubert, que se comparava a um esfolado da natureza de quem tinha "uma espécie de impossibilidade à felicidade" e que dizia de si mesmo: "Não fui feito para ter prazer; não se deve tomar essa frase num sentido comum, mas sentir-lhe a intensidade metafísica". Estes, em vez de se deixar ir facilmente em direção à felicidade e de considerá-la de bom grado uma dádiva da natureza, acolhem-na com inquietude, vêem-na como uma ameaça, um presente suspeito que não se aceita sem reservas e sem temor. Na presença da infelicidade, em vez de se erguer, sacudir e livrar-se dela crendo-a e desejando-a efêmera, entregam-se a ela, mergulham, são sepultados nela, vítimas passivas, senão resignadas, e permanecem sem coragem e sem esperança. Ficam felizes quando sondam suas feridas e criam meios para avivá-las. São os pessimistas natos, que excelem em destilar a amargura que têm das coisas, aqueles para quem

Os enxames de abelhas negras
Polinizaram apenas ciprestes.

Em geral, as naturezas francamente emocionais é que são de fundo assim doloroso. As emoções mais claramente caracterizadas são, com efeito, as emoções astênicas: comover-se é quase sempre estar penosamente afetado. Isso, afinal, é muito simples, pois a emoção está sempre acompanhada de desordens orgânicas que são de ordem doentia, de uma desordem da harmonia vital que é um sinal de diminuição de energia, de sua depressão. A emotividade e a tristeza se desenvolvem igualmente sobre uma base de impotência e esgotamento.

Todavia, entre as emoções astênicas, há espaço para se estabelecer uma divisão. Lasserre[7] já distinguia (e o senhor Féré[8] aceita essa classificação) duas espécies de dores morais: primeiro, as dores morais depressivas, sem reação (temor, medo, arrependimento, ansiedade, melancolia, etc.); e segundo, as dores explosivas, com reação violenta, mas desordenada (cólera, ódio, horror, desespero, etc.). Nos dois casos, é a fraqueza que domina a depressão física e psíquica; é ela que explica, em última análise, o abatimento e a irritabilidade, que são os dois efeitos da dupla manifestação de uma mesma causa profunda: a instabilidade psíquica com predisposição ao sofrimento; é assim que os alienistas distinguem duas formas de melancolia: melancolia depressiva (com tristeza resignada) e melancolia agitada (com crises de desespero, violência, impulsos homicidas ou suicidas). A dor, em todas as suas formas, é deprimente, mas há dores agudas que provocam uma exaltação passageira e espasmódica. Todavia, se considerarmos a evolução total do processo fisiológico e mental, se considerarmos o fim e o começo, perceberemos que o resultado último é sempre um decrescimento das energias vitais. Eis por que a cólera, por exemplo, na aparência, é uma emoção astênica: nela, a exaltação é sempre temporária, constitui um fenômeno secundário, que consiste em fases discordantes de superexcitação e prostração, concluindo sempre em um esgotamento tanto mais profundo e durável quanto mais violento e súbito foi o estímulo. A emotividade se apresenta, assim, em última análise, sob dois aspectos essenciais: em um caso, há colapso generalizado, abatimento, melancolia, tristeza, resignação, com algo de tremor e espanto; no outro, a hiperestesia moral está acompanhada de ansiedade e irritabilidade, de uma suscetibilidade mais agressiva, impul-

---

7 Lasserre, *Sur la douleur dans les passions tristes*.
8 Charles Féré, *La Pathologie des Émotions*. Paris: Félix Alcan.

sos violentos e desordenados, acessos bruscos de cólera e violenta reação, instabilidade mais acentuada. E, se desejássemos designar os indivíduos sob uma ou outra dessas duas formas, bem faríamos em chamar aqueles de *emotivos sentimentais* e estes de *emotivos irritáveis*.

VI — A sensibilidade, dissemos, não é somente afetividade; é também tendência, inclinação, desejo, ou, em uma palavra, amor. O senhor Ravaisson disse que "para desejar, é preciso que, sem sabê-lo previamente, alguém se compraza e repouse no objeto de seu desejo; que ponha nele, de alguma maneira, seu bem próprio e sua felicidade; que se sinta unido a ele e que aspire a se unir a ele uma vez mais, isto é, que o desejo envolva todos os graus do amor".[9]

Essa capacidade de desejar e amar é desigualmente repartida entre os homens e é também primitiva e inata, o que se revela desde a infância; é questão de temperamento e de hereditariedade. Há crianças que parecem nada desejar com ardor, nem se agarrar a nada com impetuosidade; tal objeto até lhes daria prazer, mas elas passam sem ele facilmente e não oferecem resistência se lhes é retirado. Muitos anos mais tarde, procuramos em vão o que lhes poderia causar uma das grandes felicidades infantis que lembramos com emoção: o desejo nelas é muito mole, lânguido, frio, como que irritado. Não é raro, ao contrário, encontrar crianças que, ainda jovens, saibam concentrar em um ponto todas as suas energias apetitivas, que só vejam o objeto de seu desejo, só vivam para ele, interrompam tudo por ele com uma violência singular, não se distanciem dele sem crises de cólera e acessos de raiva. Essa atonia ou esse frenesi de desejo, esse rebaixamento ou exageração do ardor, da paixão, podem se acusar de forma extremamente notável, e isso também contribui significativamente para diferenciar a natureza sensível dos indivíduos.

Mas, existirão certas relações, mais ou menos definidas, entre esses modos de desejo e as demais formas de sensibilidade que já distinguimos? Parece que a fraqueza da apetência está ligada a um tipo de torpor correlato da faculdade de sentir, que, em uma palavra, a atenuação do desejo coincida geralmente com o obscurecimento da afetividade. A verdadeira apatia é, pois, ao mesmo tempo, falta de energia no desejo e

---

9 *Revue des Deux Mondes*, 4 de novembro de 1840.

fraqueza dos fenômenos afetivos. Todavia, ocorre às vezes que a apatia possa se aliar ao ardor, o que pode se dar por duas causas principais. Às vezes as tendências, mesmo tendo certa força, não têm impressionabilidade, quero dizer, não são facilmente estimuladas; o aspecto geral é calmo, talvez mole e indolente; mas, se uma impressão forte vem a agir, ela pode persistir e, após certo período de incubação, produzir impulsos impetuosos. A lentidão aqui produz a apatia externa e comum, mas se o aquecimento é lento, pode conduzir a uma conflagração violenta. Às vezes a apatia real e generalizada deixa intacta uma ou duas tendências que serão as únicas suscetíveis de ardor, mas sem ser poderosas o bastante para assimilar as demais, fazem estas entrarem em seu turbilhão e as conduzem à sua nota. Madame de Sévigné, por exemplo, foi um caráter frio, a não ser no que dizia respeito ao amor que tinha pela filha. Mas esse amor materno não era nela exaltado ao ponto de dominar toda a sua vida, fazer desta algo como o tipo feminino do "pai Goriot". Há aí apatia por pobreza de pontos sensíveis.

Mas se o ardor supõe, ou mesmo produz, uma impressionabilidade forte, intensa, a recíproca não é verdadeira. A excitabilidade, a emotividade, a aptidão a se abalar violentamente não está necessariamente associada à impetuosidade da paixão, a esse ímpeto potente do ser, que faz, ou ao menos sente convergir para um fim definido, de uma maneira mais ou menos completa e durável, todas as suas energias apetitivas superexcitadas. A religiosidade de um Fénelon difere singularmente, por exemplo, do entusiasmo místico de uma Santa Teresa, da sensibilidade de um Racine ou mesmo de um Diderot, da caridade devoradora de um São Vicente de Paulo. Em uma palavra, duas naturezas dominadas por uma sensibilidade muito viva podem se distinguir profundamente se uma delas for também caracterizada pelo ardor. Há os emotivos propriamente ditos, e os passionais. Os primeiros, sempre buscando emoções, ou ao menos quando afetados pela emoção, são de natureza mais alterada, sempre vibrantes, mas de uma agitação mais interior, e sempre permanecem constantemente inquietos e doloridos. Os últimos, mais vigorosos, inflamados, enérgicos, ardentes, ferventes e potentes, amam ou odeiam sem medida, estão sempre prontos a sair de si mesmos com uma necessidade incessantemente renascida de satisfazer suas paixões. Um Fox, um Mozart, um Millet, um Amiel contam-se entre os primeiros; um Napoleão, um Danton, um J. Vallés, um Lamennais contam-se entre os últimos.

Essa oposição entre a sensibilidade que é abalo, receptividade, e a que é esforço do ser para desdobrar-se, lançar-se e difundir-se pode explicar certos traços mais delicados da fisionomia sensitiva de cada um. Para que as idéias fiquem bem claras, há, por exemplo, diferentes tipos de bondade. Certa bondade robusta se alia muito bem à força, e mesmo à impetuosidade; ativa e criativa, mais do que compassiva e piedosa, ela trabalha pela felicidade dos outros com mais bom grado do que se põe a lamentar suas misérias; pronta para o sacrifício mais do que para as lágrimas, parece às vezes até esconder um fundo de aspereza, porque não se transborda em ternuras vãs. Por outro lado, há uma bondade que é apenas a participação um pouco estéril nas dores de outrem, efusão da alma mais do que grandeza de alma, piedade definhante, "bondade esparsa, sem resistência, como o entorpecimento de um nervo da vontade, uma lacuna na energia". Apiedar-se é mais fácil que amar: "a piedade", diz-se, "está próxima do amor", e isso é quase uma contraverdade. Em todo caso, para não se deter à comiseração e ir até o amor verdadeiro, à caridade ativa que se alegra com a felicidade do outro e oferece ao destino o seu próprio sofrimento como resgate, é necessário mais calor e paixão e, num certo sentido, um aspecto mais de honra da alma. Também as emoções ternas, como o observa Bain, têm uma relação notável com a fraqueza: "Elas florescem na abdicação das energias ativas; [...] é o refúgio após a fadiga, a consolação junto ao leito do enfermo, a emoção dos anos de declínio".[10] Esse é o caso da doçura, que se manifesta sob mil formas amáveis, mas que freqüentemente é apenas a graça dos fracos. É o caso sobretudo dessa emoção delicada feita de ternura, de melancolia e de fraqueza, que Spencer e Bain engenhosamente analisaram com o nome de "luxo da piedade", "volúpia da compaixão", que, além disso, às vezes, se verte sobre si mesma: tendência de todo sentimento de se abortar por causa das deficiências do coração, a se tornar apenas "nuances de doenças", complacência em observar o que falta ou o que amarrota e se rasga, amargo regozijo em contemplar as feridas de sua alma, "estado singular no qual parece que a alma guardou intacta a potência de sofrer ao perder a potência de se dar"; e isso irrompe em cada página do *Journal intime* do doloroso e nostálgico Amiel, tão justamente chamado de "pessimista terno".[11]

---

10 Alexander Bain, *Les Émotions et La Volonté*. Paris: Félix Alcan, t. I, p. 127.
11 Paul Bourget, *Nouveaux Essais de Psychologie contemporaine*.

Voltemos, porém, aos ardentes, aos passionais. Aqui é preciso, com efeito, considerar a riqueza da sensibilidade que permite a certas naturezas superiores entusiasmar-se por mil coisas, viver mil questões ao mesmo tempo. É preciso considerar, sobretudo, o grau de organização e de subordinação das paixões. Há pessoas em quem se sucedem desejos tumultuosos, tanto quanto impetuosos, que se deixam levar pela deriva, ser derrubados por paixões móveis, freqüentemente opostas e contraditórias: de onde resulta uma superabundância de movimentos violentos, uma febre e uma agitação notáveis. Há outras em quem, pelo contrário, o contraste se atenua; certa unificação se opera pela seqüência da dominação incontestada de uma paixão única, durável, central, todo-poderosa, carregando todas as outras tendências, absorvendo-as ou, ao menos, assimilando-as e subordinando-se a elas; são os *passionais-unos*, um Lutero ou um São Vicente de Paulo, por oposição aos *passionais-instáveis*, um Alfieri, um Mirabeau.

VII — Se a vivacidade, a excitabilidade, a impetuosidade, a persistência das tendências contribuem singularmente para diversificar os caracteres, não se deveria crer que a consideração de sua natureza, de sua direção, de sua finalidade não seja de nenhuma importância. Sem dúvida, o ardor, a paixão, bastam para aproximar entre si dois indivíduos e permitem classificá-los no mesmo gênero; mas também é necessário distinguir as espécies a partir dos caracteres próprios da paixão. Na descrição que o senhor Bernard Pérez dá dos "ardentes", ele acumula os seguintes traços: sensibilidade forte, mas com tendência a se confinar na esfera das inclinações egoístas; entusiasmos raros, prevenções exageradas; imperiosos, reprovadores, ameaçadores até nas suas ternuras; vingativos e egoístas; malevolência e combatividade. Ora, o próprio senhor Fouillée observa: "Como deduzir do ardor todos esses traços que são os do egoísta? Não se pode ser ardente e enérgico nas paixões generosas, tanto quanto naquelas que têm por centro o eu odiento?".[12] "A distinção entre o egoísmo e o altruísmo", diz, no mesmo sentido, o senhor Rauh,[13] "talvez tivesse permitido ao senhor Ribot dividir a classe dos *sensitivos-ativos*, onde ele põe indiferentemente Napoleão e São Vicente

---

12 Fouillée, *Tempérament et Caractère*. Paris: Félix Alcan, p. 48.
13 *Revue de Métaphysique et de Morale*, setembro de 1893.

de Paulo". Bordas-Demoulin também era um ardente, um passional, de quem seu biógrafo dizia: "Pensar era a sua vida, a sua profissão... Ele só tinha paixões gerais, a verdade, a humanidade, Deus".[14] Essa diversidade na natureza das inclinações e das paixões é propícia para caracterizar, em certa medida, nossa individualidade psicológica. Todavia, hesitamos em ir nesse sentido tão longe quanto o senhor Paulhan, por exemplo, que conta quase tantos tipos de caracteres quantas tendências sensíveis existem. É apenas no sentido em que La Bruyère toma o termo "caracteres" que se pode descrever o "guloso", o "glutão", etc. Da mesma forma, não há um caráter *escultor*, um caráter *pintor*, músico, etc., não mais do que não há um caráter *prosador* e um caráter *poeta*. Estas são diversidades do talento, não do caráter. O que importa é que há caracteres egoístas, altruístas e outros que, na falta de um termo melhor, eu chamaria de intelectualistas, ou idealistas. As tendências supra-sociais ou ideais, com efeito, ainda que nos prendam em geral ao egoísmo vulgar e grosseiro, não nos unem necessariamente a nossos semelhantes. Elas nos elevam acima de nós mesmos e, às vezes, simultaneamente, acima da humanidade: o amor pela verdade pura e o misticismo religioso podem muito bem se conciliar com uma completa indiferença pelas coisas humanas e por todos os homens. Parece, pois, que, no nosso ponto de vista, possamos resumir no quadro seguinte as divisões essenciais que importa observar.

Tendências	Egoístas	Inferiores = orgânicos, sensuais, de atividade.
		Superiores ou ego-altruístas = orgulho, ambição, amor ao poder
	Altruístas	Individuais
		Familiares
		Sociais ou patrióticos
	Idealistas	Estéticos
		Científicos
		Religiosos

VIII — Ao longo das análises precedentes, identificamos certo número de traços diferenciais permitindo caracterizar a sensibilidade tal como ela se manifesta entre os homens, e vimos também como vários desses traços,

---

14 François Huet, *Histoire de La vie et des ouvrages de Bordas-Demoulin*.

geralmente unindo-se, contribuíam para constituir certo número de fisionomias bem determinadas. É o momento de resumir todas essas descrições, classificar os principais tipos assim obtidos e indicar suas variedades essenciais, se ocorrerem. Observemos, aliás, uma vez por todas, que só se trata das formas mais acusadas, dos casos mais distintos, e que a natureza, que pouco se presta a divisões rigorosas, que desconfortavelmente se dobra a classificações fixas, estabeleceu entre os seres transições insensíveis e uma espécie de indiscernível continuidade. Mesmo assim, cremos poder distinguir quatro gêneros principais, que seriam os seguintes:

A. Os apáticos, pessoas de sensibilidade medíocre, incapazes de impressões vivas e fortes; frios, calmos, indiferentes, sem ardor, egoístas ingênuos e natos, menos por cálculo do que pela própria insensibilidade; não precisamente maus, mas nem ternos, nem verdadeiramente bons. Essa classe comportaria os dois grupos seguintes:

1) *Os apáticos completos*, ou verdadeiros apáticos, em quem todas as características precedentes seriam mais fortemente acusadas;

2) *Os semi-apáticos*: a) os que chamamos de apáticos por pobreza de pontos sensíveis; b) aqueles que chamamos de apáticos pela lerdeza.

B. Os sensitivos, de sensibilidade viva, geralmente móvel, passageira e, por conseguinte, muito superficial, voltados para o prazer, de bom humor, divertidos, expansivos, *bons vivants*, geralmente benevolentes, precisamente por serem naturalmente otimistas.

C. Os emotivos, sensibilidade profunda, em quem os estados afetivos, por sua persistência, seu impacto prolongado, fazem vibrar o ser inteiro, perturbando a alma até os seus mais íntimos recuos; predispostos às emoções deprimentes, à tristeza. Aqui também há duas variedades principais:

1) *Os emotivos sentimentais*: sensibilidade mais delicada, mais voltada para si mesma, melancólicos e suaves, tendo necessidade de amar e ser amados e, por medo de se magoar, não ousando dar livre crescimento a seus sentimentos; tímidos, afetuosos, altruístas, mas de uma simpatia antes passiva e dolorosa;

2) *Os emotivos irritáveis*, mais agitados, mais incoerentes, passando bruscamente de uma emoção a outra, mais inquietos, ansiosos, capazes

de simpatias e antipatias tão vivas e exclusivas quanto cambiantes; entusiasmos múltiplos e passageiros, superexcitação e abatimentos; irritáveis, contraditórios, agressivos e mesmo maldosos, levados à cólera, aos paroxismos curtos de reação até violenta.

D. Os passionais, sensibilidade ainda muito viva, mas caracterizada pelo ardor, pelo entusiasmo, poder do desejo, impetuosidade dos amores e dos ódios. Eles se subdividem, como vimos, em:

1) *Passionais-instáveis*, tumultuosos, perturbados, de paixões ardentes, mas múltiplas, com impulsos desregrados, com um borbulhar perpétuo e impulsos em todas as direções, igualmente capazes, segundo as circunstâncias e a emoção do momento, de grandes crimes e heróicas devoções;

2) *Passionais-unos*, que poderíamos mesmo chamar de os grandes passionais, os que não *têm* paixões, mas *são* uma paixão viva e sempre insatisfeita. É aqui que conviria, considerando a direção das paixões, distinguir os egoístas, altruístas, intelectuais ou místicos.

CAPÍTULO IV

Os modos da inteligência

A elaboração intelectual que se intercala entre o sentir e o agir não deixa, evidentemente, de exercer alguma influência sobre a conduta do indivíduo; o desenvolvimento e a natureza da inteligência parecem exercer algum direcionamento no caráter dos homens. Mesmo assim defendemos que, longe de ser um fator essencial do caráter, a inteligência é apenas um elemento secundário e anexo, de forma alguma exprimindo nossa natureza íntima. Seu desenvolvimento seria mesmo claramente oposto ao do caráter. Dizem que "não são propriamente os grandes espíritos que se tornam os personagens da história"; "o gênio é francamente contrário à energia do caráter". Reconhecemos aqui a tese que Schopenhauer complacentemente desenvolveu e que foi retomada, mesmo que num sentido diverso, pelo senhor Ribot. Tomada a rigor, ela aparece manifestamente como excessiva. Pois, se é certo que possa existir certa direção do pensamento, certa forma de gênio, exclusivas da atividade externa enérgica ou da paixão tumultuosa e devoradora, deve-se disso concluir que a inteligência e o caráter sejam antagonistas ou mesmo independentes?

Essa teoria é suscetível de uma dupla interpretação, assim como o termo *caráter* tem dupla significação. Não é inútil fazer essa distinção aqui. Entenderemos por *caráter* o vigor da iniciativa, a vontade forte e perseverante, a dignidade e o orgulho da alma, mesmo que reconheçamos que essas qualidades possam estar ausentes em espíritos eminentes e, por outro lado, ser encontradas em homens de inteligência bem medíocre. Essa desproporção possível constitui necessariamente uma antinomia? Uma inteligência ampla e elevada não contribui para a constituição de um grande caráter? Uma vontade ao mesmo tempo poderosa e regrada não supõe uma inteligência superior? A energia do caráter não é somente a violência da ação, mas sua continuidade, sua ponderação, sua retidão: o pensamento aí é absolutamente inútil? Os grandes homens cuja história é honrada foram, por vezes, imagino, grandes espíritos. E o caráter não se manifesta ao resto somente pela ação externa e pela influência exercida sobre os outros homens: ele consiste também no domínio de si. Um Espinosa é um caráter, tanto quanto um Cromwell.

Mas, se a inteligência não pode ser considerada como destrutiva do caráter assim entendido, ela não deverá, por outro lado, ser considerada como elemento do caráter, se com isso se deseja designar a marca distintiva de um indivíduo moral. As razões que o senhor Ribot utiliza para apoiar sua tese se reduzem a estas duas: a inteligência "esclarece e não age"; ela é essencialmente objetiva e tende ao impessoal, ao passo que o caráter é aquilo que em nós há de mais subjetivo, de mais interior, de mais individual. Talvez nisso houvesse apenas uma questão de termos. Encontramos aqui a teoria da consciência-reflexo, da consciência "às vezes testemunha, mas nunca agente do que se passa em nós". Mas o próprio senhor Ribot criticou as fórmulas de Maudsley e mostrou que, em suma, nada se passa em nós da mesma forma segundo o brilho e o apagar desse clarão. Não é indiferente ser ou não esclarecido. Que a consciência e o pensamento sejam, em última análise, apenas uma combinação e uma complicação superior de tendências sensitivo-motoras, uma sistematização de atos reflexos elementares, de tal forma que a reação última seja adiada, pouco importa; não deixa de ser verdade que "deter o termo final da ação reflexa", coordenar num todo coerente, em vista de um objetivo único previsto e preliminarmente apreciado, impulsos que não agem mais isolada e cegamente, saber o que se faz e por que se faz, o que se sente e por que se sente, seja, afinal, a característica do ser humano e da conduta humana. E, segundo essa elaboração intelectual seja perseguida em dois homens de tal ou qual maneira, eles diferirão entre si. Por outro lado, a direção do pensamento será unicamente objetiva? O progresso, a realização da inteligência, isso é algo de interior tanto quanto a evolução da vida afetiva. Seguramente, essa luz pode se dirigir para fora; mas pode também se voltar para o interior e nos revelar a nós mesmos as profundezas do nosso ser; e, em todos os casos, ela vem de nós, está em nós tanto quanto nossa atividade, que se derrama também no mundo exterior, mesmo tendo sua fonte na intimidade do indivíduo. Enfim, a patologia mental existe para nos mostrar que toda lesão do entendimento está acompanhada de problemas correspondentes nos sentimentos e na conduta, e, dessa maneira, se está no direito de avaliar que a inteligência, longe de ser dependente e ineficaz, está estreitamente ligada à sensibilidade e à atividade e, numa larga medida, pode reagir sobre estas. Tanto quanto as demais funções psíquicas, ela contribui para constituir nossa natureza própria. Em certos homens, ela se desenvolve ao ponto de apagar a sensibilidade e a atividade, de se tornar predominante e exclusiva, gerando o tipo dos *intelectuais*, tão característico quanto o dos sensitivos ou ativos. Em todos, ela aparece diversificando os indivíduos e merecendo ser contada entre os elementos cujo conjunto forma a fisionomia moral de cada um. O senhor Fouillée nos parece ter muito solidamente retrucado o senhor Ribot dizendo que fazer abstração do pensamento e da consciência, quando se trata do homem, é pôr de lado a marca própria da característica humana; que as idéias são diferentes de simulacros; que elas exprimem nossa natureza tanto quando a natureza das coisas externas; que elas são forças tão importantes quanto as sensações ou os desejos, ainda que de outra maneira; que a vitalidade intelectual é tão importante quanto a atividade muscular; que o espírito é um recinto tanto de calor quanto de luz; e que, em última análise, as qualidades do espírito, as nossas formas de pensar, são qualidades humanas por excelência, fatores essenciais do caráter. É-nos, pois, preciso tentar distinguir, como o tentamos fazer quanto à sensibilidade, as formas essenciais de que a inteligência pode se revestir nos diferentes indivíduos.

1 — A inteligência se diversifica conjuntamente pelos materiais que ela emprega preferencialmente e pela forma particular como os organiza e dispõe. O último desses pontos de vista é o que nos parece de longe o mais importante, mas convém não negligenciar inteiramente o primeiro.

Se há um fato que a psicologia contemporânea estabeleceu solidamente é que a memória é um feixe de memórias, e que, segundo os indivíduos, é ora esta categoria de imagens, ora aquela outra que desempenha o papel preponderante. O estudo da afasia mostrou, por exemplo, que a lembrança de uma palavra é, em si, um sistema complexo de lembranças, que se compõe de resíduos motores auditivos, visuais, e que, de um homem para outro, a importância desses elementos no pensamento é extremamente variável. Vem daí a classificação, consagrada desde Charcot, em tipos auditivos, motores e visuais. Mas estas são apenas variedades, e talvez seja possível encontrar verdadeiros gêneros.

Deixo de lado, fique claro, as pessoas, que são numerosas, em quem a inteligência não se diferencia nunca suficientemente das necessidades, das tendências da vida vegetativa, para se constituir uma função relativamente independente. É o caso não somente do idiota, do débil, mas também de uma multidão de homens cuja inteligência permanece quase que inteiramente submetida à influência predominante dos instintos e eternamente "cativa no interior da matéria". A vida intelectual, na verdade, jamais aparece neles. Só falo aqui daqueles em quem as imagens, as idéias, os pensamentos tendem pelo menos a viver uma vida própria. Ora, é muito fácil observar que, entre estes, um número relativamente pequeno se eleva ao pensamento abstrato e científico. As pesquisas de Galton são singularmente instrutivas quanto a isso. Eis uma primeira categoria que convém distinguir: o que eu chamaria aqui, na falta de um termo melhor, de o *tipo intelectual*, entendendo por isso a classe dos espíritos com uma aptidão particular a pensar com *idéias*, a reter relações abstratas, a evocar e encadear conceitos segundo relações e leis lógicas. Por outro lado, existe uma classe muito numerosa de inteligências em que predominam as representações, as imagens, em detrimento do conhecimento abstrato. O pensamento se detém no concreto, distingue-se deste

PRIMEIRA PARTE – CAPÍTULO IV

com dificuldade e logo retorna a ele; o que se desperta espontaneamente no espírito são formas sensíveis, sons, cores que se chamam, se incitam, se combinam, se organizam segundo relações de ordem representativa. Trata-se aqui menos do modo particular de associação do que da natureza mesma dos elementos associados e do agente da ligação associativa. A inteligência é, sobretudo, rica em lembranças de percepções sensíveis, e são estes os materiais com os quais ela opera suas construções. Poderíamos dar aos indivíduos dessa classe o nome de tipo *imaginativo*, mas preferimos a expressão de tipo *representativo* ou *sensorial*, para distingui-lo de outro, cuja importância nos parece considerável e que se difere de forma bem notável, a saber, o tipo *afetivo* ou *emotivo*. Em seus interessantes estudos sobre a memória afetiva, o senhor Ribot[1] mostrou que existe um "tipo afetivo" tão delineado quanto o tipo visual ou auditivo. Com isso, é preciso entender o grupo de homens em quem predomina a memória dos prazeres, das dores, dos sentimentos, das emoções. Nestes, os prazeres e os sofrimentos, os sentimentos e as emoções revivescentes não são pálidas e descoloridas, de certa forma abstratas e ideais, mas se restauram como estados afetivos, com seu tom de sentimento, sua cor emocional. E são esses os objetos de predileção do pensamento, aqueles que são mais de bom grado ressuscitados, que se representam espontaneamente ao espírito. À vista de um objeto, o que será desperto não será a lembrança de propriedades, de fenômenos trazendo consigo relações cientificamente determinadas, idéias, leis, fórmulas. Não será mais a lembrança de representações, de imagens sensíveis, de formas, de cores mais ou menos semelhantes ou contrastantes: será a lembrança dos sentimentos, das alegrias ou das tristezas, e também de eventos trazendo, por assim dizer, certo valor emocional. É o sentimento também que será a base ou o princípio determinante das associações.

Sem dúvida, defendeu-se[2] que o jogo de associação das idéias era sempre determinado por estados afetivos, que o agente da ligação associativa era sempre uma *tendência* ou uma *emoção*. Mas, sem considerar que somos então levados a estender fora de medida o sentido dessas palavras, considera-se, sobretudo, o modo de aparecimento e de ligação

---

1 Ribot, *Psychologie des Sentiments*, parte I, cap. 11.
2 Ver notadamente: Fouillée, *Psychologie des Idées-forces*. Paris: Félix Alcan, t. I, pp. 221 e ss.; Horwicz, *Psychologische Analysen*. Paris: Félix Alcan, t. I, pp. 160 e ss.; Godfernaux, *Le sentiment et la pensée et leurs principaux aspects physiologiques*. Paris: Félix Alcan.

dos elementos associados, isto é, rapidez ou lentidão, coerência ou incoerência das associações. Essa tese nos parece exagerada, mas aqui não é o lugar de examiná-la.³ Bem diferente é o ponto de vista no qual nos colocamos aqui. Queremos dizer que, segundo as pessoas, a associação se dirige ora por relações intelectuais, ora por relações de ordem representativa, ora, enfim, por relações de ordem afetiva. "Quando uma emoção", disse Bain,

> possui o espírito poderosamente, nada que esteja em desacordo com ela encontra lugar, enquanto o vínculo mais fraco bastar para lembrar as circunstâncias que estão em harmonia com o estado dominante. Por conseguinte, nos espíritos muito levados à emoção, os vínculos de associação mais puramente intelectuais se combinam e se modificam perpetuamente sob a influência do sentimento. Toda a corrente de pensamentos e lembranças recebe uma impressão que se deve à emoção.⁴

Assim, sob a trama mesma da associação das idéias, encontram-se não somente aptidões mentais, mas a marca do caráter e do próprio temperamento de cada um. "Não existe somente", escreveu o senhor Ribot no capítulo citado,

> um tipo afetivo geral; esse tipo comporta variedades, e é mesmo provável que os *tipos parciais* sejam os mais freqüentes [...]. É certo que eles existem: que, para um, a revivescência clara e freqüente ocorre somente para as representações felizes; para outro, para as imagens tristes ou eróticas [...]. Não preciso notar que essas diferenças individuais na revivescência dos estados afetivos desempenham um papel na constituição das diversas formas de caracteres.

Tomamos a expressão "tipo afetivo" num sentido muito mais amplo do que lhe dá o senhor Ribot; para nós, ela designa não somente uma

---

3 Cf. Shadworth Hogdson, *Time and Space*, pp. 266 ss.; James Sully, *The Human Mind*, t. II. pp. 76 ss.; William James, *Psychology*, t. I, pp. 371 ss.; Höffding, *Esquisse d'une psichologie*, pp. 212 e ss. e pp. 318 e ss.; Ribot, *Psychologie des Sentiments*. Paris: Félix Alcan, parte I, cap. 12.

4 Alexander Bain, *Les Sens et l'Intelligence*. Paris: Félix Alcan, p. 514.

aptidão da memória, mas um sistema de disposições mentais (imaginação, associação, atenção e até julgamento) estreitamente ligadas entre si. As observações precedentes também nos parecem de uma conveniência inclusive maior. E o mesmo poderia ser afirmado, por analogia, a propósito dos diversos outros tipos que procuramos discernir. Se o caráter, com efeito, é a resultante de todas as funções psíquicas em um dado indivíduo, é importante notar se ele pertence a um dos seguintes quatro tipos: *instintivo, sensorial, afetivo* ou *intelectual.*

Todavia, essas seriam apenas indicações bem superficiais e ainda insuficientes; pois é preciso, acima de tudo, considerar a forma particular como são organizados e elaborados esses elementos mentais. E esse novo estudo — no qual os resultados anteriormente obtidos encontrarão lugar — é, sobretudo, capaz de nos revelar as principais formas de inteligência que importa ao nosso assunto especial distinguir e classificar.

II — O senhor Charles Richet havia proposto, já há bastante tempo, a idéia fecunda de que, ao lado do automatismo somático, existe um verdadeiro automatismo intelectual. "No sonambulismo", escreveu ele, "a inteligência não é aniquilada, mas se torna automática. Essa engrenagem maravilhosa ainda funciona, mas não é mais que puro mecanismo, e nenhuma espontaneidade vem modificar o curso fatal de seus movimentos".[5] Numerosos estudos apareceram desde então para determinar com mais precisão a natureza desse automatismo psicológico ao qual notadamente o senhor Pierre Janet consagrou uma obra notável. Ele foi analisado especialmente nos casos patológicos onde aparece de forma aumentada, mas não se produz somente no sonambulismo natural ou provocado, na histeria ou em certas outras neuroses mais ou menos análogas; ele se encontra, e muito freqüentemente, no estado normal. O que o caracteriza é, por um lado, a dissociação dos elementos psicológicos, de que todos se separam, de certa forma, dos outros para viver, se desenvolver e se manifestar isoladamente sem uma coordenação, uma sistematização suficientes, e por outro lado, a evocação, a restauração, o encadeamento mecânico desses elementos. Séries de imagens, de representações, de idéias chamam umas às outras no sentido da maior atração ou da mais fraca resistência; sistemas

---

5 Cf. Charles Richet, *L'Homme et l'intelligence,* p. 231.

anteriormente formados renovam-se da mesma maneira, na mesma ordem; é um recomeço fiel, sem soma, sem subtração, sem adaptação original às novas condições. A reflexão pessoal, a atividade própria do sujeito não intervêm para corrigir, transformar, coordenar, segundo um novo plano, os materiais empregados. Esse mecanismo mental, ainda que a inteligência verdadeira esteja na realidade ausente dele, pode ser às vezes tão regular, tão preciso, tão exatamente ajustado que ele ilude. Chegou-se a defender que freqüentemente, entre os hipnotizados, por exemplo, o julgamento seja mais correto, e o raciocínio, mais correto do que no estado de vigília.[6] Dizem até, por uma lógica forçada das teorias de Carpenter, Spencer, Maudsley até suas conseqüências extremas, que a evolução devia ter por resultado último transformar todas as operações mentais em reflexos intelectuais, e que nisso estava a perfeição da inteligência.

> Atribuir ao homem o grau de perfeição mais elevado que podemos imaginar é atribuir-lhe um estado completo de automatismo, com seus atos intelectuais e sentimentos reduzidos a reflexos cada vez mais complexos e, ao mesmo tempo, automáticos. Todo fato da consciência, todo pensamento, todo sentimento pressupõe uma imperfeição, um retardo, uma parada, uma falta de organização; se, pois, tomamos para formar o tipo de homem ideal essa qualidade que todas as demais pressupõem e que não pressupõe as outras — a organização —, e, se a elevamos pelo pensamento ao mais alto grau possível, nosso ideal de homem é um autômato inconsciente, maravilhosamente complicado e uno.[7]

Seguramente, essa é uma conclusão paradoxal, mas que pode deixar subsistir a verdade capital de que a consciência, o pensamento, a atividade intelectual propriamente dita são os verdadeiros agentes desse progresso. Essa pretensa perfeição da inteligência só se poderia, com efeito, realizar, se o meio ao qual o homem deve estar adaptado se encontrasse fixo em sua imutável rigidez, e o ideal que se nos convida a admirar seria, em última análise, um pensamento morto na presença de um universo mor-

---

6 Cf. Beaunis, *Le somnambulisme provoqué*, pp. 210–212.
7 Paulhan, "Le Devoir et La Science morale", em *Revue Philosophique*, dezembro de 1888.

to. Ora, assim como enquanto as coisas ao nosso redor forem múltiplas e variáveis, elas continuarão a se transformar e a evoluir; o pensamento deverá se manter vivo, flexível e susceptível de se renovar por si mesmo pelo motor interior, de se modificar, de prever as mudanças que a evolução do mundo deve realizar, para prestar-se a elas e colaborar com elas. Pois, ao ordenar em sistemas novos, mais complexos e sólidos, as imagens que lhe vêm da natureza exterior, apenas o pensamento permite ao homem dispor as forças naturais em vista de fins mais elevados. E assim, a perfeição do pensamento, ao menos neste mundo que conhecemos e onde vivemos, é, como foi bem observado, não a adaptação uma vez por todas, mas a facilidade crescente em se readaptar.[8]

Ocorre sempre que há espíritos dominados por esse automatismo intelectual, que são, como dizia Pascal, "máquinas em tudo", e outros que são capazes de refletir e julgar por sua própria conta, de forma pessoal; capazes de criar e renovar suas idéias, pensar verdadeiramente, e é somente nestes que se observa a atividade intelectual propriamente dita.

Mas que se trate do automatismo ou da atividade mental, as operações intelectuais consistem, todas mais ou menos em um duplo movimento de dissociação e combinação. Assinalamo-lo a propósito do automatismo, que se encontra nas funções mais elevadas da vida mental, naquelas em que se manifesta mais expressamente a atividade própria do espírito. Pensar, falando propriamente, é julgar. O julgamento é, em suma, o tipo de toda síntese intelectual, pois consiste em ligar, segundo relações abstratamente concebidas pelo espírito, elementos ideais que não haviam ainda sido combinados da mesma maneira. Essa reconstrução ulterior, porém, pressupõe uma análise prévia. No julgamento, o pensamento não está, como o diz Wundt, "governado de maneira unívoca pelas representações suscitadas associativamente"; ele escolhe, dentre vários sistemas, imagens, idéias apropriadas, quebra os vínculos que as uniam, divide-as e distingue-as antes de coordená-las novamente sob a lei de certos conceitos diretores. Essas duas operações de análise e síntese, de dissociação e associação, ainda que sempre e em todos os lugares presentes, podem, todavia, adquirir uma preponderância relativa nos diversos espíritos, e é aí que esboçamos um princípio para a sua classificação, cuja importância podemos pressentir.

---

8 Cf. Guyau, *Éducation et Hérédité*. Paris: Félix Alcan.

Segundo predomine em um determinado espírito o automatismo ou a atividade intelectual, e que, em um ou outro caso, prepondere a dissociação ou a associação, verifica-se que todas as funções mentais particulares — memória, imaginação, associação das idéias, atenção, juízo, raciocínio — revestem-se de um aspecto particular. Assim se identifica, cada vez mais claramente, certo número de tipos de inteligência suficientemente gerais e característicos. Será necessário passá-los em revista, notando, de uma vez por todas, que evidentemente nem o automatismo, nem a atividade mental se encontram em estado absolutamente puro e permanente, e que aqui se trata de graus, de uma preponderância relativa, e de forma alguma uma exclusão radical.

III. A. — Uma primeira categoria de espíritos em que predomina de forma notável o que poderíamos chamar de dissociação mental é a dos incoerentes, divididos, desequilibrados, dissipados, dispersos. O que domina a situação mental dos indivíduos classificados nesse grupo é a "perpétua desorientação do curso das representações", que se observa num grau extremo entre os maníacos. O doente fala sem parar, passa de uma idéia a outra, interrompe-se no meio de uma frase para começar outra, que também não concluirá, acaba por só pronunciar palavras sem seqüência: a incoerência do pensamento aparece em grau máximo. Muitas pessoas consideradas normais se aproximam desse tipo mórbido. A memória neles não é comprometida como entre os idiotas, no sentido de que a aquisição é feita, freqüentemente até, com grande facilidade; mas sua imperfeição consiste sobretudo em uma alteração da reprodução; o mecanismo de lembrança é falsificado, ou antes, há neste o sinal evidente de uma falta de organização. As lembranças não formam sistemas logicamente encadeados; elas ficam se chamando ao acaso, freqüentemente com excessiva rapidez, estando a associação por contigüidade ou semelhança desmesuradamente superexcitada às custas das faculdades de reflexão e julgamento. A imaginação, que pode ser desenvolvida, é de uma espécie particular que poderíamos chamar *imaginação por confusão*. As imagens se confundem, se misturam, se anastomosam, se transformam uma na outra: é o que freqüentemente ocorre na criança, que mistura o passado e o presente, não distingue claramente as pessoas, os eventos, os locais, o tempo. O espírito está à mercê da primeira impressão que se apresenta; a atenção é completamente passiva, solicitada em todo sentido, instável e dispersa, incapaz de continuidade. É a dissipação que encontramos no histérico, no colérico, "cujos pensamentos saltam como os músculos";[9] na criança, cujo cérebro atormentado por mil representações sucessivas é parecido a um caleidoscópio perpetuamente agitado; é o tipo dos distraídos-dissipados. A retidão do julgamento se encontra de súbito singularmente comprometida. Os espíritos ligeiros, impacientes, contentam-se facilmente: a primeira opinião que aparece, uma comparação por aproximação, um simples trocadilho lhes basta — eles não têm o desejo, nem o tempo, nem o poder de refletir, de corrigir a primeira apreciação superficial por novos julgamentos, por uma análise mais escrupulosa, uma comparação mais atenta. Por isso mesmo, estes são espíritos quase necessariamente falsos: eles não distinguem as coisas e as idéias com atenção suficiente, nem apreendem, sob as semelhanças superficiais, as diferenças escondidas, não confrontam suas opiniões, não têm idéias dirigentes e reguladoras, não sistematizam todos os elementos intelectuais cujas discordâncias e contradições não os incomodam, porque não os percebem. "Não é que as idéias colidam; elas nem se tocam". São os espíritos ilógicos em primeira instância. Ao mesmo tempo, são singularmente expostos a essa dupla falha: a credulidade tola e a dúvida não razoável. Sua inabilidade costumeira em confrontar, em corrigir as teorias umas pelas outras e julgá-las por si mesmos os faz aceitar não importa qual afirmação, unicamente porque ela lhes é proposta, não importa qual crença, unicamente porque ela apareceu inopinadamente em seu espírito. E, por outro lado, a multiplicidade das idéias sucessivamente adotadas, a impotência em identificar nelas a verdade relativa para chegar a um sistema estável é o que os impede de chegar a convicções sólidas e duráveis, mas não de evitar teimosias ridículas. Credulidade e incredulidade excessivas são, assim, o duplo efeito de uma mesma causa profunda: uma falta de atividade mental pessoal e independente; disso vem, ao mesmo tempo, a incapacidade de fazer por si mesmo uma opinião arrazoada, a incapacidade de resistir às sugestões dos eventos ou dos homens. Assim, não é surpreendente encontrá-las num mesmo indivíduo, como o testemunham, entre outros, a tolice de uma dúvida que coexiste freqüentemente com uma extraordinária credulidade, e a criança, ao mesmo tempo sugestionada e cegamente obstinada.

---

9 Steinor, citado por A. Breton em *État mental dans La chorée*, tese de 1893, p. 35.

É preciso, aliás, que todas essas lacunas sejam sempre tão fortemente acusadas e permaneçam sem nenhuma compensação. Consideramos os casos extremos e estudamos os representantes mais defeituosos do grupo. Mas haveria outras subdivisões e graus a estabelecer. Indiquemo-los brevemente, indo das formas inferiores às mais elevadas.

No mais baixo grau, encontramos os indivíduos que, embora já normais, não se distanciam muito do tipo mental do qual o paralítico geral e o demente senil são as expressões patológicas. São os puros *incoerentes*, condenados a um estado permanente de dispersão mental, cujo espírito é o lugar de passagem de uma série de representações perpetuamente perseguidas umas pelas outras, sucedendo-se sem ligação lógica, não se organizando, e que o indivíduo não dispõe, que ele recebe e deixa surgir em uma confusa agitação.

Acima, os espíritos *pueris*, *frívolos*, *fracos* não se elevam às idéias abstratas; entregam-se sem controle à sensação atual, vivendo, por assim dizer, apenas para o presente, vendo apenas a superfície das coisas, incapazes de seguir um raciocínio mais elaborado; a atenção é rara, fragmentada; o controle mental é anômalo.

Um pouco mais acima, os espíritos *esboçados*, *distraídos*, *atordoados* em quem a atividade mental se eleva a certo nível, mas em quem a coordenação permanece bastante incompleta. A memória é fácil, mas pouco tenaz, a imaginação bem rica. O espírito não tem falta de vivacidade, mas procede por impulsos súbitos em todos os sentidos. Os melhores podem ser brilhantes, impulsivos, curiosos, abundantes em aproximações imprevistas, em saliências espirituais, oradores pitorescos e divertidos; mas a todos falta ponderação, medida e ordem, método e reflexão, essa harmoniosa coordenação que só os espíritos superiores fazem.

Enfim, encontramos espíritos que, mesmo já capazes de julgamento e raciocínio, permanecem ainda muito incompletamente organizados. Neles, a inteligência, poderíamos dizer, é *múltipla*. Vários sistemas, dos quais cada um tomado à parte é suficientemente coerente, coexistem sem se unir e sem se ponderar, corrigir, controlar mutuamente: são as partes do espírito que podem ser excelentes, e que não fazem um bom espírito, pois lhes faltam o equilíbrio e a unidade. Nesse grupo poderiam entrar indivíduos ilustres, tendo deixado traços duráveis no domínio da literatura ou da arte, até mesmo no da ciência e da filosofia, mas que, no cômputo geral, não deixam de ser espíritos dispersos e confusos, despedaçados e divididos; espíritos falsos, em uma palavra.

B. — Eis um segundo gênero que, sob certo ponto de vista, aproxima-se daquele que acabamos de estudar, mas que merece ser distinguido por caracterizar-se pela predominância singular da imaginação e porque disso resulta um conjunto de traços particulares que bastam para dar-lhe uma fisionomia própria.

Sobre os efeitos da imaginação, seus perigos e benefícios, tudo foi dito. Ela teve seus apologistas e detratores, estes mais ardentes e radicais que aqueles. E não poderia ter sido de outra forma, pois ela é, ao mesmo tempo, a mensageira inspirada e divina, uma louca que se compraz em fazer loucura, profetisa e visionária, criadora do ideal e da quimera, evocadora das ficções que encantam e das que desolam. Ela ilumina os espíritos, inflama os corações, suscita entusiasmos fecundos, heroísmos triunfais, e, também, sendo cega, dá vertigem, corrompe a consciência, leva aos abismos. Essa potência singular é, quanto ao mais, um dom, um privilégio. Há homens e raças em quem a imaginação permanece eternamente pobre, sem brilho, apertada, lânguida; em outros, é naturalmente fecunda, potente, colorida, ardente. Quando se torna preponderante em um espírito, desenvolve-se nele sempre em prejuízo da reflexão prudente e paciente, do conhecimento abstrato e rigorosamente científico; obriga-se com dificuldade à observação escrupulosa e precisa, inventa e transforma mais do que constata, mostra-se impaciente com todo controle friamente lógico, substitui facilmente a realidade por suas próprias visões; tende a tornar a experiência inútil, a enfraquecer o espírito prático e crítico; torna-se menos capaz de contar com as leis naturais que regem as coisas, menos sensível à desproporção que existe entre o real e o ideal.

A imaginação pressupõe, pois, uma memória mais rica do que fiel, uma predominância da associação por semelhança, que favorece a invenção, mais do que a discriminação clara. Essa associação por similaridade é, com efeito, criadora de metáforas, de comparações, de analogias remotas. Como, por outro lado, por sua própria natureza, ela deixa certa independência aos elementos representativos, às imagens, sempre conserva um aspecto livre e mesmo caprichoso e movediço, suscita idéias segundo leis que não são as da lógica comum, não se furta à dominação dos princípios ou das idéias diretoras gerais e abstratas, impõe ao pensamento suas fantasias com uma vivacidade extrema, sempre ilude, com suas ficções, aqueles em quem ela se exalta. À atenção falta liberdade; a imaginação não se presta nem se torna independente como bem entende; é atraída e retida, ou desviada, pela vivacidade própria das representações que se impõem fatalmente ao espírito e o obcecam. Enfim, o homem de imaginação é pouco capaz de coordenar corretamente suas idéias, de raciocinar de forma rigorosa; ou, antes, o raciocínio não se desenvolve com continuidade; ele se perde e se quebra. As convicções, então, raramente resultam de uma meditação severa; e é nessa classe que estão dispostos os homens para quem o desenvolvimento literário, as figuras de retórica, as metáforas ganham o lugar do diálogo e substituem os argumentos ou os fatos.

Nesse gênero, várias espécies devem ser distintas. De início, eu contaria aquelas em quem a imaginação mais móvel e caprichosa emprega de preferência, como materiais, os sentimentos e as emoções. Essa é uma combinação do tipo afetivo e do tipo imaginativo: são os sonhadores sentimentais e românticos.

Em seguida existe um tipo de imaginação mais ardente, mas, ao mesmo tempo, sistematizada, que se apresenta por inteiro em uma direção definida, que lhe foi imposta pelo poder absoluto de uma tendência, de um desejo, de uma paixão. Vemos nisso o exagero no *delírio sistematizado*. Essa é a espécie daqueles que poderíamos chamar os imaginativos passionais.

Enfim, a imaginação pode brincar, por si mesma, de certa maneira, pela alegria de combinar imagens brilhantes em sistemas grandiosos. Os objetos aqui são forma, cores ou sons; podem ser também elementos ideais. É o tipo dos grandes imaginativos, em quem a coordenação, mesmo que não venha da razão, pode se encontrar relativamente em acordo com ela. São os artistas, os poetas, certa espécie de sábios, de filósofos, mais inventores e construtores do que lógicos ou experimentadores.

c. — Até aqui passamos em revista as formas de inteligência em que a dissociação automática dos elementos mentais parecia predominar; passemos àquelas em que, ao contrário, o mais aparente é a associação automática. Aqui, o jogo dos elementos psíquicos, em vez de pecar pelo excesso de independência, peca pelo excesso de coesão; à trama, fixada de uma vez por todas, falta flexibilidade e não se presta a nenhuma modificação; os sistemas que se formaram, restauram-se como antes e opõem uma resistência singular à introdução de elementos novos e renovadores. A máquina é montada e marcha com regularidade, mas sempre desempenha o mesmo trabalho.

A memória pode ser desenvolvida; em geral falta-lhe facilidade na aquisição e na prontidão para se lembrar, mas é suscetível de amplidão e tenacidade: sua própria fidelidade constitui sua lacuna principal. As lembranças, com efeito, formam como que uma massa homogênea, da qual nada pode ser desviado, e cada uma se ergue apenas com o todo de que faz parte. É a memória *mecânica* de Wundt (que ele opõe à memória lógica), a memória *bruta*, que engenhosamente foi oposta à memória *organizada*.[10] Ela se forma, se mantém e é exercida sem esforço mental, sem intervenção da atividade do espírito; permanece incapaz de escolha e discernimento; não é o produto de uma elaboração inteligente, não implica interpretação e julgamento; é comparável não a um sistema de associações dinâmicas organizadas pelo espírito e que este dispõe à vontade, mas a uma coleção de empréstimos dispostos ao acaso.

A imaginação é apagada, definhante, no máximo representativa, mas quase nunca inventiva e criativa.

A associação por contigüidade é dominante, e isso prejudica a compreensão, ainda que esta seja uma condição favorável à aquisição e à restauração. As lembranças se ordenam em séries estáveis que resistem à dissociação implicada pelo julgamento. É o que ocorre no imbecil que recita as coisas na ordem em que aprendeu, mas sem compreendê-las. O tempo de associação, tão variável de um indivíduo para outro, é aqui singularmente alongado: o idiota é um grande exemplo disso. O pensamento só se desenvolve com uma lentidão, uma lerdeza características, ao ponto em que as idéias úteis, as considerações oportunas só chegam muito tarde. No caso em que não é exagerada, essa lentidão pode ser favorável a certa retidão de espírito, com o pensamento ganhando em regularidade o que perde em vivacidade e originalidade.

A atenção, entre os representantes desse gênero, apresenta suas falhas e suas qualidades de mesma natureza. Ela pode ser forte, se por força de atenção entendemos a concentração, a convergência para um dado

---

10 Voy, "Dugas", em *Revue Philosophique*, novembro de 1891.

ponto das faculdades cognitivas; pode ser firme, se com isso entendemos a duração, a persistência desse estado de aplicação; mas ela é pouco fácil e flexível. Quero dizer com isso que a fixação do espírito não é obtida de imediato, que ela só se produz após certo tempo e tem necessidade de ser realizada progressivamente, e que, enfim, ela não se desliga e não é manuseada facilmente. Aqui aparece, pois, uma forma original de distração: pois se há os distraídos-dissipados, como vimos, há os distraídos-absortos; aqueles seguem toda idéia que passa, e não se detêm em nenhuma; estes deixam passar um monte de idéias sem retê-las, porque estavam ocupados com outras coisas, e não têm a vivacidade necessária para agarrá-las no momento em que se apresentam.

O juízo e o raciocínio, enfim, freqüentemente são lacunares, por serem substituídos pelo automatismo que descrevemos. Se eles se produzem, permanecem sem originalidade: é o bom senso um pouco vulgar e imediato das pessoas que receberam ou formaram um pequeno número de julgamentos, de teorias, e se agarram a eles; que aprenderam a formular certos raciocínios e os recomeçam a propósito de qualquer problema. Sem curiosidade, sem fecundidade, sem vigor pessoal, não sabem se enriquecer e se renovar, multiplicar os pontos de vista, alargar seu horizonte.

Podemos agora caracterizar com uma palavra as variedades principais que se devem distinguir aqui.

Serão, em primeiro lugar, os débeis, os fracos de espírito, os *betas*. O espírito parece mergulhado em uma espécie de estupor permanente. O estudo da *amnésia anterógrada de conservação* poderia aqui nos fornecer indicações úteis. Ela é comumente consecutiva, como sabemos, a um choque físico ou moral que determina uma espécie de "nevrose traumática", que Trousseau designava com o nome significativo de "espanto cerebral". É uma espécie de desmaio das células nervosas, que, sentindo apenas confusamente, não retêm mais, passam a funcionar somente com extrema lentidão. Essa diátese primitiva e permanente parece dominar a condição mental do idiota. Muito provavelmente, também é ela que, na velhice, impede aquisições novas e leva o indivíduo a viver apenas sobre a base intelectual anteriormente adquirida. Muitas pessoas tidas como normais estão, assim, bem próximas do idiota (no sentido médico do termo); mergulhadas em um verdadeiro torpor intelectual, dele só saem para cumprir as necessidades costumeiras medíocres.

Em segundo lugar, os espíritos limitados, *rotineiros*; eles não deixam de ter bom senso, mas são pesados; confinados em um círculo restrito, imitadores de outros e de si mesmos, indiferentes às coisas do espírito, não têm imaginação e se desorientam se precisam sair de sua função habitual, que, aliás, sabem cumprir com consciência e regularidade.

Enfim, os espíritos *estreitos*; estes já se elevam à vida intelectual (formando assim transição com certas pessoas de grupos superiores de quem falaremos adiante), mas a uma vida intelectual incompleta. Eles podem raciocinar, organizar suas idéias em sistemas, mas são excessivamente sistemáticos, não saem de suas teorias, raciocinam mal porque aplicam indistintamente o mesmo modo de raciocínio, são exclusivos e obstinados.

A rigidez de seu espírito estraga as qualidades que eles podem ter, e que, na verdade, acabam exagerando sem razão. Certos especialistas, confinados ciosamente em sua especialidade, e um bom número de matemáticos representariam as amostras mais elevadas dessa classe.

IV. Chegamos aqui à família das inteligências que merecem ser propriamente chamadas de ativas e pessoais. São os homens que pensam por si mesmos. O equilíbrio mental, a harmonia intelectual são neles mais ou menos instintivos e naturais, ou, ao contrário, adquiridos, queridos, mantidos por princípio; mas sempre bastam para diferenciá-los dos tipos precedentes. Neles o pensamento é sem dúvida poderoso, elevado e fecundo; alguns não são grandes intelectuais, mas todos são inteligentes. A memória é mais ou menos rica, mas geralmente clara, e o indivíduo verdadeiramente faz bom uso dela: é "uma fortuna que ele sabe administrar, porque ela não lhe caiu do céu". A imaginação, poderosa de outra forma, é ponderada, dirigida e regulada pela atenção e pela reflexão. A invocação das idéias se faz segundo relações lógicas. A atenção não é mais passiva, mas ativa e voluntária: ela se torna um tipo de instrumento de que se serve habitual e livremente, de que se dispõe não para um uso único e determinado, mas para todo tipo de obras e segundo as necessidades. Ela então descobre que é um princípio de liberdade, uma admirável fonte de energia intelectual. Graças à reflexão habitual e contínua, o pensamento adquire uma preciosa independência, uma solidez e uma firmeza que não podem deixar de modificar profundamente o caráter. Nossas idéias não são coisas inertes, e nossa inteligência não deve ser uma pura capacidade receptiva. Idéias são germes vivos que querem ser fecundados. Elas solicitam de nós o calor que lhes permitirá desdobrar suas energias secretas. Muitas dentre elas, diz excelentemente o senhor Bergson, "flutuam na superfície de nossa consciência como folhas mortas sobre a água de uma lagoa", ou porque as recebemos feitas externamente, ou porque as abandonamos e negligenciamos. Outras se incorporam ao nosso *eu* de forma tão íntima que vivem verdadeiramente em nós, e nós para elas; elas não permanecem isoladas, mas se organizam, penetram em nossa própria substância porque as acolhemos, amamos e animamos, porque as apreciamos, escolhemos e quisemos: elas não apenas estão mais em nós, mas são nós mesmos, e, então, somente elas podem tornar-se um princípio ativo e durável de conduta intelectual e moral. Nós nos agarramos a elas, porque as julgamos por seu valor; elas não se impuseram cegamente ao espírito. E é precisamente por termos compreensão de suas opiniões, por termos cuidadosamente verificado sua origem e seu preço é que cremos mais plenamente. É pelo espírito crítico, pela análise, pela dúvida verdadeiramente filosófica que se chega a essa firmeza arrazoada da afirmação que é uma força e virtude, e que constitui em grande parte o segredo da autoridade que alguns estão em posse de exercer.

Essa indicação bastante geral, e talvez também lisonjeira, convém, no entanto, a certo número de inteligências que devemos agora distinguir e classificar. Todas as análises precedentes nos autorizam a ser aqui bem breves.

A. — Já observamos que a atividade mental implica uma tendência à análise e uma tendência à síntese, e que a preponderância relativa de uma, ou de outra, servia para caracterizar a natureza de um espírito. É possível, pois, indicar, primeiramente, os pensadores que são mais dados à análise, que muito bem distinguem nuances, diferenciam as coisas, decompõem uma teoria, entram no detalhe das questões; eles são mais aptos a penetrar, a assimilar, do que a construir e criar. São os *analistas*, que de bom grado pecam pelo excesso de sutilezas, e nem sempre têm o vigor necessário para identificar uma concepção de conjunto ao mesmo tempo compreensível e una. Muito sensíveis ao conflito, à contradição das idéias, têm às vezes tendências à dúvida, são inquietos e levados ao ceticismo.

B. — Quando essas tendências se exageram e, por outro lado, percebemos uma preponderância da associação por contraste, um tipo muito diferente se manifesta. São os espíritos *críticos*, *debatedores*, que têm uma disposição singular para representar dificuldades, objeções. Daí vem a tendência à contradição, à combatividade intelectual com algum excesso de raciocínio: não que nunca raciocinem bem, mas podem se entregar inutilmente aos raciocínios.

C. — Eis aqueles que, sem ser necessariamente de uma potência ou de uma riqueza intelectuais fora do comum, vêem as coisas mais em suas relações, em seu conjunto, de forma clara e firme. Se põem essa qualidade a serviço de suas tarefas, de sua conduta, são os *refletidos*, ponderados, espíritos objetivos e *práticos*. Atentos e minuciosos, com justeza e rigor, às vezes um pouco positivos demais e sem entusiasmo, um pouco tímidos por isso mesmo e resistentes, não sem algum excesso, às idéias novas; mais conservadores do que precursores.

D. — Enfim, se o espírito se volta mais de bom grado às coisas do pensamento, temos os *especuladores*, espíritos largos e construtivos — dedutivos ou indutivos, aptos às vastas generalizações ou aos longos encadeamentos de raciocínios — aplicando suas faculdades, seja ao mundo dos fenômenos e dos seres exteriores, seja ao mundo das idéias, dos sentimentos; lógicos, sábios e filósofos, às vezes com um pouco de rigidez, muito sistemáticos, exagerados, atribuindo valor demais a suas concepções dominantes e esforçando-se para restituir, custe o que custar, a realidade que são conduzidos a violentar ou a mutilar.

Essa classificação seguramente comportaria complementos e reservas; mas está feita, não é fora de propósito recordá-la, de um ponto de vista particular, e se ela negligencia considerações bem interessantes,[11] parece-nos suficientemente satisfatória para nosso assunto. Pois é somente sob o ponto de vista de sua importância no caráter que tínhamos a distinguir aqui as principais formas sob as quais se traduz a atividade intelectual.

---

11 Ver em particular uma curiosa classificação das aptidões intelectuais em Wundt, *Éléments de Psychologie Physiologique*.

CAPÍTULO V

OS MODOS DA ATIVIDADE

À ação, tal é o fim aonde conduz, ou pelo menos tende a conduzir, todo processo psicológico: o homem sente e pensa para agir. Sem dúvida, em certos casos, a sensibilidade superexcitada se desenvolve às custas da atividade e aparece sozinha no primeiro plano; sem dúvida, também, às vezes o conhecimento, a elaboração intelectual invade o domínio da vida psíquica a ponto de o pensamento ser, ao mesmo tempo, emoção e ação. Mas, em suma, nisso talvez só haja uma direção diferente impressa à atividade, que não desaparece, mas sofre uma transformação. Em todo caso, sua diminuição, assim como seu desenvolvimento, confere à individualidade psicológica um selo característico na primeira instância. É possível mesmo que a atividade seja o fundo de toda a vida mental, é possível que seja o que há de mais essencial no homem. E, sem retomar a tese metafísica de Schopenhauer, estaríamos no direito de nos perguntar se do poder e da natureza da energia motora não dependem a sensibilidade e a inteligência. A fadiga muscular produz, com efeito, problemas específicos no pensamento e na sensibilidade; observamos fatos análogos em certas neuropatias, como a coréia e a histeria; "o estado da sensibilidade e da inteligência", foi dito, "está subordinado ao estado da motilidade; não há inteligência sem sensibilidade, e não há sensibilidade sem motilidade".[1] Sem ir tão longe, não se pode ignorar que a atividade, ainda que seja, em um sentido e em larga medida, condicionada pela sensibilidade e pela inteligência, seja parcialmente independente destas e as condicione, por sua vez. O estudo dessas relações será abordado mais tarde; no momento, importa apenas notar as diferenças profundas que podem separar os indivíduos, se os compreendemos, por abstração, apenas pelo ponto de vista da atividade.

Ademais, é necessário, desde o início, indicar com mais precisão aquilo que entenderemos por atividade. Esse termo pode ser tomado num sentido muito geral e designar a base mesma de toda a vida mental: a sensibilidade e a inteligência são atividades. Não é nessa acepção que tomamos a palavra. O que designamos com ela também não é a forma superior de atividade que se chama *vontade*, e que, como tudo que é de ordem elevada, é coisa extremamente complexa. Também não é esta ou aquela forma de atividade inferior, reflexa ou instintiva, considerada em suas características distintivas. Nesse âmbito, propusemos classificações dos movimentos. As de Wundt e Preyer, mesmo que levantando algumas dificuldades nos detalhes, parecem ser as mais aceitáveis; elas compreendem quatro grandes grupos: 1) movimentos espontâneos automáticos (Wundt) ou impulsivos (Preyer); 2) movimentos reflexos; 3) movimentos instintivos; 4) movimentos voluntários (Wundt) ou representativos (Preyer). Eles diferem pelas causas e por seu grau de complexidade e de coordenação. Mas todos esses movimentos, seja a que gênero pertençam, erguem-se a partir de certa atividade primordial e primitiva mais ou menos enérgica e intensa, e são a tradução, a manifestação externa das forças latentes armazenadas no organismo. A quantidade de força viva, sua aptidão a se despender pelas vias motoras: eis o que é desigual

---

1 Charles Féré, *Pathologie des Émotions*. Paris: Félix Alcan, p. 163.

entre os diferentes indivíduos. E essa diversidade depende, em última análise, muito menos da estrutura e do vigor do sistema muscular do que da constituição dos centros nervosos. Sem dúvida, a força corpórea, o poder dos músculos — não somente seu desenvolvimento, mas, sobretudo, sua tonicidade —, são condições favoráveis à atividade, uma vez que permitem continuar e recomeçar com mínima fadiga as operações impostas; são também condições favoráveis à aquisição de novos sistemas de movimentos; podem e devem dar origem à necessidade de uma natureza especial, como todo órgão bem nutrido que tende a se exercitar. Mas essas condições não são nem necessárias, nem suficientes. Há homens de força muscular medíocre, e que têm perpétua necessidade de agitação. Há outros de vigor corporal considerável, e que voluntariamente deixam de empregá-lo. Essencial é essa inclinação natural à ação, que é uma propriedade dos centros nervosos. Por atividade entendemos aqui a capacidade e a necessidade de um dispêndio nervoso no sentido da ação. Essa capacidade e essa necessidade se apresentam sob aspectos diversos; quais são os principais dentre estes, tal é o problema, restrito mas preciso, que convém abordar.

1 — Considerada fora de seus efeitos, a atividade é o movimento, dissemo-lo. A importância da motilidade pareceu tão considerável, que propusemos classificar os caracteres a partir da consideração da vivacidade, da lentidão e da energia dos movimentos; e agrupamos os homens em três grupos: os vivos, os lentos, os ardentes.[2] Consideração que não é injusta, mas que permanece incompleta e um pouco superficial. O movimento exterior é apenas um signo que não poderíamos interpretar exatamente sem remontar às causas verdadeiras. Ademais, é um signo ambíguo. Isso é verdadeiro, de imediato, pelo próprio ponto de vista fisiológico, pois a forma externa do movimento não está necessariamente ligada ao poder da atividade; a vivacidade dos movimentos e seu próprio ardor nem sempre testemunham uma capacidade superior de energia ativa; e, por outro lado, a lentidão pode se encontrar unida a uma base rica de atividade. Com efeito, isso ocorre porque a rapidez e a violência podem dever-se bem menos à energia vital geral do que a um exagero momentâneo dos reflexos resultando de uma falta de controle dos cen-

---

2 Bernard Pérez, *Le Caractère, de l'enfant à l'homme*. Paris: Félix Alcan.

tros superiores, de uma falta de inibição sistemática. Da mesma forma, a lentidão pode resultar de uma espécie de atonia dos centros motores nervosos ou de uma ponderação e uma suspensão recíproca das tendências. Sob o ponto de vista sobretudo psicológico, a coisa é evidente.

Pode-se bem dizer, com Bain, que em uma pessoa lenta ou vivaz, "o aspecto do movimento é o mesmo em todos os seus órgãos, na ação e no pensamento". Mas a vivacidade de espírito sempre produz uma grande vivacidade nos movimentos. E a vivacidade nos movimentos não pode resultar nem da falta de reflexão, nem da rapidez de julgamento e prontidão na decisão. Ao contrário, a lentidão dos movimentos pode ter como antecedente psíquico seja a flacidez e a lerdeza da sensibilidade e da inteligência, seja a moderação voluntária, a dominação refletida exercida sobre os impulsos e as tendências. Há, pois, mil formas de ser lento ou vivaz, e, sob essas aparências, escondem-se os traços verdadeiramente essenciais do caráter. Também necessariamente ocorreu ao senhor Bernard Pérez que, traçando os retratos, aliás curiosos, que ele nos dá, precisou fazer intervir uma multidão de considerações que, não somente não se podem deduzir da natureza e da forma dos movimentos, mas que nem se ligam a eles de uma forma bem evidente e necessária.

E, para nos limitarmos à atividade compreendida como o dissemos, parece preferível considerar seu princípio, e não se deter no próprio movimento.

II — Todo vivente é dotado de espontaneidade, quero dizer, de certa atividade ou reatividade própria, que é a verdadeira causa primeira de todo movimento. Limitemo-nos ao fenômeno mais elementar pelo qual se manifesta a atividade, a saber, o movimento reflexo, que, em sua forma mais simples, é apenas uma simples contração sucedendo-se imediatamente a um simples estímulo. Temos aí em resumo os elementos essenciais de todo o ato: irritação e reação. Mas o que é essa reatividade? Vimos nela um fenômeno tão puramente mecânico quanto "os movimentos sucessivos do pistão e das engrenagens de uma máquina a vapor".[3] Explicação que, na verdade, parece muito simplista, pois nela se negligencia o que está propriamente em questão, a saber: em virtude

---

3 Cf. Herbert Spencer, *Principes de Psychologie*. Paris: Félix Alcan, t. 1, p. 438; Maudsley, *Physiologie de l'Esprit*, p. 19.

de qual poder particular, *sui generis*, o vivente transforma o estímulo em movimento. Em todo caso, a observação mostra peremptoriamente que essa transformação nem sempre se opera da mesma forma, nem em um dado indivíduo segundo sua disposição fisiológica e psicológica do momento, e nem entre os diferentes indivíduos de uma mesma espécie. Também é preciso necessariamente considerar a capacidade latente de energia motora que cada um possui.

Alexander Bain[4] insistiu fortemente nesse ponto; ele admite a existência de uma atividade verdadeiramente espontânea, que se desprenderia de si mesma e seria capaz de originar movimentos na falta de todo estímulo, externo ou interno. Talvez isso seja ir longe demais, e essa hipótese, que foi fortemente criticada,[5] não nos é aqui necessária, ao menos dessa forma. Todavia, parece que algo dela devemos reter. O senhor Féré parece crer que, para Bain, "o sujeito cria forças", e essa criação *ex nihilo*, com toda a razão, lhe parece ininteligível e absurda. O problema, segundo ele, é puramente mecânico; as vibrações externas produzem vibrações no organismo segundo as leis da comunicação do movimento e da equivalência das forças. Apenas lhe falta reconhecer que se deve considerar também a estrutura do aparelho transformador, que as contrações musculares variam não somente com a intensidade do estímulo, mas com a "excitabilidade do sujeito"; que, em uma palavra, "o homem reage a cada estímulo *segundo sua vibratilidade específica*, segundo sua constituição molecular". Infelizmente, não foi dito justamente o que se deve entender por essa vibratilidade específica. Seria simplesmente uma aptidão para se abalar (afetividade) ou uma aptidão para responder com uma energia variável a estímulos (reatividade)? E em que essa segunda hipótese seria inconcebível? Não é verdadeiro que, segundo os indivíduos, os estímulos externos tendem a produzir mais particularmente ora modificações centrais de ordem sensitiva (prazeres e dores, emoções, etc.), ora reações motoras (contrações, gestos, atos, etc.)? Para perceber essas diversidades, como também a intensidade variável do movimento, não é preciso considerar o estado dinâmico desses centros motores excitados, a sua tonicidade, como o dizem Henle e Wundt?

---

4 Alexander Bain, *Les Émotions et la Volonté*, cap. 9; *Les Sens et l'Intelligence*, pp. 49 e ss.
5 Cf. Herzen, *Il moto psichico e la coscienza*, pp. 38 e ss.; Charles Féré, *Sensation et Mouvement*, pp. 67 e ss.; Beaunis, *Les Sensations internes*. Paris: Félix Alcan, p. 47.

Também o senhor Beaunis rejeita a teoria de Bain sobre a *atividade muscular espontânea*, e defende que todos os movimentos têm por origem certas sensações externas ou internas, as quais, de resto, podem permanecer singularmente vagas e inconsciente à dor. Ele, entretanto, escreveu:

> Os centros nervosos parecem um reservatório que se carrega e se enche pouco a pouco e exerce uma tensão cada vez mais forte, de forma que, quando a tensão atingiu certo grau, a necessidade de exercício se produz e leva a uma contração. Um centro motor é continuamente solicitado por uma série de excitações provindas seja do exterior, seja do próprio organismo; ele incessantemente recebe sensações, sangue, etc., energia que se acumula e armazena, e, quando essa energia está em seu ponto máximo, os *fuzis disparam automaticamente*, para empregar uma locução vulgar. A sensação de necessidade corresponderia, nesse caso, a uma espécie de *tensão* celular que precede a explosão nervosa final.[6]

Mas, o que se pode perguntar além dessas afirmações? E não é isso o que, no fundo, precisamente sustenta Alexander Bain?

Ora, disso decorre uma dupla conseqüência, cuja importância não poderia ser desconhecida.

Por um lado, como a reação motora não corresponde exatamente em intensidade à intensidade do estímulo e o estado dinâmico próprio do sujeito deve entrar no cômputo, é justo dizer que existe um estado de tonicidade dos músculos e, sobretudo, dos centros motores, uma espécie de reserva de forças prestes a se dispender, uma frescura e uma elasticidade particulares que podem suprir, em alguma medida, não digo a falta, mas, ao menos, um estímulo fraco. De maneira contrária, há um estado de inércia ou de esgotamento dos centros que produz o mesmo efeito que a irritação, ou, ao menos, atenua a excitação e a obriga a se traduzir de outra forma que não por manifestações motoras. O que praticamente confirma que os centros motores podem ser considerados como dotados de uma atividade espontânea mais ou menos poderosa e disponível.

Por outro lado (e esse é um ponto que parece solidamente estabelecido), os centros motores não estão sob a dependência exclusiva dos

---

6 Beaunis, op. cit, p. 49.

centros sensitivos, nem no que diz respeito ao seu desenvolvimento recíproco, nem no que diz respeito ao seu funcionamento. Parece impreciso sustentar a tese de que, no geral, a depressão da motilidade coincida sempre com uma depressão concordante da sensibilidade. A inatividade relativa de uns coexiste, com efeito, com uma excitabilidade muito viva de outros. Freqüentemente se pode notar uma independência recíproca, e mesmo uma relação inversa, em virtude de uma espécie de lei do equilíbrio psicológico, análoga à lei do equilíbrio dos órgãos. "A quantidade de energia total do organismo", como o escreveu muito bem o senhor Fouillée, "é limitada. Se a um dos pólos aflui um excedente considerável de energia, haverá a chance de que haja energia insuficiente no outro pólo. O organismo tem seu orçamento: obrigado a créditos excessivos, ei-lo desprovido para outros gastos". Também a página seguinte de Alexander Bain permanece uma excelente descrição psicológica:

> A sensibilidade e a atividade não se elevam e nem se rebaixam paralelamente. O temperamento mais ativo não é sempre o mais sensível; freqüentemente, é até o menos ativo. Todos sabem que há uma espécie de atividade que parece viva por si mesma, que não custa nenhum esforço, que causa prazer, longe de cansar, e que não modifica sensivelmente nem um estímulo, nem a idéia de um objetivo; é manifestamente o efeito de uma força espontânea. É um signo do caráter, tanto de indivíduos quanto de raças. É o caráter do aventureiro que não experimenta nenhum repouso, do viajante incansável, das pessoas que se metem em todos os assuntos, daqueles que odeiam o descanso e desdenham dos prazeres tranqüilos; é a atividade transbordante de Filipe da Macedônia ou de Guilherme, o Conquistador. As naturezas sensíveis que não são raras entre os homens, mas que são muito comuns entre as mulheres, não são ativas. O que distingue a atividade provocada pela idéia de um fim do outro gênero de atividade, é que ela se proporciona ao fim e cessa assim que este é atingido. Jamais serão confundidos o homem que trabalha para fazer fortuna e que descansa após ter ganhado o suficiente para viver, com o homem que passa sua vida a dispender o excesso de sua força muscular e nervosa.[7]

---

7 Alexander Bain, *Les Sens et l'Intelligence*, pp. 52–53.

A força ou a fraqueza dessa atividade original, eis o que parece bem mais importante do que a forma exterior dos movimentos. O desenvolvimento preponderante dessa capacidade de ação, a aptidão particularmente notável em dispender dessa forma um provimento tão rico de energia basta para caracterizar os dois grupos de indivíduos. O senhor Fouillée faz com eles uma das duas formas de temperamento que distingue, e o senhor Ribot, um dos três *gêneros* de caracteres que enumera. "São máquinas bem sólidas, munidas de força viva e, ainda mais, de energia potencial... é preciso que elas ajam". Por outro lado, há uma categoria bem determinada: os indivíduos em quem a atividade é consideravelmente atenuada; moles, lânguidos, inertes, sem energia para a ação, repugnam-se com esta tão naturalmente como outros tendem a ela. E tanto são estas predisposições nativas, que é fácil notá-las entre as crianças. Uns sempre em movimento, sempre ocupados, tendo, como se diz, mercúrio nas veias, só se agradando com jogos barulhentos, são empreendedores, ousados, corajosos; outros, voluntariamente imóveis, preferem ocupações calmas, que exigem o menor dispêndio de esforço, permanecem por muito tempo desocupados sem que o desejo de fazer algo os estimule o suficiente para tirá-los de alguma espécie de torpor constante.

 Ao primeiro olhar já se manifesta que essas diferenças na atividade ocasionam traços derivados do caráter. E, sem antecipar o que deverá ser examinado mais atentamente adiante, algumas observações já podem ser feitas. Na presença da dor, a atitude dos homens, como já o observamos, é muito diversa. Uns se dobram, permanecem atingidos, ou só reagem de forma espasmódica e efêmera; outros se levantam, mais dispostos a combatê-la, ao menos prontos para consertar essa falha momentânea. Na presença do obstáculo, uns se detêm e se assombram; abandonam seus projetos, consomem-se em queixas vãs, em lamentos ineficazes; outros retiram dele como que forças novas, com a consciência de sua energia diminuindo a consciência da resistência e fazendo a dificuldade parecer menor, isto quando não passa a conferir mais interesse à ação. O inerte vê em todos os lugares razões para nada começar, ao menos para se limitar à soma dos esforços estritamente necessários; ele prefere o *status quo*, as soluções fáceis; o ativo prefere tudo que conduza ao movimento e escolhe a direção em que será preciso gastar mais ousadia; em vez de temporizar, ele lidera; tem o gosto pela luta e pelo perigo; mais audácia na decisão, mais vigor na execução, mais confiança no sucesso, eis as condições preciosas para engendrar coragem e sangue frio. A inteligência sofre o contragolpe dessas aptidões diversas da atividade; timidez intelectual, prolongação da deliberação, gosto pela contemplação, ou, ao contrário, falta de meditação impessoal e desinteressada, decisão no olhar, desdém pelas especulações teóricas e sutilezas dialéticas, disposição a não se deter a qualquer objeção, a não ser um pensador completo. A vontade, enfim, encontra nessas predisposições da atividade ao menos uma parte das razões de seu desenvolvimento e de sua direção.

III — Agora, em cada uma das grandes classes que acabamos de distinguir, subdivisões devem ser necessariamente estabelecidas.

É assim que existem dois tipos principais de inativos.

Inicialmente, encontramos homens em quem a inatividade é, por assim dizer, primária e sem compensação. Ela é o seu dominante, e essa indolência, essa inércia se estende a tudo, à sensibilidade e à atividade propriamente dita; o tônus vital foi rebaixado em relação à média; não somente eles não têm nem a necessidade e nem o gosto pela ação, como nada os impressiona o bastante para tirá-los dessa indiferença, dessa preguiça, dessa ataxia na qual estão adormecidos; são aqueles que o senhor Ribot chama de os apáticos puros, "inertes, despreocupados, adormecidos", que o senhor Fouillée chama de fleumáticos fracos, ou ainda os adinâmicos, tendo em si "algo daquela depressão das forças que caracteriza a doença, o sono e a velhice".

Por outro lado, há homens notáveis também por sua repugnância à ação, mas em quem essa inatividade é, de certa forma, secundária ou derivada, resultado de uma emotividade muito viva com tendência depressiva, ou de certa disposição intelectual muito contemplativa ou muito direcionada para a análise, para o abuso da reflexão. Teremos ocasião de insistir sobre esses fatos quando perscrutarmos as leis de correlação ou subordinação que ligam entre si os elementos do caráter.

Algumas observações mais detalhadas são necessárias no que diz respeito às divisões que importa estabelecer no gênero dos ativos. Dois indivíduos podem ser dotados de uma capacidade de ação notável e gastá-la de maneiras muito diferentes. O desdobramento da atividade pode ser rápido ou lento, violento ou calmo, temporário ou persistente.

E essas são, diz Bain,[8] características não somente dos indivíduos, mas também das raças. É assim que o holandês é essencialmente ativo, mas lento, calmo, até lerdo, e, por outro lado, perseverante, capaz de esforços contínuos e prolongados; o inglês, mais enérgico, mais dinâmico, mas sua atividade é ponderada e durável; o francês, notável por sua energia veemente, ardente, mas sem continuidade, brusco, facilmente esgotado; o antigo grego ou o italiano moderno, de atividade mais fraca, mas vivo, excitável e ao mesmo tempo mais durável.

A necessidade de considerar esses elementos quando se trata de distinguir diversas espécies dentro do gênero dos ativos não escapou ao senhor Fouillée. O penetrante psicólogo, considerando sobretudo a base fisiológica do que chama de temperamento ativo, isto é, segundo ele, "aquele que está em predominância de desintegração", observa que "essa desintegração é rápida e intensa, ou, ao contrário, lenta e moderada". Ele avalia, com efeito, que rapidez e intensidade devem caminhar juntas: "Quanto mais intensa for a força que lança a flecha, mais rápido é seu efeito". E, assim, há dois tipos de temperamento ativo: o ativo de reação rápida e intensa, o "colérico ou bilioso", e o ativo de reação lenta e pouco intensa, o "muito fleumático". E esta é uma visão muito exata em um sentido, mas que, todavia, pode pedir certas reservas ou ao menos certos complementos.

Sem dúvida, o senhor Fouillée bem viu que a violência da reação não é a mesma coisa que sua força ou sua energia. A atividade menos impetuosa, porém mais durável e mais contínua, pode pressupor uma quantidade de força viva também considerável, ou mesmo superior. A violência, com efeito, é o dispêndio brusco de energia disponível; a característica explosiva da reação ardente e súbita quase sempre tem como conseqüência um esgotamento tanto mais prolongado quanto mais impetuosa e completa for a descarga. E, assim, a veemência é raramente

---

8 Alexander Bain, *On Study of Character*, p. 195. Cf. Payot, *L'Éducation Du Caractère*. *Revue Philos*, t. XLVIII, p. 603: "A classificação que um exame muito longo e aprofundado nos permitiu estabelecer é a seguinte":

Atividade	I. Intensa e durável
	II. Intensa, sem duração
	III. Fraca, mas durável
	IV. Fraca, sem duração

contínua, pois para que essa impetuosidade indomável se mantenha, seria necessário um vigor de constituição, uma capacidade de restauração fora do comum.

Mas o que importa distinguir é a espontaneidade e a reatividade; a primeira é a explosão de uma rica base de energia disponível que tende a se dispender por si mesmo; a segunda é a resposta a um estímulo de fora. Ora, se é bem verdade que, no que diz respeito à reação, a prontidão e a violência caminham juntas, isso não é mais exato quando se trata da atividade espontânea: esta pode estar viva sem se tornar impetuosa. Examinemos ainda as crianças. Uma não pára de se movimentar; incapaz de permanecer quieta, tem que ir e vir, falar, brincar; mas essa vivacidade, essa necessidade incessante de se agitar não implica nenhuma veemência, nada de explosivo: a energia nela se despende pela multiplicidade dos movimentos, dos quais cada um, tomado à parte, é brando e gracioso. O irmão dessa criança, por sua vez, permanecerá de bom grado mais tranquilo, mas, subitamente, assim que estimulado, ou simplesmente sob a ação de algum tipo de impulso interior, se descontrai com um ardor extremo, irrompe com uma impetuosidade indomável. Eu compararia um, de bom grado, a um potro que salta alegremente, e o outro a um touro que pula quando vê o vermelho.

Assim, há homens que encontram em si mesmos a razão de ser de sua atividade, que têm uma necessidade espontânea de despender sua força em tentativas de todos os tipos; eu lhes daria o nome de ativos propriamente ditos. Outros também têm uma atividade enérgica, mas que precisa ser provocada, suscitada: eu os chamaria de reativos.

Entre os *ativos* eu distinguiria: 1) os vivazes, com uma necessidade permanente de se expandir, empreender, marchar, viajar, tentar mil coisas, agir por agir até mudando de objetivo, mas sem jamais parar, agitados; 2) os lentos, também de energia poderosa, mas mais calma, menos dispersa, mais contínua, mais perseverante, ao menos se mantendo mais facilmente na mesma direção; 3) os grandes ativos, nos quais a atividade é ao mesmo tempo intensa e durável, com mais ardor do que entre os lentos, mais estabilidade do que entre os vivazes.

Da mesma forma, eu contaria duas variedades de *reativos*: 1) os de atividade mais fraca, ao menos sem ardor ou impetuosidade grandes, mas muito excitáveis; 2) os demais, notáveis, ao contrário, por sua energia violenta, veemente, explosiva e impulsiva, às vezes instável e logo esgotada.

IV — Está evidente que essas formas diversas de atividade só podem ser plenamente caracterizadas se se considerarem os elementos novos que, ou a sensibilidade, ou a inteligência, ou, sobretudo, a direção da vontade introduz. Mas, por sua vez, elas tornam mais ou menos provável e fácil o desenvolvimento de tais ou tais tendências da sensibilidade, de tais ou tais modos da inteligência e condicionam a própria vontade. Em todo caso, constituem predisposições primitivas que são impossíveis de não se considerar em si mesmas. Pode-se moderar, acalmar, limitar a atividade natural de alguns: mas não destruí-la; pode-se sacudir a apatia, a inércia congênita de outros: isso nunca fará homens de ação enérgica e exuberante. Como disse Alexander Bain, incitar um homem naturalmente frouxo a ser corajoso é falar ao vento. Nesse caso, seria um bom resultado fazer o homem perder seus temores num determinado ponto, fazê-lo compreender a necessidade de afrontar determinado perigo: mas ninguém o impedirá de ter medo. Há homens que só terão o modo de atividade que se deve ao temperamento, à hereditariedade, à natureza; mas estes, mesmo que se transformem pelo esforço perseverante e metódico da vontade, terão que pôr no cálculo a lerdeza ou a impetuosidade primitiva.

Detendo-nos aqui na atividade tal como ela aparece fora de todas as modificações ulteriores, abstraindo o modo superior que é a vontade, cremos que se possa, em resumo, classificar os principais modos seguintes:

A. Os inativos: 1) os apáticos propriamente ditos, moles, indolentes, sonolentos, inertes; 2) os inativos por excesso de emotividade; 3) os inativos por excesso de reflexão;

B. Os ativos: 1) os ativos lentos, calmos, perseverantes; 2) os ativos agitados, vivos, corajosos, ousados, batalhadores, expansivos, sempre apressados, sempre em busca de empreendimentos novos; 3) os grandes ativos, em quem a energia é, no conjunto, poderosa, ardente e permanente;

C. Os reativos: 1) os móveis, excitáveis, caprichosos; 2) os violentos, os impulsivos, os explosivos.

CAPÍTULO VI

AS FORMAS DA VONTADE

No capítulo precedente, examinamos a atividade em sua base primitiva e vimos como ela varia de um homem para outro em poder, continuidade, espontaneidade. Mas também é necessário considerar as formas diversas de que ela se reveste segundo as causas psicológicas que a suscitam e dirigem. Quanto a isso, há uma atividade que se pode chamar de automática, mesmo que seja verdadeiramente psicológica, e há uma atividade propriamente voluntária. É desta que vamos tratar em primeiro lugar; mas, para melhor distingui-la daquela, é importante começar dizendo algo sobre ela.

1 — A atividade automática de que tratamos aqui não é a atividade quase inteiramente mecânica do reflexo ou do instinto, ainda que certos idiotas incuráveis pareçam reduzidos a esse automatismo primitivo. Desejo falar de uma atividade propriamente psicológica, porque ela é consciente e provocada por estados de consciência, sensações ou emoções, desejos e tendências, representações, imagens e, às vezes, até idéias abstratas e julgamentos. E, no entanto, ainda é automatismo, "automatismo psicológico", porque os movimentos, simples e complexos, o ato ou a série de atos, seguem-se imediata e fatalmente ao evento psicológico estimulador, uma vez que se encadeiam, ou melhor, se sucedem, seguramente não sem causa, mas sem razões conhecidas, sem escolha e reflexão, sem que haja uma coordenação original real dos elementos psicológicos que entram em jogo; em uma palavra, sem essa elaboração mental pessoal, sem essa reação do "eu", que, veremos, constitui verdadeiramente a vontade. Há, pois, ação, *conduta*, mas não há querer.

Devem-se distinguir vários casos.

Entre estes, é notável uma espécie de impessoalidade, de anonimato da atividade. Eles são restritos a um automatismo imitativo. Fazem o que vêem sendo feito, o que lhes é dito que façam, o que os fazem fazer. Sofrem passivamente a influência do meio. Incapazes de iniciativa, impotentes para dar um impulso, para mudar espontaneamente de direção sob o golpe de uma emoção ou de uma paixão que lhes seja verdadeiramente própria, para se dirigir por razões meditadas, mas cujo preço reconhecem, eles nunca começam nada: apenas continuam. Não caminham; seguem. São as ovelhas de Panurgo, e o voto universal muito freqüentemente é isso. Crê-se que sejam homens, mas não passam de marionetes. Excessivamente maleáveis, tomam todas as formas indiferentemente, pois nenhuma lhes é pessoal; são destinados a ser sempre conduzidos, e pode-se conduzi-los aonde se desejar. São os amorfos. Às vezes até ocupam um posto bom, e não são absolutamente ininteligentes. Há mesmo aqueles cuja atividade se aproxima da vontade, porque são conduzidos menos por necessidades de ordem puramente prática e inferior, e mais por idéias, teorias, princípios. Mas prestemos atenção: princípios, teorias, idéias lhes vêm de fora, são recebidos prontos; eles aderem mais ou menos firmemente e por um tempo mais ou menos longo a certas opiniões e à conduta que é derivada destas; mas ignoram sua origem, seu valor e seu sentido verdadeiro: fórmulas ou preconceitos que são também uma escravidão, pois as mudarão — como as aceitaram — se seu entorno, o público ou seu jornal, as mudarem. Eles são o personagem de que fala Tolstói:

> Suas opiniões saíam dele por si mesmas, após terem vindo sem que ele tivesse tido o trabalho de escolhê-las; ele as adotava como as formas de seus chapéus, ou de suas vestes, porque todo mundo os usava, e, vivendo numa sociedade em que certa atividade intelectual se tornava obrigatória com a idade, suas opiniões lhe eram tão necessárias quanto seus chapéus.[1]

Essas pessoas, por vezes, iludem; podem ter certa gravidade que vem de sua gravata branca, certo ar de autoridade que provém de suas afirmações sem hesitação e de que estejam em acordo com o senso comum, certo espírito de caráter porque caminham com uma regularidade monótona. Eles parecem uma voz, mas são um eco; parecem ser alguém, mas são uma cópia.

Há outros menos plásticos, se ouso dizer, que se revestem menos facilmente das formas que o exterior tende a imprimir-lhes, que oferecem à ação do meio uma resistência maior. Seu assento está feito, e o vinco, determinado; sua via está traçada para sempre. É a rotina feita homem. Imitadores mais de si mesmos do que de outros, são escravos do *métier*, do hábito. Dão voltas no mesmo círculo, fazem as mesmas coisas, não têm nem o desejo, nem o gosto, nem o poder de procurar algo novo. São como os relógios que marcam a hora corretamente, porque foram montados e regulados de uma vez por todas e para sempre.

Em outros, enfim, o que espanta não é mais essa falta de originalidade e de individualidade, mas a brusquidão instável de suas ações produzindo-se à maneira de descargas compulsivas. É bem a natureza própria do indivíduo que se manifesta, mas as emoções, as tendências, transformam-se imediatamente em ato sem que o indivíduo tenha tido o tempo e a preocupação de controlá-los, detê-los, compará-los, julgá-los, coordená-los, dirigi-los. São os impulsivos, os entusiasmados, e, por isso mesmo, na maior parte do tempo, pessoas cuja atividade e conduta têm algo de desordenado, de incoerente, que agem por ímpetos bruscos,

---

1 Tolstói, *Anna Karenina*, t. I, p. 7.

e até violentos, em sentidos diversos, conforme o capricho das emoções ou das circunstâncias.

Essa impulsividade, que testemunha uma falta de coordenação superior das tendências e uma falta de vontade refletida e seguida, uma falta de contenção, é característica das raças inferiores, das crianças e dos desequilibrados; encontramo-la freqüentemente entre os histéricos, os neurastênicos, os coréicos; em uma palavra, na maior parte dos degenerados; ela constitui uma forma de atividade automática, cuja importância é considerável do ponto de vista do caráter.

II — Porém, nenhuma atividade é automática, e do próprio interior do automatismo, a vontade pode, com energia e freqüência variáveis, surgir para exercer seu poder de controle. Ora, a vontade, já o dissemos, é um dos elementos mais essenciais do caráter. A análise de suas diversas formas também merece que nos detenhamos mais longamente.

Fixemos de início o ponto de vista no qual vamos nos colocar. Não se trata de mostrar como a vontade pode transformar, ou até, num sentido, criar o caráter: isso será objeto de um capítulo posterior. O caráter, no sentido moral e social do termo, é uma vontade inteiramente moldada por si: eis o que não se pode deixar de dizer e repetir. Mas há vontades que não se cumprem, que se abandonam, e há as que são apenas parciais; de fato, a vontade humana pode se apresentar sob mil formas, com mil aspectos. Mesmo quando a vontade não é feita, ela existe em certa medida. E mais: por mais alta, pessoal, livre que seja, ela tem suas origens, seu ponto de apoio na natureza. Só se desenvolve aquilo que já se possuía em germe; só se empregam as energias que se encontram em si em alguma medida. Isso é verdade quanto à vontade, de que podemos dizer que seja, em um sentido, hereditária; o que não surpreende, se se pensa que a capacidade de agir, a força de atenção, reflexão, firmeza de julgamento, a "faculdade de conter, variar, prolongar a ação ideal" são desigualmente distribuídas e são qualidades hereditárias. A natureza e o poder da nossa vontade, assim, vêm ao mesmo tempo da natureza, da educação, da reação pessoal; é preciso distinguir uma dada base primordial e uma superestrutura adquirida, seja recebida, seja criada. Não nos propomos a determinar, em cada caso, o que vem desta ou daquela fonte; apenas desejamos, constatando que, de fato, a vontade é muito diferente entre os diferentes homens, determinar quais são as mais importantes, as mais típicas dessas formas.

Não importa a qual doutrina metafísica se adira ou o que se pense quanto ao livre arbítrio, não se podem confundir os atos voluntários com os atos involuntários. A diferença, aliás, não poderia ser procurada no mecanismo fisiológico em virtude do qual uma contração muscular se produz consecutivamente a um estado psíquico. Ela só pode ser encontrada na natureza desse próprio antecedente mental. Vejamos, pois — lembrando que não se trata de forma alguma de uma explicação, mas de uma simples descrição.

E, de início, para que haja movimento voluntário, por menor que seja, como, por exemplo, pegar um porta-penas, é necessária a representação prévia do movimento total e também dos diversos movimentos elementares, cujo encadeamento e coordenação proporcionarão o resultado final. Em uma palavra, um movimento voluntário pressupõe a *idéia* prévia do objetivo e a *idéia* dos meios próprios que o atingirão. É nesse sentido, por exemplo, que Maudsley define vontade como "a impulsão causada por idéias", "a reação motora das idéias".

Isso bastará? Como uma idéia ou a representação são imediatamente seguidas e, por assim dizer, linearmente prolongadas pela ação, também há, como o dissemos, apenas uma atividade automática cujas sugestões hipnóticas apresentam exemplos surpreendentes. A vontade só aparece verdadeiramente onde ocorre certa coordenação original, um ajuste respondendo ao conjunto das condições reais, tanto objetivas quanto subjetivas. "Um ato voluntário", segundo o diz muito corretamente o senhor Pierre Janet, "é um ato, ao menos em parte, *novo*, que para adaptar-se a circunstâncias novas reúne, sintetiza certos elementos psicológicos que não foram ainda agrupados dessa maneira".[2] A deliberação propriamente dita, assim, não está sempre presente, e só se encontra em ações voluntárias complexas e elevadas, supondo ambigüidade de direções concebidas. Mas o que é necessário é essa síntese intelectual a que chamamos um *julgamento*. Querer é "julgar para agir". Nossa alma, dizia Leibniz, é "arquitetônica" nas ações voluntárias.

Há mais: querer é *se conter no agir*, e é, por isso mesmo, segundo a fórmula do senhor Ribot, *escolher para agir*. Nem sempre escolher entre dois atos diferentes ou opostos, mas, ao menos, escolher entre fazer e não fazer. Só há ação voluntária quando *sentimos* que outro ato poderia

---

2 Pierre Janet, *L'État mental des hystériques: les accidents mentaux*, p. 28.

se cumprir ou ao menos que o ato não pudesse não se cumprir. Vontade é, ao mesmo tempo e indissoluvelmente, poder de ação e poder de detenção. Sob sua forma pura, por assim dizer, sob a forma de simples "não quero", o poder de detenção é posterior à vontade ativa, e o desenvolvimento do não-querer é mais tardio do que o do querer; ele está quase completamente ausente na criança, nas raças inferiores e entre os seres de evolução mental incompleta. Mas o que se deve reter é que, em todo ato voluntário, está implicada uma suspensão de tendências, que o "eu quero" contém um "eu não quero". É que, com efeito, com toda volição supondo a sistematização de vários elementos psíquicos, cada tendência deve se traduzir de forma não isolada, por sua própria conta; é preciso que ela seja detida enquanto se compõe, julga e combina com outras. Esse é um ponto que o senhor Paulhan,[3] notadamente, bem iluminou teoricamente, e que as experiências sobre o tempo de discriminação e de escolha confirmam. A multiplicidade das tendências e sua coordenação provocam necessariamente essa inibição, ao menos relativa, de umas pelas outras.[4]

Uma conclusão geral se impõe, assim: uma ação é tanto mais voluntária quanto dela resulte uma sistematização definida, coerente, em vista de uma finalidade claramente determinada e de um grande número de elementos e de tendências psíquicas: sensações, sentimentos, imagens, idéias; quando ela interessa mais completamente o indivíduo moral, o "eu" por inteiro. "A volição completa", para retomar as expressões do senhor Ribot,

> tem por condição fundamental uma *coordenação hierárquica*, isto é, que não basta que reflexos sejam coordenados com reflexos, desejos com desejos, tendências racionais com tendências racionais, mas que uma coordenação entre esses diferentes grupos é necessária, uma coordenação com subordinação, de forma que tudo convirja para um ponto único: o objetivo a ser atingido.

---

3 Paulhan, *L'Activité mentale et les Éléments de l'Ésprit*. Paris: Félix Alcan; *La Volonté*, Paris: Octave Doin.

4 Ainda que se ignore quase completamente a natureza e o mecanismo fisiológicos dos fenômenos de inibição, parece que, psicologicamente, a dor e os sentimentos de caráter deprimente constituem uma série de estados de consciência *corretiva*, desempenhando nela um papel considerável, e que o conflito de duas ou mais tendências ativas baste para produzi-las.

É nesse sentido que a vontade é verdadeiramente uma atividade pessoal, a reação própria de um indivíduo, uma escolha exprimindo nossa natureza, nosso caráter.

E é também porque um ato voluntário é consciente e pessoal de forma muito particular e notável; ele contém, como o diz Kack Tuke, "a sensação subjetiva de uma força dirigente"; ele não simplesmente está ligado como um elemento novo a essa percepção de conjunto que é a personalidade, mas é percebido como que à deriva, emergindo; ele não é mais sentido somente como sendo *nosso* e *em nós*, mas como sendo *para nós*, como sendo *nós mesmos*. A vontade, resumidamente, é o "eu"; é a "inteligência automotora; não esta ou aquela idéia, mas o poder de pensar, de unificar, determinando-se por si mesmo".[5]

III — Agora nada fica mais fácil do que classificar as diversas formas e qualidades da vontade. Deixando de lado, como o fazemos constantemente, os estados puramente patológicos em que a vontade está total e constantemente abolida, a comparação de uma pessoa com outra manifestamente nos faz descobrir diversos elementos de variedade na vontade: pode-se querer forte ou fracamente, com prontidão ou lentidão, ser decidido ou indeciso, perseverante ou inconstante; a vontade pode ser dispersa ou una.

"Alguém deseja fortemente": com isso, não entendo precisamente a mesma coisa que a firmeza do poder, que é, antes de tudo, estabilidade, constância, porém, mais especialmente, a energia com a qual todo ser tende para um fim, o poder ativo das tendências, a convergência para um dado momento — e, aliás, talvez apenas para esse momento — de todas as nossas forças. Aqui estão os que se devem, antes de tudo, à própria intensidade dos desejos, ou melhor, à sua resultante atual. A moleza, ao

---

5 Rauh, *Revue de métaphysique et de morale*, setembro de 1893. O estudo das doenças da vontade, das diversas formas de abulia, constitui uma preciosa verificação das análises precedentes. Todas essas alterações se ligam, em suma, a uma mesma causa fundamental: o estado de isolamento das tendências, sua anarquia, sua desagregação mental. Isso é manifesto nos casos em que a abolia vem de uma falta de coordenação ou de um excesso de estímulo. A falta de estímulo testemunha um estado de depressão, de "miséria psicológica", que é, no fundo, a incapacidade de se fixar, de se concentrar: de onde a inércia e a indiferença vão juntas, pois o interesse pelas coisas ocorre na medida em que elas são desejadas. Ribot, *Les Maladies de la Volonté*; Pierre Janet, *L'Automatisme psychologique; Névroses et idées fixes*. Paris: Félix Alcan.

contrário, é essa espécie de atonia da sensibilidade e da atividade que nos deixa indiferentes ao ato e às suas conseqüências, e nos torna penoso todo esforço vigoroso. O desejo é definhante; a reação, frouxa, anêmica. A vontade pode até se produzir, claro, mas como que com dificuldade para sair do mundo das possibilidades e entrar decididamente no mundo do real; há mais veleidades do que volição.

Eis outra diferença: em uma pessoa, salta aos olhos sua rapidez de escolha e de reação; em outra, sua lentidão. A vivacidade do querer pode ser um sinal de impulsividade, de irreflexão: o ato se realiza, desde que é concebido, por falta de controle e de comparação com idéias redutoras que não tiveram tempo de despertar, por falta de apreciação em nome de um princípio superior; por uma palavra, ligeireza. Às vezes, também a prontidão à determinação é favorecida simplesmente por certa penúria de idéias; um entendimento limitado não descobre todas as qualidades das coisas e todas as suas relações; não se embaraça diante da consideração de todos os resultados futuros, porque é muito medíocre para prever e prover a tudo; a escolha se torna mais rápida pela diminuição dos pontos de vista; o problema é resolvido mais rapidamente porque é simplificado, já que certos dados são negligenciados; a vivacidade se deve, nesse caso, a um encolhimento, um estreitamento, uma pobreza da inteligência. Mas pode ocorrer que cérebros poderosos sejam capazes de, num rápido olhar, apreender todas as circunstâncias, todas as conseqüências certas ou prováveis, todas as razões, apreciá-las com segurança e rapidez notáveis e, em seguida, chegar com precisão e clareza ao julgamento prático motivado que encerra o debate: essa é propriamente a *decisão*, a *resolução*, qualidades eminentes, igualmente distanciadas das conclusões irrefletidas e das indecisões sem fim, sem as quais não se é capaz de grandes coisas. "Apenas tomar o tempo exatamente necessário à deliberação, e nada mais, é dar provas do mais alto desenvolvimento possível de inteligência e vontade combinadas".[6]

De forma oposta, lentidão não é necessariamente falta de resolução. Ela pode resultar simplesmente de uma reflexão mais elaborada, de não sei que lerdeza na execução do trabalho da organização intelectual acrescida de uma rapidez mínima da corrente centrífuga; ela se concilia

---

6 Alexander Bain, *Les Émotions de la Volonté*. Paris: Félix Alcan, p. 399.

muito bem com qualidades estimáveis: a gravidade, o moral sério e também a força, a firmeza. A falta de resolução e a indecisão, que não são de forma alguma indiferença e inércia, consistem em uma prolongação indefinida da deliberação que se persegue, em muitos casos, não sem angústia, mas sem conclusão.

Não é a imobilidade da vontade, e sim sua oscilação perpétua, sem ruptura definitiva e sem equilíbrio. Ela freqüentemente vem de uma perspicácia intelectual muito afiada, muito difícil de satisfazer a certa superabundância de idéias, de objeções, de razões para duvidar, de motivos de abstenção, como se os elementos do processo ainda estivessem sendo estudados quando a sentença já deveria ter sido, não dada, mas executada há muito tempo. Ela também resulta de que não se possua a quantidade de audácia e, se ouso dizer, de imprevidência necessária para aceitar um partido, assumir responsabilidades, criar uma situação nova sentindo-se pronto para sofrer as conseqüências, para, como Le Brenn, jogar sua espada sobre um dos pratos da balança. A falta de resolução como traço de caráter testemunha, assim — segundo a justa observação de Schopenhauer —, menos uma falha de inteligência do que uma falha de coragem. Também freqüentemente ocorre que essas crises de indecisão, timidez, enfim terminem por um ímpeto cego; por fadiga e para sair dessa incerteza penosa, abandona-se rapidamente ao primeiro, ou melhor, ao último impulso recebido. Somente a hesitação aparece logo, acompanhada de lamentos e remorsos, seguida de um novo ímpeto que poderá se produzir em um sentido bem diferente. A vida das pessoas que pertencem ao tipo aqui descrito é, pois, toda feita de irresoluções intermináveis que renascem e de resoluções súbitas procedendo por saltos.

Tocamos aqui em algo novo. Uma vez formada, a vontade pode ser mais ou menos perseverante ou instável, mais ou menos durável ou passageira. Em muitos indivíduos, ocorre que a vontade só venha a se constituir de forma temporária; ela se desfaz quase tão logo é formada, não tem continuidade, recriando-se sempre idêntica, e permanece trêmula e móvel. Algum motivo a provocou; algum outro motivo virá arruiná-la e ocasionar uma decisão bem diferente. "A volição", escreveu o senhor Ribot, "é um estado definitivo [...] entre as naturezas mutantes esse definitivo é sempre provisório, isto é, o *eu querente* é um composto tão instável quanto o mais insignificante estado de consciência; ao surgir, modifica-o, fá-lo diferente. O composto formado a todo instante não tem nenhuma força de resistência ao instante que se segue".[7]

É o "reino dos caprichos", de que o caráter dos histéricos nos oferece uma imagem amplificada. Tal é o caráter dessas pessoas de vontade trêmula, que a todo instante mudam de idéia, fazendo no dia seguinte o que se recusavam a compreender no dia anterior; muito decididas em aparência, carregando a mesma obstinação momentânea em todas as suas determinações, sucessivas e contraditórias. Elas lembram Arlequim, de quem Jean-Paul fala que aparecia em cena com dois maços de papéis sob os braços: "Que trazes sob o braço direito?" — "Ordens". "E sob o braço esquerdo?" — "Contra-ordens". Ora, essa instabilidade do querer, essa falta de perseverança, de continuidade, é propriamente a fraqueza, porque nos leva a sofrer com extrema facilidade todas as solicitações, a nos deixar ir sempre que as circunstâncias e os homens nos arrastarem, porque praticamente aniquila nossas forças ao dispersá-las, introduzindo em nós a incoerência e a anarquia.

Também se explica que a obstinação seja uma das formas costumeiras da fraqueza. A sugestão do momento, precisamente porque é vitoriosa, nos torna cegos à consideração de toda outra idéia: obstina-se com ninharias, desvia-se de uma decisão importante pelo motivo mais fútil, às vezes mesmo por motivo nenhum. Não se confundam a obstinação da criança com a do adulto; naquela, pode ser sinal de vontade firme, de capacidade de resistência às influências estrangeiras, de necessidade de afirmar sua individualidade, de desejo por autonomia, insuficientemente iluminados por uma inteligência ainda incompletamente desenvolvida; de minha parte, estou longe de ver nisso uma disposição natural desagradável (muito pelo contrário), mas desde que não se perpetue em idade madura, quando não será mais do que obstinação cega e ridícula, verdadeira impotência da vontade. Tanto mais porque essa instabilidade da vontade se torna facilmente fuga; ela é algo como uma "vertigem moral", tão bem descrita pelo senhor Renouvier, e que nos faz ceder a toda idéia notável, a todo sentimento vivo, ao último motivo sugerido que possui, na falta de todo controle, a superioridade geral do real sobre o possível, do presente sobre o passado ou o futuro. Nesse sentido,

---

7 Ribot, *Maladies de la Volonté*. Paris: Félix Alcan, p. 36.

Grote[8] reprova, com razão, os gregos por sua fraqueza, pois é próprio da fraqueza deixar-se levar pela impressão do momento.

A tenacidade verdadeira, a perseverança, a constância são, ao contrário, qualidades tão raras quanto preciosas. De nada serve querer fortemente, com impetuosidade, se não se sabe perseguir com continuidade o objetivo proposto, se se deixa a todo momento desviar, para comprometer-se em outro caminho.

Empreender mil coisas ao mesmo tempo, ou sucessivamente, sem deter-se, sem nada concluir, dispersar-se, é condenar-se ao fracasso. A agitação difere nesse ponto da atividade fecunda, da qual é quase o oposto. Querer bem aquilo que se deseja é ligar-se a isso de maneira durável e permanente, é conservar a conduta em sua direção, é fazer convergir para um fim único constantemente desejado todos os meios de que se dispõe. "Que eu me levante", escreve o senhor Ribot, "para tomar ar à minha janela, ou que me dedique para virar um general, nisso há uma diferença do maior para o menor: uma volição muito complexa e de longo alcance, como a última, devendo resolver-se numa série de volições simples sucessivamente adaptadas aos tempos e aos lugares".[9] Mas, quem não vê a diferença capital que separa esses dois casos? Sem dúvida, considerando-se apenas essa decisão particular, *dedicar-se* assemelha-se singularmente a esta outra, de ir fazer uma visita ou um passeio. Mas onde tudo muda, é quando uma, em vez de limitar-se a si mesma, torna-se o ponto de partida e o ponto de chegada de mil volições futuras; nisso há uma diferença que não é apenas do maior para o menor. Uma coisa é desejar algo para um momento, e naquele momento; outra coisa é continuar a querer e coordenar, em vista dessa decisão fundamental, uma multidão de decisões particulares. Há nisso subordinação a um princípio permanente, e não mais simples sucessão temporal; há finalidade, uma vez que a decisão final está atrelada à causa e ao efeito dos atos intermediários, considerados como meios. Um elemento novo e irredutível apareceu: a unidade de direção. Nesse sentido, uma decisão de longo alcance não é mais comparável a uma decisão simples, e nem mesmo a uma série de decisões simples. Não há mais somente sucessão, mas síntese, convergências em direção a um fim estável. A perseverança

---

8 Grote, *Histoire de la Grèce*, parte II, cap. 64.
9 Ribot, *Maladies de la Volonté*, p. 41.

é de um preço inestimável; é a condição do poder, da solidez do caráter: somente graças a ela se é alguém. Todavia, observemos que ainda estamos em presença de uma coordenação apenas parcial; trata-se apenas da aptidão de se desejar firmemente certas coisas. Mas, muito freqüentemente, essa perseverança, essa firmeza, só abrange alguns pontos, e não outros. Segundo a justa observação do senhor Paulhan, o homem é composto de vários sistemas que não têm nem a mesma atividade, nem o mesmo grau de sensibilidade ou de organização. Inflexível sob certos aspectos, pode, sob outros, ser mole e ceder sem resistência; conheço homens capazes de uma força de decisão, de uma tenacidade de desejo, de uma continuidade de esforços muito notáveis e meritórios no que diz respeito a este ou àquele fim; que mantêm no coração sua concepção do bem moral e do bem social, ou ao menos de tal e tal dever, e que, de forma muito freqüente, quando se trata de fatos de menor importância, dão provas de singular docilidade, de flexibilidade e mesmo de fraqueza, dobrando sua vontade diante da de outrem. Quando querem, sabem querer, mas em muitos casos não querem querer. Às vezes é despreocupação, falta de preferências pessoais, convicção da indiferença das coisas; às vezes é também desejo de paz, lassidão; às vezes, ainda, vivo desenvolvimento dos instintos de sociabilidade, temor de contristar, de ferir, de magoar: se tivessem apenas que lutar contra os eventos, eles iriam, sem medo das conseqüências; mas hesitam em entrar em conflito com as pessoas que amam, e parecem deixar-se levar. A tal ponto que poderiam iludir aqueles que os conhecessem superficialmente. O que quer que sejam, e por numerosas as nuances que seria interessante notar quanto a isso, pode-se dizer que uma existência permanece medíocre quando a vontade, compreendida como acabamos de fazê-lo, só aparece raramente, só intervém acidentalmente, só diz respeito a um pequeno número de pontos de importância secundária, só se manifesta de forma intermitente, permanece como afogada em meio a determinações fragmentárias e trêmulas. Ela se eleva na medida em que a constância a penetra mais, em que crescem a importância e o valor dessas volições de longo prazo que unificam a conduta; na medida, em uma palavra, em que a sistematização se torna mais generalizada, mais total.

Na maior parte dos homens, quero dizer, dentre os que contam, há traços de incoerência. Vários centros de atração, simultâneos ou sucessivos, parecem dividir as energias do indivíduo. É-se magistrado, médico, professor, homem de negócios, e também pai de família, homem do mundo, cidadão, mais outras coisas; é-se tudo isso separadamente; cada uma dessas existências parece desenrolar-se por conta própria, independentemente das demais; um princípio diferente preside sua organização; cada uma tem seu caráter e mesmo sua própria moralidade. Às vezes essas personalidades múltiplas são sucessivas; a vida se compõe de várias fases, das quais cada uma pode constituir um todo coerente, mas cujo conjunto não é uno; um objetivo perseguido com ardor, com perseverança por algum tempo, até vários anos, dá lugar, após uma crise às vezes cruel, a outro bem diferente, também ardente e fortemente desejado, que se torna, por sua vez, o centro de gravitação de todos os pensamentos, de todos os desejos, de todas as ações.

Mas a vida plena é aquela que está sempre em acordo consigo mesma e, quanto mais alta e fecunda, menos se observam nela oscilações e divergências. Eis, pois, a mais essencial e menos comum das qualidades da vontade: a unidade. *Ens et unum convertuntur*, dizia Leibniz. Isso é profundamente verdadeiro quanto ao caráter. "Um homem desigual não é um único homem, são vários". Ser *alguém* é, antes de tudo, ser *um*. Os grandes voluntários são os raros indivíduos que, querendo sempre a mesma coisa, puderam realizar grandes coisas. Eles são o extremo oposto dos desagregados, dos incoerentes, que são apenas fragmentos de homens. A harmonia das potências psíquicas, a sistematização das tendências, sua subordinação à lei de um princípio superior regendo e ordenando o curso da vida inteira, imprimindo-lhe uma orientação imutável; eis a vontade em toda a sua perfeição, e, para dizê-lo brevemente, em toda a sua liberdade. Eis também o *caráter*, que, como o disse Kant, "consiste não em um conjunto de qualidades, mas na unidade absoluta do princípio interno da conduta".

Aceitar previamente e impor-se a si mesmo um princípio constante de conduta é tomar uma resolução de longo prazo e perpetuamente renovável, é tomar uma decisão prévia em vista do momento em que será necessário agir e é sentir-se capaz de sempre honrar a assinatura. Ora, quanto mais a resolução colide com o futuro, mais esse futuro é incerto, mais considerável é o número de atos parciais que lhe interessam e de tendências que ela deverá deter ou orientar, e menos chances ela tem de ser mantida, evidentemente. Há, no entanto, resoluções tomadas para toda uma vida, e é nisso que consiste, por exemplo, a virtude. Uma diferença muito notável se observa entre os homens quanto a isso. A indolência, a lassidão, o desgosto, os prazeres ou sofrimentos do momento, os eventos imprevistos, o contato dos homens, mil solicitações e mil acidentes se ligam contra a resolução tomada e, muito freqüentemente, triunfam sobre esta. Poucos homens têm tanta valentia, tanto garbo, tenacidade para resistir e seguir seu caminho. Essa força de caráter pressupõe, pois, que o impulso lhe tenha sido dado, não por uma causa fortuita, transitória e isolada, mas por um grupo considerável de motivos duráveis e coerentes, interessando a base mesma do nosso ser; ela pressupõe que sejamos capazes de representar para nós mesmos o fim e os meios; de nos pôr freqüentemente aos olhos a representação viva do objetivo a ser atingido, das razões que no-lo solicitam; ela supõe, enfim, que podemos fazer entrar nesse sistema pré-estabelecido todas as circunstâncias e impulsos novos, que operemos uma seleção rigorosa, determinada por esse tipo de finalidade interior sempre agente e sempre idêntica.

De onde vêm essa coerência e essa unidade? Seria somente, como o quer o senhor Ribot, de que a base dos caracteres seja "uma paixão poderosa, inextinguível", de que "essa paixão seja eles, seja a expressão psíquica de sua constituição tal como a natureza a fez"? Deve-se crer que, em última instância, tudo resultaria unicamente da estabilidade de seu humor, do tônus permanente de sua sensibilidade, da identidade de seu organismo? Mas a igualdade de humor e a invariabilidade relativa da cinestesia (se ela, talvez, compreender, ou antes, se for a base psíquica da consciência que tomamos da unidade e da indenidade pessoal), poderão verdadeiramente explicar a perseverança, a constância, a firmeza da vontade? Da mesma forma, a persistência de uma paixão única — se uma paixão puder ser assim contínua, invariável, sem remissões, de uma regularidade perfeita de desenvolvimento e capaz de se apoderar sobre todos os atos, tendências, manifestações e todos os momentos de nossa conduta —, a permanência de uma paixão, afirmo-o eu, talvez explicasse a produção de *volições semelhantes*, mas não da *mesma vontade*, e sobretudo não a dominação de si e dos eventos, "essa unidade de objetivo sempre perseguida, criando coordenações e adaptações novas segundo as circunstâncias". Ao menos é preciso reconhecer que, se uma grande paixão pode conferir à conduta certa unidade, existem homens em quem a unidade vem da própria vontade, da razão, da aceitação de uma regra imutável, imutavelmente querida. Os grandes passionais não são — é preciso retornar a isso — a mesma coisa que os grandes voluntários. Estes permanecem os mesmos, porque se querem os mesmos. O que faz com que neles "tudo consinta e tudo conspire", como diziam os estóicos, é a "confiança em si", "o hábito de si", segundo as expressões de Guyau; isto é, a afirmação prática sempre renovada do que se será e do que se foi. Não somente se é então uno, mas também se faz uno. A vontade, nessa altura, é criadora de si mesma.

Mas não antecipemos, e retornemos à nossa análise. A potência superior da vontade, graças à qual o homem não sofre o destino e não espera o futuro, mas os prepara e realiza, essa energia dominadora pode transformar-se em duas direções principais. Já notamos que a vontade é conjuntamente princípio de ação e poder de inibição, e uma ou outra dessas duas formas pode se tornar preponderante e marcar, com um traço seguro e delineado, dois tipos de caráter. A vontade pode, com efeito, propor-se ora um objetivo exterior — a realização de uma grande obra material, social, moral, científica, artística —, ora um objetivo interior — a realização em si da harmonia da alma, de sua beleza, de sua liberdade, a realização de um ideal de sabedoria ou de sanidade. Em um caso, o que se modela, amassa e domina são os eventos e os homens; no outro, sua própria natureza, suas paixões e desejos. A perfeita posse de si não é a mais alta e menos difícil dessas duas obras; a potência da vontade de um Epicteto não é inferior à de um Júlio César. Corneille tem razão em nos mostrar Augusto maior quando "senhor de si" do que quando "senhor do universo". Marco Aurélio, que conheceu essas duas façanhas, sabia o que observar quanto a isso: talvez seja menos difícil ser um grande imperador do que um grande caráter.

IV — Agora é fácil resumir todas as descrições precedentes, ou melhor, identificar nelas certo número de tipos principais, exprimindo as formas essenciais sob as quais se apresenta a vontade nos diferentes homens. Em resumo, encontramos três grandes categorias de indivíduos: 1) aqueles que não podem, não sabem, não desejam saber; 2) aqueles em quem a vontade intervém menos acidentalmente, em quem ela chega a se formar, mas de forma transitória e instável; 3) enfim, os verdadeiros, os grandes voluntários. É preciso passá-los brevemente em revista, notando as variedades mais características de cada espécie.

A. Na classe dos homens sem vontade — abstraindo-se, como sempre, os casos puramente patológicos —, pode-se, como já o dissemos, distinguir três formas principais:

1) Os *amorfos*, as pessoas sem energia, sem iniciativa, massas moles que qualquer manuseio marca;

2) Os *rotineiros*, escravos de seus hábitos, de certa forma restritos ao papel de máquinas. Num e noutro caso, a vontade é falha, porque há, sobretudo, falta de impulso;

3) Enfim, o excesso de impulso também impede a vontade de se formar; são os *impulsivos instáveis*, perpetuamente mutantes, caprichosos, explosivos e incoerentes.

B. Passemos à categoria dos homens a cuja vontade, que aqui já é aparente, falta firmeza, manutenção, perseverança: são os voluntários incompletos. Eles formam a transição e se aproximam tanto dos tipos que acabamos de passar em revista quanto dos voluntários propriamente ditos. São:

1) *As vontades fracas*, que muito facilmente sofrem a influência dos motivos que lhes são sugeridos, dos conselhos que lhes dão; de bom grado guardam a última opinião exprimida e são inclinados à obstinação irracional, absurda, outra marca de sua fraqueza. Essa é uma expressão superior dos amorfos, porque a sensibilidade neles é comumente mais viva, e a inteligência, mais elevada.

2) Os *irresolutos*, os hesitantes, os tímidos, os inquietos, que não ousam tomar uma decisão, por causa da multiplicidade de pontos de vista que se lhes oferecem, entre os quais não conseguem escolher. Não sabem querer, porque refletem muito, porque têm muitos escrúpulos intelectuais e morais, e também porque o fundo de sua natureza é de um estado de dolorosa impotência.

3) Enfim, os *caprichosos*, os *volúveis*, os agitados, que se dão por inteiro ao que fazem e ao que querem; são capazes de energia, mas falta-lhes espírito de continuidade; dão-se simultânea e sucessivamente a coisas diferentes e contrárias, mas não têm nem perseverança, nem unidade.

C. Enfim, os grandes voluntários, capazes de uma continuidade notável de esforços calculados, sistemáticos; sua atividade, em diversos graus, é calma, ponderada; eles têm firmeza, constância em sua obstinação, decisão sem precipitação e sem ligeireza. Segundo sua atividade seja mais ativa ou mais inibidora, temos duas variedades:

1) *Os homens de ação*, de uma energia constante, que subordinam seus sentimentos à razão; abraçam as coisas com compreensão, sabendo o que querem, por que querem, aderindo-se a elas com perseverança; uns mais impetuosos, outros mais moderados e mais tranqüilos; uns mais corajosos, outros mais temporizadores, porém singularmente distintos, ao mesmo tempo, dos apáticos indiferentes, dos lerdos e dos violentos, cuja atividade explosiva "só produz, como o raio, destruição".

2) Os *senhores de si*, que empregam sua energia a se dominar, a "vencer mais a si mesmos do que à fortuna"; homens que sabem opor uma inabalável firmeza aos golpes de sorte, à violência dos homens ou ao assalto das paixões, que permanecem inviolavelmente fiéis a suas opiniões, a seu ideal de dignidade e de orgulho. É a raça dos mártires, dos grandes estóicos, dos homens de princípios e de dever.

# SEGUNDA PARTE

As leis de composição dos elementos do caráter

CAPÍTULO I

LEIS DE COORDENAÇÃO E LEIS DE SUBORDINAÇÃO

1 — Não é suficiente determinar, como tentamos fazer nos capítulos precedentes, os modos típicos da sensibilidade, da atividade e da inteligência; resta perscrutar segundo quais relações os elementos do caráter estão ligados entre si, de forma a ocasionar combinações definidas.

Seguramente, teríamos de uma dada pessoa certo conhecimento se atentamente notássemos à qual de cada uma das categorias precedentes ela pertence. Se pudéssemos dizer, por exemplo, que do ponto de vista da sensibilidade é um emotivo-vivo; do ponto de vista da vontade, um impulsivo e instável; do ponto de vista da inteligência, um imaginativo — ou, ao contrário, um apático, um ativo lento, um espírito rotineiro. Para fixar as idéias, tomemos dois exemplos e tentemos traçar dois retratos, nos quais não entrarão nenhum dado anedótico ou biográfico: os retratos perderão, sem dúvida, em *verdade individual*, mas ganharão, talvez, em *verdade genérica*, em valor típico.

Senhor x (retrato I). Sensibilidade muito extensa e profunda, de acuidade quase patológica, também muito volúvel; de extrema delicadeza de sentimentos, que o faz parecer, ao mesmo tempo, tímido e irônico, leva-o a fechar-se em si mesmo por temor dos contatos e de seus atritos e a zombar dos próprios sentimentos, por medo de, desconhecendo-os, sofrer mais; poderia até ser tido como maldoso e lamentoso, se dele não emanasse imediatamente alguma melancolia um pouco amarga, que advém da repressão daquilo que tem de ternuras para não expô-las ao mostrá-las. Sua susceptibilidade, e mesmo sua vaidade, são tingidas de sofrimento. De desejos abundantes e caprichos; facilmente se entusiasmando e se desesperando; egoísta e sempre pronto a amar, ou seja, ávido em doar-se, e podendo retomar-se prontamente.

De inteligência penetrante, sutil, curioso, amante do belo e do raro, muito artístico; de imaginação rica, ardente e inventiva, mas atormentado e atormentador; capaz de admirações súbitas, e não se satisfazendo com nada; tomando as coisas, pessoas e eventos sob um ponto de vista estético e sentimental; de espírito inquieto e móvel, pouco refletido, repugnando a abstração e o raciocínio calmo; intuitivo e sonhador, com um tipo de horror ao positivo e ao "senso comum".

A atividade não é espontânea, mas reativa, de maneira febril e explosiva, passando por fases de atividade ardente e de esterilidade dolorosa; irritável e nervoso, agindo por impulsos e recaindo na inércia; violento e fraco, decidindo-se bruscamente sob o impulso das emoções do momento, e voltando atrás também bruscamente; vontade imediata de querer, mas igualmente de não mais querer; de impetuosidade irregular, sem continuidade, sem perseverança, sem calma e sem firmeza: mais caprichos e impulsos do que verdadeira vontade. No total, uma natureza rica, mas instável, de contrastes violentos, sem ponderação, escravo de seus nervos sempre vibrantes, nunca senhor de si.

Senhor x (retrato II). Sensibilidade medíocre, apático, indiferente a quase todas as coisas (a não ser no que diz respeito a alguns pontos mais sensíveis, em particular algumas opiniões políticas, uma vaidade muito viva de situações e nomes); em todo caso, de forma alguma emotivo ou sentimental, sem inquietudes para com os outros, capaz de afeições, mas pouco extensas e sempre calmas e mornas, não procurando devotar-se àqueles de quem ele gosta, amando sobretudo confortos e hábitos, tendo mais necessidades do que desejos; de forma alguma passional; ingenuamente egoísta, sem refinamento e sem cálculo, não sendo mau ou maledicente; prestativo quando preciso, desde que não peçam muito dele; franco e leal, mas bruto e rabugento quando suas manias são perturbadas, com tendência a atos bruscos um pouco brutais, com acessos de cólera curtos e violentos.

Inteligência pouco brilhante, lenta, pouco penetrante, mas com bom senso; memória precisa, prática, conservando vários pequenos fatos; imaginação sem brilho e lerda, muito pouco estética; pouco capaz de uma grande concentração de espírito e de meditações longas e desinteressadas; limitado a seu ofício e ao indispensável, sem curiosidades diferentes, se acomodando a opiniões prontas, sem grande preocupação de conciliá-las, sem desejo de se abrir a novos horizontes, de renovar e multiplicar os pontos de vista, de se fazer uma concepção verdadeiramente pessoal; em suma, um espírito sem originalidade, regular, mas rotineiro e um tanto estreito.

Bem dotado quanto à atividade espontânea, na qual não faltam energia e continuidade, mas com uma lentidão característica; necessidade de movimento e resistência à fadiga, caminhante, caçador que gosta de se ocupar e se prestar de bom grado a necessidades, aliás medíocres, a ocupações artificiais e corriqueiras, criando hábitos, prendendo-se a estes, girando em seu círculo. Perseverança e calma mais por falta de reatividade e força de inércia do que por energia refletida e força de caráter; cedendo por indolência, resistente pela seqüência do movimento adquirido. Nenhuma disposição de se tornar seja um herói impetuoso, seja um herói passivo. Em uma palavra, um bom menino, um pouco maníaco, honesto e muito facilmente vivendo pelo gosto à tranqüilidade.

Repito-o, saber isso de um homem é praticamente conhecer seu caráter. Mas, do ponto de vista teórico, uma questão capital impõe-se. O encontro desses diversos elementos em um indivíduo será puramente fortuito? Poderia ocorrer, da mesma forma, que a natureza sensível de um se encontrasse associada à natureza intelectual ou ativa de outro? Esses traços não serão, ao contrário, ligados entre si por algum vínculo constante? Não é verdadeiro que eles não poderiam se combinar por acaso, que determinados traços têm uma tendência de se acompanhar, e aqueles uma espécie de repugnância invencível em se unir? Parece evidente, a priori, e a experiência o demonstra superabundantemente, que nem todas as combinações são igualmente possíveis, que há ligações, senão necessárias, ao menos relativamente constantes, que alguns elementos são dados quase sempre ao mesmo tempo, e outros muito raramente, e outros ainda nunca. É assim que pode haver uma ciência do caráter, porque devem existir leis de coexistência e leis de exclusão.

Antes de discutir a pesquisa, convém precisar sua natureza.

II — Entre os psicólogos, dissemos, é Taine que melhor parece ter posto o problema. Pode-se, pois, tomar por ponto de partida suas idéias sobre esse ponto. Todavia, elas foram tão freqüentemente exageradas e falseadas que não é inútil lembrá-las brevemente. O que sobretudo surpreende na obra de Taine, e que se retém mais, são as fórmulas violentas, de uma violência desejada, pelas quais ele exprime sua pretensão geral de estender ao mundo moral o determinismo rigoroso que não se havia ousado aplicar fora do mundo físico, de afundar no coração do homem "as tenazes de aço da necessidade". Ele alegou que a formação das grandes correntes históricas, o aparecimento e a evolução das escolas artísticas e literárias, o gênio de um escritor, de um pintor, de um escultor, são apenas "problemas de mecânica"; "um século é uma definição que se desenvolve"; "nosso espírito é uma máquina construída tão matematicamente como um relógio"; "o homem é um teorema ambulante". Eis por que se admite hoje que Taine trata do homem como geômetra, que quer deduzi-lo de certas fórmulas, que nada mais faz que combinar forças (raça, meio, momento) para construir mecanicamente a resultante. E isso, ainda que relativamente exato, está no fundo errado. Foram, com efeito, bem mais a história natural e a anatomia comparada que lhe serviram de guias. Ele é, antes de tudo, como o repete, um "naturalista do espírito"; ele quer fazer sua "zoologia moral".[1]

Ora, que nos ensina a zoologia? As características de um ser, observa Jussieu, não têm todas a mesma importância; é preciso *pesá-las*, e não *contá-las*; há os que carreguem consigo um grupo mais ou menos considerável de caracteres de menor valor, e que, por conseguinte, exercem sobre o conjunto do ser uma influência mais considerável. Por

---

1 Cf. Ribot, "Taine et sa Philosophie", em *Revue philosophique*, julho de 1887.

outro lado, os órgãos são distribuídos em uma mesma classe, segundo um mesmo plano, e não podem ser transpostos, ainda que possam ser modificados, transformados, atrofiados. Mas, segundo a lei de equilíbrio dos organismos, enunciada por Geoffroy-Saint-Hillaire, o desenvolvimento exagerado ou a atrofia de um sistema orgânico deve levar a uma atrofia ou a um desenvolvimento correspondente em outros sistemas. Pois os traços de conformação de um ser não são independentes uns dos outros; há entre eles *conexões orgânicas* e *correlações orgânicas*: "As partes de um ser devendo todas ter uma conformidade mútua; há certos traços de conformação que excluem outros; há, ao contrário, os que necessitam de outros; quando, pois, se conhecerem este e aquele traços de um ser, poder-se-á calcular aqueles que coexistem com estes ou os que lhe são incompatíveis".[2]

Em uma palavra, um ser vivo forma um sistema em que tudo está ligado e onde existe uma hierarquia de caracteres.

Todas essas leis, diz Taine, assim como outras (as da hereditariedade, da seleção, da adaptação, etc.) que regem os viventes, podem passar da zoologia à psicologia; elas se aplicam às funções da vida consciente assim como aos sistemas orgânicos.

> Há um sistema nos sentimentos e nas idéias humanas [...]. As diversas inclinações ou aptidões se equilibram, se harmonizam, se temperam umas com as outras sob alguma inclinação ou faculdade dominante [...]. Se algo se sobressai, acelera ou distorce o movimento de todos os demais [...] em uma mesma raça, em uma mesma época, a mesma constituição psicológica se encontra sob inumeráveis variedades que a furtam à primeira vista [...]. Toda mudança local acarreta uma mudança geral [...]. Os caracteres dominantes, uma vez encontrados, toda a constituição psicológica do indivíduo se deduz deles.

Com essa lógica forçada, Taine, sem nenhuma dúvida, foi longe demais; essas relações, essas dependências mútuas, ele as considera como infinitamente muito rigorosas; as comparações tiradas da mecânica, das quais ele abusa, o inclinam a considerar as coisas sob um ponto de vista muito matemático, e não rigorosamente naturalista o bastante. As formas

---

2 Cuvier, *Règne animal*, prefácio.

orgânicas não são ligadas entre si por uma necessidade da mesma ordem daquela que liga as diversas propriedades de uma figura geométrica; os caracteres subordinados não têm com os dominantes a mesma relação que as conseqüências têm com as premissas. E se o corpo organizado, se o organismo mental, forma *sistemas*, não se deve tomar essa expressão no mesmo sentido dado em mecânica a um *sistema de forças*. Feitas, porém, essas reservas, permanece que é por *analogia* com as leis orgânicas que se devem compreender as leis da composição do caráter.

III — Agora convém entender essas próprias leis zoológicas e ver em que medida, com que reservas, é possível aplicá-las ao homem moral.

Pode-se, disse muito corretamente o senhor Rabier, "constatar, entre os caracteres constitutivos, duas ordens de relações que não têm sido comumente distintas o bastante: a *coordenação* e a *subordinação*".[3] Precisemos as características. As primeiras exprimem o fato de que certas formas sempre se apresentam em conjunto, ou sempre estão ausentes juntas, ou variam juntas; onde umas se encontram, deve-se esperar encontrar as outras. "A forma do dente acarreta a forma do côndilo, a da omoplata, a das unhas [...]. Da mesma forma, a unha, a omoplata, o côndilo, o fêmur e todos os demais ossos tomados separadamente mostram o dente ou se mostram reciprocamente".[4] "Esses caracteres são, pois, co-extensivos [...], formam um conjunto, um todo, de certa forma indissolúvel; são como as peças integrantes de um certo tipo [...]. Esses caracteres podem se chamar *coordenados, conexos, correlatos*".[5] O mesmo não ocorre quando se trata da subordinação. Um caráter dominante não acarreta necessariamente tal caráter subordinado, mas *este* ou *aquele* caráter subordinado, entre certo número determinado de caracteres subordinados. O ser em quem se encontra o caráter dominante tem, por assim dizer, a escolha entre certos caracteres subordinados, mas somente entre esses. Um ser vertebrado, por exemplo, pode apresentar quatro ou cinco formas de aparelhos circulatório, digestivo, reprodutor, etc., mas não pode apresentar nenhuma outra forma que não uma dessas quatro ou cinco. De outra parte, todas dessas formas só são possíveis onde há

3 Rabier, *Leçons de logique*, p. 194.
4 Cuvier, *Discours sur les révolutions du globe*.
5 Rabier, *Leçons de logique*.

um sistema de vértebras. Por sua vez, o sistema reprodutor ou o sistema circulatório podem ser dominantes quanto a certos outros, isto é, mesmo nisso há uma ambigüidade possível, mas restrita a um número definido de formas definidas. De tal maneira que, sabendo que um animal é vertebrado, não sabemos se ele é mamífero; sabendo que ele é mamífero, não sabemos se ele é carnívoro; e assim por diante: mas, se ele é carnívoro, é necessariamente mamífero e vertebrado.

Essas relações são, pois, diferentes umas das outras; umas tornam possível a determinação de certos tipos, e outras a hierarquia desses tipos. E assim, na natureza, essas leis de coordenação e de subordinação interferem constantemente e se completam mutuamente. O que permanece manifesto é que, entre os diversos sistemas de órgãos, há relações de coexistência e exclusão de uma regularidade notável. Haverá nisso causalidade ou finalidade? Possivelmente ambas, e em todo caso não se pode dizer que uma forma orgânica cria outra, nem que esta seja simplesmente um meio em relação à primeira. Para citar apenas um caso tão singular quanto conhecido, não se pode conceber nenhuma dessas duas relações na coexistência singular, assinalada por Darwin, entre a cor branca dos pêlos e a cor azul dos olhos, de uma parte, e a surdez, de outra, entre os gatos. De fato, a coisa ocorre assim, e é tudo o que se pode dizer.

São leis análogas que encontramos entre os diversos elementos do caráter. Também aqui, sob o ponto de vista teórico, pode haver relações de coordenação e de subordinação; também aqui há coexistências e incompatibilidades regulares; também aqui se podem remeter esses encontros a leis definidas de causalidade ou finalidade. Não é preciso sempre querer explicar; constatar pode já ser algo. Mas, sobretudo, o rigor dessas leis é ainda infinitamente menor no domínio da psicologia do que no da zoologia.

IV — Consideremos as leis do primeiro gênero; elas exprimem, com um grau de precisão superior, o fato de que, num dado indivíduo, a sensibilidade, a atividade e a inteligência reagem umas sobre as outras, de maneira que a forma particular de uma está estreitamente ligada à forma particular das demais, porque elas se condicionam mutuamente e estão, por isso mesmo, em conexão recíproca. Evidentemente, não se trata de saber se a sensibilidade, a inteligência e a atividade podem se desenvolver paralelamente, ou se o desenvolvimento superior de uma acarreta necessariamente um rebaixamento correspondente da outra. O senhor Ribot protesta, muito corretamente, contra aqueles que gostariam de tratar esse assunto como puros lógicos; ele computa formas mistas, isto é, caracteres que se distinguem pela predominância simultânea de duas faculdades. Verdadeiramente interessante, em nossa opinião, é notar qual gênero de inteligência ou de atividade coincide com qual gênero de sensibilidade. Dizer, com o senhor Fouillée, que existem homens dotados de *muita* sensibilidade e, ao mesmo tempo, de *muita* inteligência e *pouca* vontade, e outros, ao contrário, com *muita* sensibilidade e *pouca* inteligência com *muita* vontade; dizer somente isso é empregar expressões muito pouco precisas e passar ao lado da questão verdadeira. Sem nenhuma dúvida, um homem de emotividade muito viva pode ser de inteligência *muito desenvolvida*, mas que provavelmente diferirá, por seu aspecto e por sua direção, da inteligência *muito desenvolvida* de que um apático também é capaz. O biólogo não se pergunta se *um sistema respiratório* se encontra com o *sistema circulatório*, mas que forma determinada de um está unida à qual forma determinada do outro. Da mesma maneira, o psicólogo deve pesquisar qual forma determinada de atividade ou de inteligência coincide com qual forma determinada de sensibilidade. Somente então se concebe o que podem ser essas relações definidas; somente então se compreende claramente que toda modificação de um dos elementos acarreta alterações correspondentes nos demais.

Uma imensidão de causas concorre para dissimular essas leis, e elas mesmas não têm um caráter de necessidade absoluta. Parece difícil, em tal matéria, dizer *nunca* ou *sempre*; trata-se de uma constância mais distinta, de uma raridade mais notável. Certos traços de caráter que parecem inconciliáveis podem, excepcionalmente, coexistir em certos indivíduos. A biologia não nos apresenta fatos análogos? Não há, na natureza, seres que "reúnem em si características que estão disseminadas em seres muito distantes", que Agassiz chama de *tipos sintéticos*, e que poderíamos chamar de tipos paradoxais? A etologia se encontra em presença de dificuldades semelhantes. Convém observar que, na maioria dos casos, certas particularidades, se as olharmos mais de perto, permitem considerar exceções aparentes como confirmações indiretas. Às vezes se produz uma espécie de acordo: os traços opostos se neutralizam, em certa medida, mas à maneira dos álcalis, que neutralizam os ácidos e geram os sais; quero dizer que, por uma espécie de interpenetração e transformação recíproca, os elementos em presença chegam a um estado de equilíbrio particular ao menos parcialmente dentro da regra. Também, às vezes, disso resulta um estado de contraste, de conflito, tal que, por uma espécie de gangorra, certo sistema de tendências só se exalta quando outro se apaga ao menos momentaneamente, a não ser que eles não entrem diretamente em luta e, de certa forma, não dividam o indivíduo contra si mesmo; e estes são não somente traços de caráter muito dignos de nota, mas também como que uma demonstração do absurdo da própria lei.

Observações da mesma natureza se apresentam quanto à lei de subordinação. O ser psicológico e moral, dizíamos, é um sistema de "elementos", mas há sempre alguma energia principal que comunica seu próprio impulso, alguma característica preponderante (a faculdade mestra de Taine) que marca sua impressão sobre as demais funções, ao redor da qual gravita e da qual depende mais particularmente todo o resto. Tal característica não é somente dominante, mas merece ser chamada de dominadora, pois sua presença ou falta acarreta a presença ou falta de todo um grupo de outros caracteres coordenados entre si. Ele é dominante também no sentido de que tem pela definição da espécie uma importância mais considerável, de tal maneira que dois indivíduos se assemelham mais entre si quando a possuem em comum, ainda que difiram quanto a outros aspectos, do que se se assemelhassem em outros pontos e diferissem nesse.

Aqui só não há uma hierarquia tão fixa e constante quanto na biologia. Segundo cada indivíduo, é ora a sensibilidade, ora a atividade, ora a inteligência que são dominantes. Ainda sob essa perspectiva, a zoologia pode nos fornecer pontos de comparação. "A importância de um órgão", escreve Milne-Edwards, "pode variar consideravelmente de um animal para outro, e determinada parte que, de certa forma, predomina sobre toda a economia em certas espécies, em outras encontra-se decaída de seu posto e reduzida a um papel secundário".[6] Em psicologia, poderíamos quase dizer que essa inversão é a lei, de tal forma que o caráter

---

6 Citado por Rabier, *Leçons de Logique*, p. 211: "Assim a fórmula dentária, tão importante entre os mamíferos, como o mostrou Cuvier, perde grande parte de seu peso entre os vertebrados de sangue frio [...]. O modo de placentação comumente acarreta todo um conjunto orgânico, mas há certas exceções. Assim, o cervo almiscareiro, que é um ruminante, deveria, por sua placentação, pertencer à ordem dos carnívoros. Também se sabe que o valor das características varia para um mesmo ser nos diversos estados de sua evolução".

dominante deve ser tomado, segundo cada caso, ora de uma, ora de outra das grandes funções da vida consciente: a única dificuldade é saber quantas funções fundamentais serão computadas.

Isso não altera o fato de que o indivíduo cuja característica principal sendo esta ou aquela faculdade dominante tenha, como o dissemos anteriormente, escolha entre certo número de formas determinadas no que diz respeito às demais faculdades. E essa ambígua possibilidade é também muito interessante de se notar com precisão; ela completa o sentido e a abrangência das leis de coordenação, pelo fato mesmo de que as limita. Ela as limita, mas não as suprime. É assim que um homem em quem o traço saliente da fisionomia moral seja uma certa forma de sensibilidade, poderá apresentar este ou aquele traço no que diz respeito à atividade ou à inteligência. Um indivíduo em quem a característica marcante seja uma sensibilidade obtusa e lânguida (um apático) poderá ser um *inerte* ou um *ativo*, um espírito estreito e *rotineiro*, ou, ao contrário, dotado de altíssima inteligência. Eis a ambigüidade. Mas, por outro lado, sua atividade e inteligência terão, todavia, um vigor *sui generis*, que não será o mesmo num *sensitivo* de alta inteligência e de grande atividade: eis a correlação. E, em conseqüência, se a característica dominante em outro indivíduo deve ser tomada da atividade, poderá ocorrer que essa mesma forma de atividade permita a escolha entre diversos modos de sensibilidade, mas que, também estes, tenham um vigor comum e assim se diferenciem do apático que acabamos de supor.[7]

Essas considerações gerais, evidentemente, não podem ter a pretensão de ser o bastante. Elas só podem ser detalhadas e tornar-se instrutivas pela aplicação que delas se fizer quando se tentarem formular algumas dessas leis. Todavia, elas não nos parecem inúteis para, em primeiro lugar, melhor fixar o sentido de nossas investigações, e, depois, para fazer pressentir a singular complexidade do problema e talvez perdoar em parte o que vier necessariamente incompleto nos capítulos seguintes.

---

7 Observemos que disso resulta esta conseqüência: as alterações adquiridas e as modificações posteriores, no que diz respeito a esta ou aquela função, acarretarão em todo o resto do sistema alterações correlatas e tanto mais profundas quanto a transformação primitiva tiver alcance sobre uma característica mais importante. É um ponto que examinaremos na terceira parte.

CAPÍTULO II

DAS RELAÇÕES EXISTENTES ENTRE OS MODOS DA SENSIBILIDADE E OS DA INTELIGÊNCIA

1 — Os psicólogos, desde sempre, professaram que relações singularmente estreitas ligam a sensibilidade e a inteligência. Mostramos que a exaltação, a depressão ou a desorganização de uma geralmente é acompanhada de modificações correspondentes na outra. A discordância começa quando se trata de saber se uma das funções da vida consciente é exclusivamente condicionada pela outra, e qual é a subordinada e dependente. A escola intelectualista (de origem cartesiana), para a qual sensibilidade é apenas inteligência obscurecida, devia naturalmente considerar os fenômenos afetivos sob a dependência dos fenômenos intelectuais. Segundo ela, não são somente as sensações representativas que remetem a pensamentos confusos: são também os prazeres e

os sofrimentos, as emoções e as paixões que consistem essencialmente em idéias inadequadas, numa perturbação da razão e, como já diziam os estóicos, em julgamentos falsos. Herbart e sua escola representam essa doutrina sob sua forma moderna; é o curso das representações, sua lentidão ou rapidez, sua incoerência ou coerência; são as relações que sustentam as representações entre si que constituem as emoções e todos os estados afetivos. Poderíamos mesmo considerar alguns alienistas e fisiologistas como mais ou menos expressamente ligados a esse sistema: Esquirol, por exemplo, e em parte o senhor Charles Richet. Ao contrário, a escola fisiologista, que poderíamos aqui chamar de escola sensualista, considera de bom grado a inteligência como um fenômeno secundário, sobreposto, e por isso avalia que ela é sempre condicionada pela sensibilidade. Não nos limitamos a retomar, modificando-os, todos os argumentos de ordem propriamente teórica que Schopenhauer havia acumulado para despojar a inteligência de sua supremacia. Dirigimo-nos aos fatos e tentamos estabelecer, pela observação clínica, pelo estudo dos casos patológicos, pela própria experimentação, que o estado do pensamento resulta do estado da sensibilidade, que as alterações de ordem intelectual que se manifestam em todas as psicoses derivam de alterações de ordem afetiva, que não soubemos perceber, ou que havíamos considerado como efeitos concomitantes, quando, na realidade, são as verdadeiras causas. Quisemos mostrar que toda coordenação ou falta de coordenação mental tem por condição necessária e suficiente a organização ou a desorganização das tendências sensíveis; que a falta, o excesso, o grau variável de sistematização dos sentimentos e das emoções bastava para explicar a lentidão ou a rapidez, a coerência ou a incoerência das idéias. Invertendo, num certo sentido, os termos da doutrina de Herbart, para quem os estados afetivos "provêm" de perturbações ocorrendo no "curso das representações", sustentamos que o vínculo subjacente de nossas associações de idéias é sempre um estado afetivo. Não queremos aqui discutir a teoria, que, em seu conjunto, nos parece mais próxima da realidade do que a precedente. Apenas observemos que a maior parte de verdade que ela contém não deve nos fazer ignorar a verdade oposta, a saber, que a inteligência reage profundamente, por sua vez, sobre a sensibilidade, que a penetra, transforma, comprime ou alarga, modifica sua direção, altera sua natureza mesma. Parece bem estabelecido, por exemplo, para certas doenças mentais consistindo essencialmente em disposições particulares da sensibilidade (a melancolia, entre outras), que não somente as idéias podem desenvolver desordens afetivas, aumentá-las de alguma maneira por uma espécie de choque reverso, mas talvez ser também sua causa determinante.[1]

O que permanece incontestável, e que ressalta com perfeita evidência da obra inteira das neuropatologias, é que em todas as formas de alienação mental, em todas as psicoses, existem desordens simultâneas e correlatas na esfera da sensibilidade e na esfera do pensamento. Relações de mesma ordem e tão estreitas quanto devem, sem dúvida, se encontrar no estado normal, e são estas que se trata aqui de identificar. Se, pois, somos freqüentemente levados, na seqüência, a lembrar os resultados aos quais a patologia mental chegou, isso será somente para mostrar, de forma mais marcante, os fatos também reais, ainda que infinitamente menos aparentes, que se produzem no homem são, ou reputado como são, o único que estamos a estudar.

II — Uma primeira questão se impõe: o desenvolvimento da inteligência é inversamente proporcional ao desenvolvimento da sensibilidade? Ou, mais exatamente — pois nesses termos muito gerais e vagos a questão estaria mal posta —, é verdadeiro que, como o exprime o senhor Letourneau, "o que o homem ganha em impressionabilidade moral, ele perde em poder intelectual e vice-versa"?[2] É verdadeiro que a superatividade intelectual tenha como condição uma depressão da sensibilidade, que os homens em quem se encontre uma capacidade de pensamento verdadeiramente superior devam redimir essa superioridade por uma espécie de atrofia da afetividade, de tal forma que o sentimento, a emoção e a paixão se encontrem, como o pensa o senhor Ribot, excluídos o mais completamente possível de suas vidas? Cremos poder atribuir causas fisiológicas a esse pretenso antagonismo. "A vida intelectual", escreve o Doutor Lange,

> depende das funções vasomotoras [...], as operações intelectuais pressupõem um aumento do afluxo sanguíneo do cérebro e são, em parte, condicionadas por esse fenômeno; naturalmente, esse

---

1 Cf. Griesinger, Schülle, Ball, etc.
2 Letourneau, *Physiologie des passion*, p. 27.

aumento não se produz nas partes do cérebro preferencialmente afetadas nos estados emocionais.[3] Há, assim, até certo ponto, uma oposição vasomotora entre a vida intelectual e a vida afetiva.[4]

Se todas essas observações pudessem ser tomadas num bom sentido, certamente não as contradiríamos, e rapidamente teríamos ocasião de tirar partido delas. Mas não se deveria concluir que um indivíduo dotado de altas capacidades intelectuais não possa viver ao mesmo tempo uma vida afetiva muito intensa, e que um homem de natureza francamente emocional não possa ser muito inteligente e mesmo muito *intelectual*. Não se deve tomar a rigor a fórmula de Maudsley: "Para conhecer, é preciso sentir pouco".

Seguramente, não bastaria, para discutir essa opinião, fazer observar que bem freqüentemente o obscurecimento da inteligência caminha junto com o da sensibilidade; pois jamais sustentamos que a apatia fosse uma condição suficiente do desenvolvimento intelectual. Como admitir, porém, que essa apatia seja uma condição, nem mesmo necessária, mas simplesmente favorável ao exercício do pensamento? No idiota, no débil, no fraco de espírito, nas pessoas obtusas e medíocres é manifesto que a queda intelectual se deve, em grande parte, ao estado de "estupor sensível" do qual participam não somente as formas superiores do sentimento ou da emoção, mas a sensibilidade animal, se podemos dizê-lo, e os próprios sentidos. Esse torpor só pode ser muito desfavorável para a aquisição, conservação e elaboração intelectual. Não se quer aqui falar de uma depressão mórbida da sensibilidade; apenas afirmamos que a constituição da inteligência abstrata e científica, num sistema relativamente independente e predominante, seria difícil, no caso em que o indivíduo se encontrasse dotado de uma sensibilidade aguçada, de uma excitabilidade excessiva e desregrada, tumultuosa e espasmódica. Mas talvez haja nisso um mal-entendido. Essa emotividade — que também é mórbida — será a única forma de impressionabilidade moral viva e forte? Será necessário ser a vítima de seus nervos aterrorizados para ser dotado de uma sensibilidade profunda e extensa? Não há emoções — e as mais complexas, as mais elevadas —, paixões vivas e agentes, de ordem mo-

---

3 É inútil mostrar tudo o que há de hipotético em uma afirmação como essa.
4 Lange, *Les Émotions*. Paris: Félix Alcan, pp. 139–140.

ral, social, estética, científica, das quais ainda se é capaz, mesmo com a inteligência altamente especulativa? Não será mesmo graças ao desenvolvimento da inteligência que alguns se tornam dela capazes? "Porque Kant", o disse o senhor Fouillée respondendo ao senhor Ribot, "todo dia fazia, na mesma hora, seu passeio sob as árvores de Koenigsberg; por causa disso faltava-lhe sensibilidade, a ele que, sabendo da Revolução Francesa, gritou com lágrimas nos olhos: 'Posso dizer agora com Simeão, *nunc dimittis servum tuum, Domine*'?".[5] E, enfim, as próprias coisas do pensamento podem ser objetos de sentimento; não pensaríamos em nada se não nos interessássemos por nada, se não nos tocássemos por nada. Um Espinosa, um Newton, um Mentelli, um Bordas-Demoulin não eram puramente apáticos, pois não poderíamos negar-lhes a paixão pelo pensamento, por procurar e conhecer.

Não se trata de opor à teoria que discutimos uma teoria diametralmente contrária e cujos elementos poderíamos encontrar nos ensaios interessantes de Charles Richet. "O desenvolvimento do sistema sensitivo", escreveu ele, "é correlato ao desenvolvimento das forças intelectuais". E também: "Poderíamos quase medir a inteligência de um indivíduo pela sua sensibilidade". O que é verdadeiro é que, de uma parte, há certa disposição da sensibilidade (o excesso de emotividade) que é oposta ao pensamento puro, e que, reciprocamente, há certa direção da inteligência que se concilia mal com a superexcitabilidade afetiva. Por outro lado, a falta de sensibilidade pode contrariar o completo florescimento das funções intelectuais, e a falta de inteligência contribui para atrofiar certas formas da sensibilidade. O que é verdadeiro, sobretudo, é que se todos os *graus* de inteligência são compatíveis com todos os *graus* de sensibilidade (salvo, manifestamente, os casos verdadeiramente muito mórbidos), ao menos esta ou aquela *forma* de inteligência se acomoda melhor a esta ou àquela *forma* de sensibilidade. Em uma palavra, o apático, o sensitivo, o emocional e o passional são naturalmente inclinados a certas qualidades e a certos defeitos de espírito; eles são, em certo sentido, predestinados a possuir uma natureza definida de inteligência, à exclusão das demais.

São precisamente essas relações muito delicadas de coexistência ou de exclusão, essas leis de correlação entre os modos da sensibilidade

---

5 Fouillée, *Tempérament et Caractère*. Paris: Félix Alcan, p. 110.

e os da inteligência, que precisamos esboçar em forma de pesquisa. A sensibilidade e o pensamento, que são, em um sentido independentes, por outro lado estão em perpétuo estado de ação e reação recíprocas, e, por isso mesmo, mutuamente condicionados um pelo outro, interpenetrando-se e modificando-se de forma muito íntima. Sem julgar nada previamente, e simplesmente pondo em ordem essas observações, vamos ver, de início, de que maneira a sensibilidade condiciona a inteligência, depois estudar o que poderíamos chamar de sensibilidade da inteligência e, enfim, pesquisar que influência a inteligência pode exercer sobre a sensibilidade.

III — Para evitar generalidades vagas e abordar na seqüência o detalhe concreto dos fatos, um método parece se apresentar naturalmente: tomar por ponto de partida a classificação dos modos essenciais da sensibilidade acima proposta e examinar qual natureza de espírito é mais particularmente associado a cada um.

A. — O apático. Temperamento equilibrado e calmo. A sensibilidade geral é obtusa: nem melancólica, nem alegre; a emotividade é nula, ou ao menos inferior à média; sem ardor, os desejos permanecem fracos e moles. Sem paixão: as marcas características são a indolência e a indiferença.

Aqui se deve, naturalmente, deixar de lado as pessoas que, sob certos aspectos, se podem classificar entre os apáticos, mas em quem o estudo, o conhecimento, a atividade intelectual são uma necessidade, um prazer ou uma paixão: vamos reencontrá-las depois.

Essa disposição da sensibilidade, se muito acentuada, é, como já o dissemos, muito desfavorável às aquisições intelectuais, à prontidão e à facilidade de assimilação, à vivacidade de espírito. A criança apática conserva uma atitude adormecida; falta-lhe singularmente curiosidade; quase nenhum dos objetos ou das pessoas ao seu redor, ou dos eventos que testemunha, lhe interessam ou a seduzem. Ela é pouco questionadora e pouco observadora. Sua memória é lenta, preguiçosa, sem agilidade e sem extensão; sua imaginação é lerda, apagada, muito mais reprodutora do que criadora; as associações são pouco rápidas e se fazem mais por contigüidade do que por semelhança ou contraste. Essa diminuição se estende à inteligência inteira, que, no entanto, não é lesada em seu funcionamento. A concentração da atenção se opera também com menos espontaneidade e rapidez; ela apresenta freqüentemente um caráter marcante de falta de energia. O julgamento não tem fineza, pertinência, originalidade e criatividade.

Por outro lado, essa pode ser uma aptidão favorável à apropriação durável, à compreensão. Aquilo que foi adquirido, o foi solidamente e para muito tempo; a memória ganha em tenacidade e em fidelidade o que ela perde em facilidade e em prontidão; as associações têm o tempo de se corrigir umas às outras; a atenção, uma vez fixada, poderá se manter, e sua continuidade e persistência poderão compensar sua falta de vigor e de rapidez. O julgamento terá precisão, justiça, retidão, prudência: o espírito será facilmente metódico, prático, lógico; a aptidão para o raciocínio correto e para a reflexão aparecem freqüentemente cedo entre as crianças dessa classe.

Essas falhas e qualidades poderão, ademais, apresentar-se em graus muito variáveis, combinar-se ou preponderar umas sobre as outras em proporções tão diversas que é impossível enumerar e determinar rigorosa e completamente. Os menos felizmente dotados — exceção feita ao idiota, ao estúpido, ao débil — serão os espíritos estreitos e rotineiros, lerdos, densos e lentos, que compreendem pouco e mal, incapazes de encontrar qualquer coisa por si mesmos e cujas qualidades se reduzem, em última análise, à falta de certos defeitos, como leviandade, dissipação, incoerência, agitação confusa. Outros, superiores, mesmo que ainda incompletos, terão bom senso, mas vulgar; julgamento, mas sem fecundidade e sem brilho: espíritos honestos, retos, refletidos, mas sem poder e sem evasões. Os mais eminentes, enfim, terão aptidões mais ou menos notáveis ao pensamento sério e aplicado: observadores conscientes, geômetras dedutivos, historiadores que confrontam escrupulosamente fatos e documentos, filólogos pacientes, divulgadores de idéias não sem talento, especialistas não sem utilidade.

Mas, por mais elevada que seja, a inteligência entre os homens dessa espécie jamais terá a curiosidade universal que faz experimentar tudo, interessar-se por tudo, iluminar tudo. Ela jamais terá a rapidez da intuição, a versatilidade de abordagens, a coragem da imaginação, a originalidade dos pontos de vista, o dom da invenção, o poder de renovação dos problemas e das soluções que fazem o grande artista e, em todas as esferas do pensamento, o gênio criador. Em todos os graus, o que é manifesto é a ponderação, a regularidade, com falta de fogo, de vivacidade, de imprevisto e de inspiração.

B. — Os sensitivos. Lembremos que esse nome foi reservado aos indivíduos de sensibilidade viva, geralmente superficial e volúvel, expansiva e, de bom grado, exuberante, voltados de preferência para o prazer, para a excitação. São aqueles a quem Kant chama os "sangüíneos ligeiros", e o senhor Fouillée, os "sensitivos de reação imediata", e nos quais há sempre algo que lembra a juventude e a infância.

Com uma natureza assim sensível, todos os graus de inteligência são possíveis, mas não todas as formas.

Encontramos aqui uma disposição da sensibilidade evidentemente favorável às aquisições intelectuais, à curiosidade, à vivacidade: o espírito é mais capaz de se interessar por muitas coisas, de apreender com facilidade, de abrir-se a numerosos sistemas de idéias. Mas, por outro lado, terá sempre rapidez, irreflexão, desatenção; a própria multiplicidade de impressões e de pontos de vista e sua volubilidade impedirão a meditação prolongada, a aplicação sustentada, e prejudicarão a perseverança no esforço, única forma de se ir ao fundo das coisas. Aprender rápido freqüentemente significa compreender menos; aflorar uma imensidão de questões impede escavar seus sulcos, porque não se dá o tempo para penetrar as idéias, nem para se deixar ser invadido por elas.

Adentremos agora no detalhe. A memória é fácil e imediata, bastante rica e variada, mas de apropriação menos durável e de fidelidade menos feliz. A imaginação é viva, volúvel sem excesso, divertida e sorridente, nem atormentada, nem atormentadora, pouco sonhadora e sentimental, de forma alguma obsessiva, voltada para o futuro e o exterior, fácil de se contentar, espontaneamente otimista. As associações de idéias são rápidas e um pouco frouxas; fazem-se de melhor grado mais por semelhança e contigüidade do que por contraste, e não são governadas por relações lógicas muito definidas e estáveis. A atenção, suscetível de uma tomada imediata e enérgica, quase sempre precisa ser provocada e sustentada por estados afetivos; uma sensação, um sentimento, um interesse presente: daí o uso, por certos indivíduos dessa categoria, do que foi chamado de "condimentos da atenção". A atenção também é desigualmente concedida e dispersada; o sensitivo não a dirige e não a dispõe a seu agrado, não sabe protegê-la contra as solicitações externas;

tem uma tendência marcante a tornar-se um distraído-dissipado. O julgamento, por fim, é imediato, impulsivo; o indivíduo tem olhar aguçado, originalidade, espírito, às vezes o sentido das nuances, certa habilidade em ver o ponto fraco, as coisas ridículas das pessoas e das coisas, e também em descobrir as relações distantes e delicadas, e mesmo uma penetração intuitiva, que o faz capaz de verdadeiros achados. Mas o espírito não é calmo e acomodado; ele peca por falta de prudência, ponderação, raciocínio e firmeza lógica.

Também aqui, qualidades e defeitos oscilam desigualmente. Entre os mais medíocres, vemos a vivacidade e a volubilidade se traduzirem em facilidade deplorável para passar de uma idéia a outra, falação inesgotável, gosto deplorável por gracejos, trocadilhos, indefinições; eles são nebulosos e confusos, ilógicos com gracejos felizes; são espíritos falsos e superficiais, sempre desorientados, e que, no entanto, aqui e ali têm idéias engenhosas e senso de proporção. Pois, em meio a esse vaivém perpétuo de representações que se sucedem e se perseguem, o controle da razão não intervém, e a triagem e organização das idéias sensatas só se faz com dificuldade: aqui vemos aparecer algo da incoerência que se encontra ampliada na mania e na embriaguez extrema. Há outros, já superiores, em quem esses defeitos são menos acusados: provocadores espirituosos, ladrões de idéias e de teorias, com flexibilidade e engenhosidade, mais brilhantes que sólidos, mais abertos que firmes e metódicos. Os mais bem dotados, enfim, serão observadores perspicazes, literatos pitorescos, inventores, diletantes curiosos, mas não espíritos organizadores e construtivos, dialéticos sólidos e filósofos sistemáticos e sintéticos.

Há aí, pois, uma natureza particular de inteligência, que em todos os graus se encontra com seus traços característicos e entra, mais ou menos no gênero dos nebulosos, ou ao menos no dos dispersos.

c. — Os emotivos. Quais são os efeitos gerais da emotividade sobre as operações intelectuais?

Muitas vezes foi observado[6] que, em geral, a emotividade está acompanhada de imensa superatividade da memória. Uma distinção, porém, se faz necessária. Trata-se aqui da fixação das lembranças? É manifesto que nelas a emoção desempenha um papel considerável: o

---

6 Cf. Alexander Bain, Wundt, Charles Féré, etc.

que nos emociona vivamente tem mais chance de se gravar no espírito, e essa é uma observação banal. Mas é preciso acrescentar, em seguida, que a emotividade torna a memória parcial, porque a solicita em um sentido definido e a leva a negligenciar, nos objetos e nas circunstâncias, tudo que não tem valor emocional e mesmo tudo que não tem relação com a emoção atual. Efeitos análogos devem ser notados no que diz respeito à restauração. A evocação das lembranças se faz segundo relações de uma natureza particular, que já tivemos a ocasião de assinalar; as relações lógicas e propriamente intelectuais são a todo momento modificadas pela intervenção da emoção. Daí também provêm lacunas singulares, ao lado de uma tenacidade surpreendente, infidelidades e confusões estranhas. Tive a ocasião de observar, entre temperamentos dessa natureza, exemplos incríveis da espécie de amnésia especializada: eles pareciam ter esquecido totalmente, numa fase nova de sua existência sentimental, fatos e pessoas que tinham desempenhando em sua vida um papel excepcional. O estado da memória entre os histéricos nos mostra a coisa com um relevo sobressalente.

A emotividade, por outro lado, está ligada ao desenvolvimento da faculdade imaginativa: a emoção, com efeito, anima e colore a imagem, e esta, por sua vez, é eminentemente apropriada para entreter e renovar a emoção. O emotivo tem uma disposição singular para viver no passado e no futuro; a atividade imaginativa, por seu lado, retira em grande parte suas forças da emoção. "Os trabalhos de imaginação", escreveu Charles Féré, "necessitam de uma condição prévia, uma excitabilidade nervosa, que freqüentemente se reduz à doença e é essa excitabilidade nervosa que na realidade é a causa de todos os males de que foram capazes os homens cuja imaginação é a mais viva".[7] Quanto mais a emotividade se exalta, mais a imaginação se torna desregrada e febril. Essa marcha paralela poderia facilmente ser seguida quanto a maioria dos artistas. Veríamos também a diferença que há entre o gênero de imaginação do emotivo e o do sensitivo propriamente dito. Taine, na sua *Philosophie de l'art*, deu, quanto a esse ponto, indicações penetrantes.[8] Seja como for, é a emotividade que dá à imaginação o

---

7 Charles Féré, *La pathologie des émotions*, p. 223.
8 Cf., em particular, I, pp. 163 e ss.: "Nossos maiores coloristas, literatos ou pintores são visionários exaustos e loucos [...]. Os artistas da Renascença são visionários", etc., etc.

seu poder e a sua chama; também é ela a principal peça do temperamento intelectual do artista.

Ela é também, aliás, um obstáculo ao equilíbrio intelectual, às faculdades de julgamento, de raciocínio, de controle, ao governo do pensamento. Ela provoca uma agitação perigosa, falta de clareza e de conseqüência; "à parte momentos de feliz inspiração, o espírito só produz, antes de qualquer coisa, idéias confusas". Nossos julgamentos são falseados, nossas convicções, pervertidas; somos atingidos por uma espécie de cegueira intelectual. Temos, a esse respeito, um testemunho curioso de Jean-Jacques Rousseau, cuja lembrança não é sem interesse. "Duas coisas quase inalienáveis", disse ele,

> se unem em mim sem que eu possa conceber como: um temperamento muito ardente, paixões vivas, impetuosas, e idéias de nascimento lento,[9] embaraçadas, e que só se apresentam em retrospectiva. Poderia dizer que meu coração e meu espírito não pertencem ao mesmo indivíduo. O sentimento, mais súbito que o raio, preenche minha alma; mas, em vez de me iluminar, ele me queima e cega. Sinto tudo, e nada vejo. Sou arrebatado, mas estúpido; preciso de sangue frio para pensar [...]. Essa lentidão no pensar, juntamente com a vivacidade no sentir, não a tenho somente na conversa, mas também só e quando trabalho. Minhas idéias se arranjam na minha cabeça com a mais incrível dificuldade: circulam surdamente, fermentam até ao ponto de me comover, me aquecer, me dar palpitações; e, em meio a toda essa emoção, não vejo nada claramente, não poderia escrever uma única palavra; preciso esperar.[10]

Correndo o risco de aparentemente querer abusar das subdivisões, é necessário aqui estabelecer uma distinção. Dissemos que há duas grandes categorias de emoções — as estênicas e as astênicas —, ou, melhor, que há um tipo de emotividade que se manifesta sobretudo pelo estímulo, e outra pela depressão. Seus efeitos particulares sobre a inteligência merecem ser estudados à parte; eles apresentam, com efeito, ao lado das analogias profundas, diferenças que não poderiam ser negligenciadas.

---

9 Entenda idéias *claras*, pois, por outro lado, há, como o mostra o resto da passagem, uma nebulosidade muito rápida de impressões confusas.
10 Rousseau, *Confessions*, parte I, livro III.

No primeiro caso, o que é notável é uma superatividade difusa e generalizada da memória e da imaginação, com diminuição considerável do tempo de associação; mas as associações se tornam então irregulares e inconstantes. A emotividade irritável se traduz por saltos bruscos de idéias, mudanças súbitas de orientação mental; a atenção é desordenada: ou procede por pulos desordenados, ou se fixa subitamente como que sob o império de uma verdadeira obsessão: "Por forte que seja certo hábito", diz ainda Rousseau, "um nada me distrai, me muda, me perturba, enfim, me apaixona: e então tudo foi esquecido, agora só penso no novo objeto de que me ocupo". Assim se explicam também o amor aos objetos imaginários, à utopia, ao gosto pelo paradoxo, à polêmica, a combatividade intelectual, a falta de lógica, uma desproporção assustadora entre as opiniões e os fatos que as provocam, exagero nas apreciações, manias e difamações sem medida, às vezes sem motivo, uma singular falta de aptidão ao raciocínio abstrato.

As emoções deprimentes (tristeza, melancolia, emoção sensível) provocam, por outro lado, uma lentidão psíquica geral. Exner,[11] de Vintschgau e Dietl[12] estabeleceram experimentalmente que, sob a influência de emoções penosas, o tempo de associação é consideravelmente alongado por várias horas, às vezes por vários dias. Todos os autores que estudaram a melancolia fizeram observações análogas.[13] A imaginação é bem desenvolvida, mas em certa direção não é mais tão viva, volúvel e entusiasmada; torna-se sonhadora, sentimental, hábil em representar, a propósito de tudo, os mesmos lamentos, as mesmas apreensões, a prever infortúnios, a forjar para si quimeras desoladoras, a se criar angústias vãs. A atenção é lesada também aqui, mas de maneira muito diferente: é uma espécie de concentração, de absorção interior, de ruminação psíquica incidindo sobre lamentos, misérias, inquietudes reais ou imaginárias, mas sempre estranhamente amplificadas. O pensamento também se torna, bem freqüentemente, de excessiva timidez, de desconfiança extrema, que se manifesta por escrúpulos exagerados, uma hesitação quase doentia para sua conclusão, uma oscilação indefinida de razões antagonistas — algo como um vago começo de tolice, de dúvida.

11 *Archives de Pflüger*, VII, pp. 628 e ss.
12 Ibid., XVI, p. 330.
13 Cf. Griesinger, Schüle, Ball, Magnan, Dumas, etc.

Em resumo, as emoções estimuladoras agiriam no sentido da dispersão, e as emoções deprimentes no sentido da aglutinação mental; mas, como ambas repousam sobre um fundo de fraqueza e desorganização nervosa, há uma espécie de incompatibilidade natural (mas nem sempre radical) entre a emotividade e o poder de controle intelectual, a calma e a lucidez do pensamento, a coordenação lógica e metódica das idéias. Entre os emotivos, o "bom senso" não é "a coisa melhor distribuída do mundo".[14] Não que, em certos casos, a inteligência não possa ser muito elevada, pois se há os absolutamente medíocres e inteiramente incoerentes, há outros de uma potência singular e riqueza de imaginação, de espírito penetrante e sutil, e que tocam o gênio, um pouco, é verdade, na medida em que o gênio é uma neurose. Mas com dons estéticos eminentes, entusiasmo ou delicadeza, vôos magníficos ou graças cativantes, eles procedem sempre como foguetes, sem equilíbrio e serenidade, aptidões científicas, ao menos na ordem da especulação abstrata.

D. — Os passionais. É preciso dizer mais uma vez que todos os graus da inteligência podem se encontrar unidos em uma natureza passional, desde a bruta até a de um Lutero ou a de um Lamennais. Mas não há sempre uma espécie de fisionomia comum? É o que convém examinar.

A memória, que pode ser muito desigualmente fácil, rica e versátil, é geralmente precisa, viva e tenaz, mas também é parcial, não se detendo, e só retendo o que importa à paixão, com lacunas singulares. A imaginação apresenta os objetos de predileção com um relevo impressionante; ela é crescente, ardente, absorvente, impetuosa, ao serviço dos apetites e dos desejos, de forma alguma contemplativa e nem abatida ou sentimental, senão, às vezes, por um efeito de contraste violento. As associações, geralmente por semelhança, são governadas pela paixão dominante que evoca apenas lembranças, imagens, idéias que lhe são conformes; esses elementos estão, aliás, fortemente ligados entre si em um sistema estável, e com dificuldade se prestam à dissociação que lhes permitiria participar de novas sínteses, recombinar-se segundo um plano diferente: daí vem algo um pouco estreito e curto no aspecto geral

---

14 Mozart precisou em toda a sua vida de um tutor, e Byron, diz seu biógrafo e amigo Moore, "era quase incapaz de seguir um raciocínio regular".

do espírito. A atenção é vigorosa, mas lhe falta independência; não se presta de bom grado a todo tipo de coisas; às vezes sofre uma espécie de fascinação, outras vezes se fecha com alguma brutalidade. O pensamento é comumente concreto, inábil em lidar com abstrações e com altas generalidades; é corajoso, impetuoso, poderoso entre os maiores, entusiasmado e excessivo, incitando até o extremo, até o absurdo, freqüentemente agressivo e comprazendo-se com violências excessivas; de uma lógica especial, viva e inflamada, destacando-se em lançar de um golpe e com uma força singular todas as idéias, todos os argumentos para um único objetivo claramente visto. O pensamento é capaz de trazer tudo para si e seu ponto de vista, e de em meio a múltiplos circuitos voltar a seu centro permanente. Por isso mesmo, a inteligência é levada a negligenciar muitas questões e muitos aspectos das questões consideradas, compreendendo mal tudo que contraria seu sistema, adentrando com dificuldade em idéias e teorias alheias, praticamente não se detendo às objeções e não lhes atribuindo seu verdadeiro valor, ignorando a arte de duvidar onde é necessário, as reservas prudentes, as atenuações e os escrúpulos do pensamento. De convicções inteiras, eles vêem claramente o que vêem, destacam-se em interpretar todos os fatos no sentido de sua paixão, em encontrar provas em apoio a seus amores, seus ódios, seus ciúmes, suas desconfianças — mas são como que cegos quanto ao resto e, por seus exageros mesmos, chegam aos mais extravagantes erros. Assim, a "clarividência da paixão" se concilia com a "cegueira do amor". "O primeiro suspiro de amor", diz Young, "é o último da sabedoria". Assim, se é verdadeiro dizer que "as grandes paixões alimentam o espírito", não é errado acrescentar que, "se há uma plenitude de paixão, não pode haver um começo de reflexão".[15]

É evidente, aliás, que é preciso considerar a natureza e o valor das paixões. Há pessoas baixas e bestiais que retêm a inteligência e não usufruem nenhuma atividade mental; há nobres e orgulhosos que só condizem a um espírito largo e generoso, que solicitam o movimento do pensamento e exaltam sua engenhosidade; há quem só pode viver nas trevas, e outros, que só se desenvolvem na luz. "Há paixões", diz ainda Pascal, "que fecham a alma e a tornam imóvel, e há paixões que a fazem crescer e se expandir para fora".

---

15 Pascal, *Pensées*. Ed. Havet, II, p. 259.

iv — Essas relações entre sensibilidade e inteligência são também complicadas porque a própria inteligência pode ter, por assim dizer, sua sensibilidade própria. Quero dizer que, como toda tendência, as intelectuais fazem fenômenos de ordem afetiva aparecerem. Existe, com efeito, uma necessidade de atividade intelectual, assim como há a necessidade de atividade muscular; ambas são desigualmente repartidas. Muito desenvolvida em certos indivíduos, ela é, em outros, reduzida ao seu mínimo. Diferente não somente em grau, mas em direção e natureza, contribui para ocasionar diversidades individuais características.

Deixemos de lado aqui, evidentemente, os homens em quem a atividade propriamente intelectual é atrofiada, seja congenitamente, seja por problemas de desenvolvimento, seja pela falta de exercício habitual e prolongada. Eles não têm nem a aptidão, nem o desejo pelas coisas do espírito; ignoram seus prazeres, tão vivos em outras pessoas; sem curiosidade elevada, passam a vida sem nem suspeitar que existam problemas além da esfera dos interesses, dos hábitos, da rotina profissional, da vulgaridade diária. A preguiça intelectual está no fundo de sua natureza. As palavras *beleza*, *verdade*, *arte*, *ciência*, *filosofia*, não têm sentido para eles. Em seqüência, vamos aos próximos, aos que pensam e gostam de pensar, para mostrar brevemente as nuances que os distinguem sob o ponto de vista que nos ocupa.

Encontram-se homens para quem certo trabalho intelectual é necessário, mas como uma função natural com a qual se satisfazem sem que ela tenha nada de tirânica; isso não é nem um desejo bem vivo, nem um prazer sedutor: eles pensam, como se respira ou fuma, por um efeito de hábito, ou simplesmente porque seu cérebro é assim construído, porque a vida consciente neles se traduz espontaneamente pelo manuseio das idéias, como, em outros, pelo movimento muscular ou pela sensibilidade. Há outros indivíduos para quem a atividade intelectual é uma necessidade imperiosa, incessantemente se renovando; não pensar lhes é penoso; não podem parar de ler, de estudar, de procurar: seu espírito está sempre desperto, à procura de novos prados; certamente, nem chegam a se aprofundar em todas as questões que abordam, mas tocam muitas questões; o repouso do pensamento produz neles rapidamente um estado de inquietude, de desconforto, ou mesmo de sofrimento: não somente o apetite; é a fome de saber, ou ao menos de se ocupar. Até em suas distrações se manifesta essa necessidade: eles amam os jogos de raciocínio, os que demandam atenção, combinações (uíste, xadrez, etc.), e cujo principal estimulante é precisamente que lhes dêem ao menos a ilusão de ser uma ocupação intelectual. Ocorre freqüentemente, também, que essa necessidade, em vez de se estender a toda espécie de questões, limite-se a uma única ordem determinada de coisas que seja a única a interessá-los e se torne o objeto de predileção de todas as suas reflexões: é o caso dos colecionadores, dos especialistas restritos.

Eis outra classe que merece ser classificada à parte. A dos *gourmets* espirituais. Para eles, o exercício do pensamento talvez seja menos uma necessidade do que um prazer delicado e refinado; o jogo das idéias os seduz; eles se comprazem nesse jogo pelas sutis fruições que degustam ao contorná-lo, a acolhê-las todas sem serem forçados a deter-se em nenhuma, a prestarem-se aos maiores disparates e contradições, sem jamais doar-se inteiramente. É sobretudo desses jogos que se deve dizer, com Pascal, que eles perscrutam, não as coisas, mas a perscrutação das coisas; eles se interessam menos pela solução dos problemas do que pelas faces diferentes sob as quais se pode vê-los. Há nisso uma espécie de epicurismo do pensamento, infinitamente superior, seguramente, ao epicurismo da sensação, mas, que no fundo é da mesma natureza. É o amor à la Stendhal aplicado às coisas do espírito, e que, num pensador muito livre, se transforma em diletantismo sedutor, que tão freqüentemente foi analisado, admirado ou censurado em Renan, do qual algumas ilustrações contemporâneas seriam exemplos mais precisos.

Por fim, as tendências intelectuais podem, como todas as demais, se exaltar até a paixão. E essa paixão pela verdade é tão exclusiva quanto o amor ou a ambição: aqueles que são possuídos por ela pertencem a ela, sem divisão; nada mais existe para eles; vivem por ela e para ela. Pode-se dizer o que François Huet disse de Bordas-Demoulin: "Pensar era a sua vida, a sua profissão". Ora é a paixão pelo estudo, ora a paixão pelo proselitismo. Uns têm uma sede inextinguível de saber por saber. Assim foi Mentelli, de quem Descuret nos escreveu a história curiosa, e que, sabendo doze línguas, muito versado em todas as ciências exatas, passou mais de 30 anos a estudar seis dias por semana e 20 horas por dia, sem deixar nenhuma obra nem o menor rastro de suas pesquisas imensas. "Ademais", acrescenta Descuret, a afetação de singularidade não teve nenhum efeito na escolha dessa vida austera, da qual ele jamais saiu e que ultrapassa tudo que se conhece da vida de alguns filósofos antigos. Para ele, o amor à ciência foi o único bem desejável: por ela, sacrificou todos os prazeres que se apoderam dos outros homens; mas ninguém lhe dedicou um culto mais despojado de vaidade ou de ambição.[16]

Os outros não separam da procura da verdade a sua divulgação, sua difusão; consagram-se a ela, não somente para possuí-la, mas para transmiti-la e fazê-la triunfar; são os apóstolos de uma idéia; não separam a humanidade da verdade, e de bom grado tomariam por lema a bela palavra de Sêneca: *si mihi cum hac exceptione detur sapientia, necui communicem, rejiciam.*[17]

v — Que a inteligência, quando se torna soberana a esse ponto, modifique, transforme ou absorva todas as demais manifestações da sensibilidade, eis o que não parece contestável. Mas pode-se acrescentar que, de maneira geral, a inteligência sempre reage sobre a sensibilidade.[18] Após ter esquematizado uma demonstração de como determinada forma de sensibilidade parece acarretar certa natureza de espírito, também é preciso saber se determinada forma de inteligência não favorece reciprocamente certas disposições da sensibilidade. E isso será um meio de controlar e verificar algumas das leis de coexistência ou de exclusão que acreditamos poder assinalar anteriormente.

Dizendo que um modo definido de sensibilidade está normalmente acompanhado de um modo definido de inteligência, não queríamos sustentar que a inteligência estivesse sob a dependência exclusiva da sensibilidade e que esta não pudesse, por sua vez, sofrer a influência daquela. O fato de que todos os graus do desenvolvimento intelectual são compatíveis com qualquer natureza sensível já prova que há independência

---

16 Descuret, *Médecine des Passions*, pp. 721 e ss.

17 Cf. as palavras de Fontenelle: "Se eu tivesse a mão cheia de verdades, evitaria abri-la".

18 Não vamos examinar o problema geral da influência exercida pelas representações sobre os sentimentos, e nem mostrar de que maneira a evolução da vida afetiva está condicionada pela associação das representações. Esse ponto foi bem estudado por Lehmann, James Sully, Ribot, Höffding, etc. A questão mais especial que se nos apresenta é saber se os *modos* específicos da inteligência não contribuem para dar à sensibilidade um aspecto particular.

relativa; o que o demonstra também é que a inteligência, afinal, é o fator de nossa constituição psíquica mais diretamente modificável e educável. A disciplina do pensamento é, em suma, mais fácil que a do coração; mas a instrução talvez fosse de pouca recompensa se, por intermédio do pensamento, não se pudesse penetrar até o próprio coração. As idéias agem sobre os sentimentos, e essa ação não é necessariamente "instável, oscilante, fraca, extrínseca", nem se exerce somente "a partir de fora", mas "a partir de dentro". Certamente, há uma influência que se exerce "de baixo para cima", como o diz o senhor Ribot, mas também há uma que se produz "do alto para baixo". O senhor Fouillée defendeu essa idéia muito apropriadamente:

> Saber o que se sente, por que se sente, o que se tende a fazer, por que se tende a fazê-lo, enfim, qual é o valor desse sentimento ou impulso, não é uma abordagem das coisas por fora: é, ao contrário, iluminar o interior com uma luz que é, ela mesma, interna, da qual certo calor é inseparável, e que, por isso mesmo, está prestes a converter-se em movimento visível.[19]

Mas a própria sensibilidade já não guarda, em si, um elemento de conhecimento? A sensação — Platão o observa — não seria quase nada sem a memória que a conserva, a imaginação que a pressente, o entendimento que a julga; ela é cognitiva, ao mesmo tempo que afetiva, e os dois indissoluvelmente. Nossos desejos ou nossas aversões, se precisam ou se modificam graças ao conhecimento que tomamos de seu objeto. Nossos sentimentos, nossas emoções mais elevadas são também os mais complexos; eles pressupõem a combinação de uma massa considerável de elementos mais simples, dos quais um grande número é de ordem intelectual. Que estes sejam diminuídos ou multiplicados, que a natureza da inteligência varie, e a sensibilidade inteira será, ao mesmo tempo, transformada. A inteligência se pode desenvolver de tal forma que faça contrapeso aos impulsos da sensibilidade; assim como que, se ela se deixa conduzir sem resistência na direção em que é naturalmente solicitada e como que inclinada pela sensibilidade, não deixará de confirmar esta em suas disposições primitivas, e ainda exagerando-as.

---

19 Fouillée, *Tempérament et Caractère*, p. 118.

Uma inteligência obtusa, lenta e preguiçosa não permitirá que a sensibilidade moral se distinga, e só dará lugar a tendências inferiores e grosseiras. No idiota, por exemplo, a obtusidade dos sentimentos se deve, em grande parte, à interrupção do desenvolvimento intelectual. A malícia, por outro lado, é em grande parte falta de inteligência. "Todos os idiotas são maliciosos", diz o Doutor Azam, "todos têm um caráter detestável". E acrescenta:

> Compreender mal, tirar conseqüências falsas de um fato qualquer, é a origem de mil defeitos; ver as coisas a partir de cima, prever suas seqüências, é uma condição importante da calma da existência. Essa calma e essa serenidade do homem inteligente têm uma influência feliz sobre o caráter. Basta olhar ao redor para constatar que os homens inteligentes têm melhor caráter do que os que não o são.[20]

"Também podemos observar muito claramente na coréia esse rebaixamento paralelo da inteligência e da sensibilidade moral. Entre os doentes, a inteligência se enfraquece singularmente, ao ponto de haver às vezes "uma incapacidade absoluta de pensar". Charles Lasègue[21] os retrata de "preguiçosos, indolentes" e qualifica seu estado mental de "estado mental inferior"; "as maneiras da criança", diz West, "são quase as de um idiota". Ao mesmo tempo, os sentimentos afetivos são profundamente atingidos.

> Comumente, a criança testemunha indiferença, desconfiança diante de seus próximos; ela não está mais carinhosa e afetuosa como o era; não testemunha nenhuma simpatia pelas pessoas que ela apreciava. Freqüentemente ela se toma por seus iguais, repele seus irmãos ou suas irmãs, seus camaradas de escola ou outros, ou bate neles, ou às vezes até exerce certas violências. Insensível às carícias de seu entorno, o doente se fecha num egoísmo absoluto.[22]

O egoísmo instintivo e, de certa forma, inconsciente dos apáticos lerdos, o egoísmo brutal dos impulsivos, e o egoísmo violento dos passionais, no

---

20 Azam, *Le Caractère dans la santé et dans la maladie*, p. 57.
21 Lasègue, *Études médicales*, t. II, p. 97.
22 A. Breton, *État mental dans la chorée*, p. 48.

fundo dependem em larga medida desse estado de inferioridade mental. É que, com efeito, quando o espírito se habitua a jamais sair de seu estreito sulco, quando se congela em uma imobilidade fria, se abandona a uma rotina cega, o coração se estreita com o pensamento; o sentimento, tanto quanto a idéia, perde flexibilidade, vitalidade, calor, expansão; ele também se acomoda numa espécie de indolência, de impassibilidade, de indiferença mesquinha, pelo menos quanto ao que não o toca de maneira imediata e pessoal. A mediocridade do espírito é, ao mesmo tempo, sinal e causa de uma mediocridade de alma.

Por outro lado, freqüentemente observamos que o desenvolvimento da simpatia resulta do desenvolvimento da imaginação. Dugald-Stewart, depois de A. Smith, finamente analisou esse fenômeno.

> O que de ordinário chamamos *sensibilidade* depende, em grande parte, da faculdade da imaginação. Ofereça a dois indivíduos um mesmo quadro de sofrimento e tristeza; por exemplo, o de um homem que, por circunstâncias imprevistas, passou do conforto à pobreza. Um deles, talvez, só sinta o que vê e só experimente o que percebe pelos sentidos. O outro segue em imaginação esse desafortunado em sua triste situação; partilha em todos os detalhes a angústia da família e de seu chefe [...]. À medida que avança nesse quadro, sua sensibilidade se comove; o que o toca não é o que ele vê, mas o que imagina. Diremos, talvez, que é a sua sensibilidade mesma que escalou sua imaginação. Isso é verdade, mas não menos de que seja à imaginação que ele deva a exaltação e a duração de sua sensibilidade [...]. É provável que a frieza aparente e a espécie de egoísmo que se observa em muitos homens seja o resultado, em grande parte, de uma falta de atenção e de imaginação.[23]

O excesso de imaginação tem, pois, como o vimos, uma estreita relação com as emoções ternas, com a sentimentalidade e também com a melancolia. Está ligado, de maneira geral, à emotividade em todas as suas formas; ele a sobre-excita, aumenta sua impetuosidade, volu-

---

23 Dugald-Steward, *Philosophie de l'esprit humain*. Paris: Félix Alcan, seção IV, cap. 8. Cf. Herbert Spencer, *Principes de Psychologie*, t. II, pp. 590 e ss: "O grau de extensão da simpatia depende da clareza e extensão da representação [...]; o crescimento da inteligência é pois uma condição da extensão da simpatia". Cf. também Espinas. *Sociétés animales*, pass.

bilidade e tirania. Exerce, enfim, efeitos análogos sobre as paixões que comumente (e, se se aceitam as paixões puramente orgânicas) são tanto mais impetuosas quanto a própria imaginação é mais ardente, tem mais força e calor.

Da mesma maneira, a dispersão das forças intelectuais, a falta de atenção, a leveza de espírito, a inaptidão em refletir favorecem uma disposição análoga ao que poderíamos chamar a dissipação sensível, quero dizer, certa vivacidade superficial e mutante das sensações e dos sentimentos, certa alegria frívola e infantil que nos entrega às impressões do momento.

Por outro lado, a disciplina do pensamento e o hábito de dirigir nosso espírito para pesquisas intelectuais, ou ao menos o hábito da ordem, do método nas idéias — eis o que tem por efeito normal atenuar a emotividade, fazê-la perder em parte o que ela pode ter de tumultuoso e de não razoável. Um espírito justo, um entendimento claro e vigoroso, por conseguinte, a cultura e o exercício das faculdades intelectuais, constituem a mais eficaz proteção contra as exaltações da sensibilidade, contra a degenerescência moral. A educação intelectual, levando-nos a pensar com mais lucidez e lógica, ensinando-nos a refletir e a julgar, a considerar as coisas, os eventos, as pessoas e nós mesmos de forma mais calma e impessoal, nos torna capazes de controlar as emoções e os desejos, de restringi-los, de torná-los menos turbulentos e menos impulsivos; pouco a pouco, ela os acalma. Ela nos põe de alerta contra os enganos do entusiasmo e contra os devaneios perigosos ou culpáveis nos quais outras pessoas se comprazem sem reserva. Ela é, como o vira admiravelmente Espinosa, o soberano remédio contra a escravidão das paixões.

Existe, aliás, certo modo de desenvolvimento, ou antes, certa direção da inteligência que pode alterar mais ou menos profundamente a sensibilidade normal. Não quero aqui falar somente do abuso da análise que murcha e corrompe nossos sentimentos e nossas afeições. Mas o abuso da pura especulação pode destruir singularmente em nós as tendências afetivas e desenvolver uma espécie de secura do coração. Seria o caso de lembrar o exemplo de Gauss, se não fosse muito conhecido. Em realidade, há um fenômeno de derivação que é apenas um caso particular da "lei de equilíbrio dos órgãos" aplicada às funções psíquicas. Todo excesso de desenvolvimento constitui uma verdadeira anomalia e acarreta uma atrofia correspondente.

Mas não é menos verdadeiro que o desenvolvimento são e harmonioso das faculdades intelectuais seja uma garantia do desenvolvimento harmonioso e são das faculdades sensíveis. O frescor e a extensão do espírito, sua flexibilidade, um pensamento generoso e vivo, curioso e firme, atento e vigilante, a disposição de sair de si para se interessar por todas as coisas e, ao mesmo tempo, entrar em si para perguntar, como fala Epicteto, a senha a todas as suas idéias, uma inteligência lúcida sem frieza, entusiasta sem cegueira: só isso dá à sensibilidade calma e elevação, calor e luz; só isso alarga e vivifica a alma e a torna capaz de sentimentos nobres e superiores: "Em uma grande alma, tudo é grande". É que tudo cabe aqui. Interessando-se pelas coisas do pensamento, pela arte, pela filosofia, o homem aprende a se desinteressar de si mesmo: as alegrias delicadas que ele aprende a saborear o desviam das satisfações grosseiras e o tornam capaz dos generosos amores e das belas paixões. "Pois, se a alta cultura moraliza, é que a moralidade é a primeira condição subentendida da alta cultura, como a primeira condição da flora alpestre é um ar puro".[24]

vi — Será possível agora identificar, de todas as observações precedentes, algumas conclusões gerais.

Sem desconhecer que a inteligência possa se constituir em um sistema relativamente independente da sensibilidade, pareceu-nos que os laços de correlação recíproca as uniam de forma muito geral. As relações se podem dever a alguns princípios essenciais.

De início, todas as alterações patológicas de uma das funções da vida mental se acompanham de alterações da outra. Se a sensibilidade cai abaixo de certo nível, a inteligência se rebaixa conjuntamente; se a sensibilidade se exalta ao ponto de tornar-se mórbida, o equilíbrio mental se encontra simultaneamente comprometido. A recíproca, aliás, é verdadeira.

Considerando-se apenas os fenômenos normais e os indivíduos sãos, esse paralelismo também se nota. A lentidão dos processos psíquicos se manifesta, ao mesmo tempo, no domínio da sensibilidade e no da inteligência. Da mesma forma, a volubilidade e a instabilidade dos fenômenos afetivos coincidem com certa dispersão intelectual.

---

24 Tarde, *La Criminalité comparée*. Paris: Félix Alcan, p. 117.

Em resumo, a dissociação psíquica e também a sistematização ou coordenação mental estão acompanhadas nessas duas esferas e se manifestam nelas por efeitos análogos: elas se erguem ou se rebaixam paralelamente, pois, presumivelmente, se devem às mesmas causas profundas.

CAPÍTULO III

DAS RELAÇÕES EXISTENTES ENTRE OS MODOS DA SENSIBILIDADE E DA INTELIGÊNCIA E OS DA ATIVIDADE

De maneira muito geral, pode-se dizer que, conhecendo-se a sensibilidade e a inteligência de um dado indivíduo, é possível inferir sem grandes chances de erro a natureza de sua atividade. Falo da natureza, e não do poder; mais da forma do que da quantidade. Já observamos que, com efeito, existe uma atividade primitiva (uma capacidade e necessidade de ação) muito desigualmente repartida entre os homens, e que pode ser o traço dominante e característico de alguns deles. Essa atividade nos pareceu — ao menos sob o ponto de vista de sua energia espontânea — independente da sensibilidade e da inteligência; ela não se eleva nem se rebaixa paralelamente com estas, e às vezes parece mesmo que perde o que as outras ganham. Ao contrário, é manifesto que o modo de desdobramento da atividade, sua forma particular de se pôr em exercício e de se desenvolver dependem quase que exclusivamente da natureza da sensibilidade e da inteligência às quais está ligada.

Todavia, como no organismo psicológico tudo está encadeado com um rigor do qual dificilmente se faz idéia, as disposições próprias da atividade não deixam de exercer uma influência notável sobre a sensibilidade e a inteligência mesmas. Pode-se, pois, examinar de início esse aspecto da questão.

1 — A atividade espontânea é fraca ou forte: há pessoas que naturalmente repugnam a ação; outras, porém, são naturalmente ativas. Mas em ambos os grupos uma distinção parece necessária. Há homens cuja inatividade provém simplesmente de uma espécie de inércia primitiva, a qual, por sua vez, provavelmente resulta da lentidão das trocas vitais. Há outros em quem ela é o efeito ou, ao menos, a expressão de um tipo de esgotamento, tendo provavelmente como causa uma falha de nutrição. Por outro lado, há os ativos de duas categorias: os primeiros, em quem a atividade, ainda que potente, é lenta; os segundos, em quem ela se despende com vivacidade e até com certa impetuosidade. Há, pois, quatro casos principais a se estudar separadamente.

A inércia está normalmente acompanhada de uma depressão da sensibilidade: não há indisposição, pois esse estado não é de dor, mas é simplesmente um estado de hipoestesia. Todas as nossas sensações, emoções, tendências, desejos, contêm elementos motores, propriamente musculares, que neles desempenham um papel, se não preponderante, como uma determinada escola defende, ao menos muito importante. Se esse suporte muscular desaparece, ou antes, se atenua numa proporção mais ou menos considerável, o fenômeno afetivo, por assim dizer, cai sobre si mesmo, escorrega, se enfraquece e não tarda em se dissipar. Falando das emoções, já observamos o fato de que sua duração e intensidade se devem, em grande medida, à intensidade e à prolongação de suas manifestações motoras. Igualmente, é um fato de observação banal que a resolução dos músculos dos membros e da face prontamente pacifica um aceso de cólera. A atonia muscular deve, pois, agir no sentido constante da imobilidade, do repouso, que tendem a produzir o sono, ou ao menos provocar um estado de prazer geral, ou antes de bem-estar calmo e egoísta. Os inertes comumente são um pouco sonolentos. Isso também é freqüentemente verdade no que diz respeito à inteligência (exceção feita aos puros intelectuais, mas, mesmo nesse caso, a atividade propriamente dita é mais derivada do que suprimida). Mas a inatividade primitiva e básica quase sempre coincide com a lentidão do pensamento, que permanece como que embaraçado e petrificado, e cujo campo parece diminuir. A imaginação é apagada e lânguida, a atenção tem falta de vigor e de flexibilidade, o espírito não é nem vivo, nem curioso, nem brilhante.

O esgotamento é algo diferente da inércia que acabamos de examinar. É um estado psicológico particular, que pode se dever a causas acidentais muito diversas, mas que também pode ser congênito. Há pessoas que nascem cansadas. Ora, a fadiga tem efeitos muito notáveis sobre a sensibilidade e a inteligência. Ela está acompanhada de tristeza, de inquietude. Ela cria, observa o senhor Charles Féré, "um estado de fraqueza irritável que se aproxima singularmente dos estados neuropáticos [...]; tanto do ponto de vista da motilidade e da sensibilidade quanto do da excitabilidade, a fadiga pode realizar as condições fisiológicas permanentes da histeria; a fadiga constitui uma verdadeira histeria experimental momentânea".[1] O mesmo autor também escreve:

> Segundo o exercício muscular seja moderado ou excessivo, cansativo, o movimento acarreta sentimentos diferentes. No primeiro caso, o movimento acarreta uma sensação geral de bem-estar, como no jogo; no segundo, acarreta um sentimento penoso, com ou sem tendência à reação. Essa influência do exercício físico sobre os sentimentos varia, também, segundo os indivíduos:[2] ao passo que em alguns ele desenvolve uma tendência à expansão e à bondade, em outros, ao contrário, se vêem manifestar uma irritabilidade penosa e uma tendência à agressão — certos degenerados são incapazes de se entregar a um exercício um pouco violento sem se tornar briguentos logo em seguida. Conheço um melancólico amante de excursões que, freqüentemente e após caminhadas longas, tem acessos de excitação maníaca.[3]

---

1 Cf. Charles Féré, *Pathologie des Émotions*, pp. 158–162.

2 Precisamente porque, segundo a atividade própria de cada um, o mesmo dispêndio de energia muscular é ou não é cansativo: evidentemente, é preciso medir aqui não a soma de atividade gasta, mas sua relação com a soma de energia disponível, e esta varia de um indivíduo a outro.

3 Ibid., p. 134.

Todos puderam experimentar em si mesmo efeitos análogos. A fadiga e o esgotamento são ligados a um estado de emotividade melancólica ou de emotividade irritável, o que está inteiramente conforme a tudo que sabemos sobre as causas ou condições desses fenômenos afetivos.

Os efeitos do esgotamento sobre a inteligência concordam naturalmente com os que acabamos de assinalar a propósito da sensibilidade. Galton estudou com cuidado os efeitos da fadiga mental.[4] Os da fadiga física e da amiostenia são de mesma ordem. As faculdades mais profundamente atingidas são a atenção, que se torna difícil e instável, o julgamento e o raciocínio. "Os estudos que primeiro se enfraquecem sob a influência da fadiga são, na maioria dos casos, a aritmética e as matemáticas".[5] O espírito mostra uma dificuldade notável em compreender, aplicar-se aos trabalhos que pressupõem a reflexão, a combinar logicamente idéias abstratas. As associações manifestam certa desordem, a memória se torna mais inexata, mais sujeita ao erro, e a imaginação, mais caprichosa e desordenada. Há nisso, em suma, uma falta de equilíbrio que várias vezes pudemos assinalar e que é uma primeira manifestação do automatismo e da dissociação psicológica.

Se passamos aos ativos propriamente ditos, encontramos primeiramente os ativos lentos. Tal modo característico de atividade se aproxima, sob certos pontos de vista, da inércia, mas difere desta de maneira muito notável para que não precisemos aqui simplesmente repetir o que já dissemos a esse respeito. Sem dúvida, os movimentos lentos desenvolvem, como o observa Bain,[6] sentimentos agradáveis, que são da natureza dos sentimentos passivos e que se assemelham aos do repouso muscular ou da invasão do sono. Sem dúvida, essa lentidão corresponde comumente a uma sensibilidade pouco profunda e pouco viva, freqüentemente muito obtusa, a uma "inemotividade" muito aparente. Mas convém observar que a tendência à atividade modifica muito profundamente a disposição geral da sensibilidade e lhe dá uma marca particular. É menos a apatia, a indiferença, que a tranqüilidade contínua das tendências, que podem ter ao mesmo tempo estabilidade e potência muito grandes. Seguramente não é o reino das paixões, mas já é o reino dos desejos bastante intensos

---

4 Francis Galton, "La fatigue mentale", em *Revue Scientifique*, 26 de janeiro de 1889.
5 Galton, ibid.
6 Alexander Bain, *Les Sens et l'Intelligence*, p. 67.

e, sobretudo, permanentes, com uma igualdade de humor característica, feita de calma, bem-estar, benevolência um pouco mole e passiva, naturalmente de sangue-frio, certa bonomia que não exclui o orgulho. O egoísmo ainda natural e inocente, mais pessoal, e, se posso dizê-lo, mais ativo, mais inclinado a trabalhar para a própria satisfação. Também a inteligência participa desse caráter misto. A ela lhe falta entusiasmo, fogo, sutileza estética ou especulativa; o espírito não é muito amplo; é, às vezes, de bom grado, rotineiro, mas pode ser claro, refletido, prático, ponderado.

Por *ativos-vivos* entendo as pessoas em quem as energias motoras são, ao mesmo tempo, poderosas e sempre prontas a se despender com rapidez e vigor; eles se aproximam mais ou menos daqueles que chamamos de agitados. Ora, o exercício muscular, quando se gasta pela necessidade de se gastar e sem excesso, sem cansaço, provoca uma diminuição da sensibilidade à dor, uma expansão geral e feliz, uma disposição à exuberância e à alegria. "É uma verdade bem conhecida", escreveu Spencer, "que a agitação corporal enfraquece a emoção [...]; após um grande infortúnio, sofremos menos se somos forçados a fazer sacrifícios, do que se permanecermos em repouso".[7] A vivacidade da atividade, que põe o indivíduo a fazer mil coisas, a se pôr sem cessar em busca de ocupações e projetos novos, a contemplar mais o futuro do que o passado, desvia-o da contemplação melancólica de seus dissabores e tristezas antigas. A sensibilidade, permanecendo viva, em larga medida deixará de ter essa profundidade, essa persistência, esse tipo de ressonância e recorrência que são as condições normais da emotividade. Os sentimentos, assim, terão volubilidade, e as simpatias e antipatias serão imediatas, mas passageiras. Em geral, encontraremos benevolência, talvez um pouco facilmente demais, e que se transforma muito raramente em beneficência perseverante e contínua: prestar-se muito facilmente a todos é não poder se dar inteiro a alguém.

O trabalho intelectual também é mais fácil e rápido do que contínuo e poderoso. A memória é dotada mais para a aquisição do que para a tenacidade e a fidelidade. Há decisão no julgamento, clareza prática, mas certa imprevidência e leviandade. Pouca atração por idéias abstratas e por longas seqüências de raciocínio. Os representantes desse tipo têm

---

7 Herbert Spencer, *Essais sur le progrès: la physiologie du rire*. Paris: Félix Alcan, p. 302.

até certa repugnância à reflexão prolongada, à meditação interior, que seriam obstáculos à necessidade de agir, e agir rápido. Em uma palavra, manifestam ligeira tendência à dissipação, que, às vezes, se exagera, até nos dar o tipo intelectual do esboço.

Em resumo, há uma correlação impressionante entre o estado da sensibilidade e da inteligência e o estado da motilidade. Em certo sentido, isso se deve ao fato de os dois primeiros serem subordinados ao último. É o que mostraria claramente o estudo de certo número de casos patológicos (histeria, neurastenia, coréia, melancolia, epilepsia, etc.). A impotência muscular dos histéricos, a falta de coordenação motora dos coréicos, a amiostenia matutina dos neurastênicos, etc., são as verdadeiras causas de grande número de problemas afetivos e intelectuais. Estes, por sua vez, reagem no mesmo sentido, e nisso há uma espécie de círculo; também freqüentemente ocorre que os sintomas aparentes se sucedam em uma ordem diferente, de tal maneira que a determinação da causa verdadeiramente primeira se torna singularmente difícil. Mas (e isto nos importa antes de tudo), isso demonstra o rigor básico dessas relações, dessas leis de coordenação. Também o exame da influência que o estado da sensibilidade e da inteligência exerce sobre a atividade, e que devemos agora abordar, nos permitirá verificar, completando-as, a maioria das conclusões que até aqui indicamos.

II — É da sensibilidade que a atividade recebe seus impulsos; é a inteligência que dirige suas manifestações. É preciso, pois, esperar encontrar um modo de atividade geralmente associado a este ou àquele modo de sensibilidade ou de inteligência, geralmente excluído por aqueles outros. Há relações de conformidade ou de desconformidade, compatibilidade ou incompatibilidade que é preciso descobrir. Uma vez que já encontramos relações desse gênero entre a sensibilidade e a inteligência, podemos aqui também retomar o plano que anteriormente seguimos e considerar sucessivamente, sob esse novo ponto de vista, cada uma das formas essenciais da sensibilidade. Indicaremos, ao longo do caminho, o papel próprio que a inteligência pode desempenhar.

A APATIA — Ela está geralmente ligada à inércia. A depressão da sensibilidade normalmente coincide com um rebaixamento mais ou menos notável da atividade. As impressões ficam fracas e obtusas, as tendências sensíveis, definhantes e como que irritadas, a atividade não se excita. O que domina a situação dos doentes atingidos de estupor é um colapso generalizado e paralelo à sensibilidade e à motilidade: indiferentes a tudo, objetos e pessoas, perigos, ameaças ou promessas, permanecem inativos e imóveis; seus movimentos são raros, sem vigor, de lentidão e moleza extremas; seu poder muscular é muito enfraquecido; mostram uma tendência notável para sentar-se ou deitar-se. A duração do tempo de reação aumenta.

> Em seguida aos paroxismos convulsivos ou vertiginosos [na epilepsia]; a duração do tempo de reação é constantemente mais longa, mesmo quando o doente já saiu completamente do estupor há muito tempo. Esse aumento do tempo de reação persiste um tempo variável depois do paroxismo. Ele concorda com a diminuição da sensibilidade e com o enfraquecimento muscular que se produzem nas mesmas circunstâncias.[8]

Um paciente de Esquirol, curado de um acesso de melancolia com estupor, lhe disse: "Essa falta de atividade decorre de minhas sensações, que eram muito fracas", o que ocorre tão manifestamente entre os apáticos normais. Nestes, o tônus vital cai a um nível inferior; a sensibilidade e as energias motoras são, por isso mesmo, conjuntamente deprimidas. A atonia é geral; a reação permanece indiferente e mole, precisamente porque a intensidade do estímulo foi medíocre. No caso em que a própria inteligência (e isso, como o vimos, é muito freqüente) permanece lenta e medíocre, temos uma razão a mais para que a inatividade coincida com a apatia.

Duas exceções, porém, devem desde já ser notadas. Por um lado, a apatia é conciliável, lembramos, com um desenvolvimento intelectual bastante elevado, particularmente com as aptidões mais ou menos notáveis ao pensamento refletido e à atenção sustentada e metódica. Ora, a importância do desenvolvimento da inteligência e, sobretudo, da atenção sobre a atividade merece menção especial. Por experiência, chegou-se à conclusão (Broca, Féré) de que a

---

8 Charles Féré, *Épilepsies et épileptiques*. Paris: Félix Alcan, p. 196.

pressão produzida pelo esforço de flexão dos dedos é menos forte entre os trabalhadores cuja profissão é exclusivamente manual do que entre os trabalhadores de arte, que gastam menos força muscular, mas cuja inteligência está mais em jogo, e essa pressão é mais considerável ainda entre as pessoas dadas às profissões liberais, nas mesmas condições de idade [...]; das observações precedentes se tem o direito de tirar a conclusão de que a *energia do esforço momentâneo está em relação com o exercício habitual das funções intelectuais*.[9]

Trata-se aqui, naturalmente, do esforço *momentâneo* de um determinado movimento, indicado, conhecido, voluntário, em vista de um dado ato, de certas contrações musculares. É somente nesse sentido que se pode tomar a seguinte fórmula: "Sob a influência do trabalho intelectual, a força dinamométrica aumenta"; diremos mais exatamente: "O exercício momentâneo da inteligência provoca um exagero momentâneo da energia dos movimentos voluntários". Ocorre que, nesse caso, o fator essencial que realmente entra no jogo é a atenção. Segundo ela seja fixada de forma mais ou menos sustentada, o ato é mais ou menos enérgico. Sob a influência da atenção, o tempo de reação diminui, e a energia dos movimentos aumenta; a diminuição da força de atenção tem efeitos opostos: a amiostenia dos histéricos tem como causa, ao menos parcialmente, a perda de atenção. Também no apático inteligente, de espírito ponderado e refletido, capaz de atenção sustentada, vemos a atividade tomar um aspecto particular. Seguramente não estamos lidando com um grande ativo, um desses homens em quem uma atividade devorante, uma necessidade sempre renascente de movimento, sempre inicia empreendimentos novos. Estamos em presença de um indivíduo bem dotado pelo lado da vontade, não impetuosa e corajosa, mas calma e durável, pois encontramos aí as condições mais favoráveis ao desenvolvimento da atividade perseverante, paciente, tenaz, e também da vontade inibidora que, entre os mais bem dotados, será a posse de si, a moderação, o sangue-frio, e que nos representantes inferiores do tipo será aquela força de resistência que se parece muito com a força da inércia.

Por outro lado, não se deve esquecer que as energias ativas — sob o ponto de vista da qualidade, pelo menos — não dependem exclusivamente da vivacidade da sensibilidade: certa atividade espontânea pode

---

9 Charles Féré, *Sensation et Mouvement*, pp. 4–5.

coexistir com uma apatia muito proeminente. Nesse caso, todavia, a atividade oferecerá um caráter notável de lentidão, ou melhor, de regularidade monótona. Porém, às vezes, como que sob a ação de um impulso interior, poderão se produzir acessos geralmente curtos de violência, de cólera e de brutalidade. Se os indivíduos assim dotados são, além disso, de inteligência medíocre e rotineira, serão boas máquinas, sólidas, bem reguladas, cumprindo conscientemente o que precisam, com a condição de que não seja nada muito variado e nem muito delicado. Com uma inteligência superior, eles terão todo o necessário para se tornar homens de vontade fria e enérgica, prudente e senhora de si.

OS SENSITIVOS — Uma sensibilidade viva, voltada para o prazer, ordinariamente está ligada a uma atividade rica e expansiva. Se é volúvel, provocará uma atividade dispersiva e descontínua, que, mais ou menos potente por si mesma, precisa ser suscitada, provocada por sensações, fenômenos afetivos quaisquer; como estes se sucedem com rapidez, há exuberância, excitação, necessidade tumultuada de movimento, empurradas bruscamente em direções diferentes; o indivíduo é dinâmico, tem energia, não se deixa abater facilmente, levanta-se rapidamente, está sempre em busca de algo novo para tentar. Temível é a agitação desregrada e incoerente. Acrescentemos que a inteligência, participando mais freqüentemente dessa volubilidade e dessa superexcitação da sensibilidade, contribui de sua parte para dar à atividade a característica típica que tentamos descrever.

A atenção, com efeito, é instável, tem dificuldade para se fixar, não se mantém; o sensitivo-vivo é quase sempre um distraído dissipado; as faculdades de julgamento e de reflexão são deprimidas em benefício da imaginação, da associação de idéias. A vontade, desde então, terá uma tendência notável a ser mutante e caprichosa. O indivíduo deseja, e logo deixa de desejar, muda de decisão, cede ou resiste aleatoriamente, está à mercê da última impressão que, em vez de ser atualizada, refreada, apreciada, controlada, traduz-se imediatamente por movimentos. Não é rigorosamente a abulia, mas antes a "polibulia", com impulsividade e sobretudo com uma extrema incapacidade de se dominar. O elemento essencial da vontade completa, o não-querer, está mais ou menos completamente ausente. Um bom exemplo — ainda que extremo — dessa combinação normal nos é fornecido pela mania. Tomo emprestado de

Ball e Magnan[10] os elementos da descrição seguinte. O dado essencial da mania é a volubilidade. Há superexcitação de todas as inclinações, boas ou más, e o doente passa de umas às outras com a maior rapidez; ele é expansivo, alegre sem motivo, generoso sem discernimento; o exagero dos fenômenos afetivos, os desejos, só têm de iguais sua diversidade e sua instabilidade. As faculdades intelectuais também são singularmente estimuladas; é um dilúvio de imagens, lembranças, idéias que se atraem segundo as leis da associação, mas que surgem bruscamente, voltam-se em todos os sentidos; aqui se produz, no mais alto grau, o fenômeno de que Esquirol fez o sinal característico da loucura: a falta de atenção. O doente não pode fixar seu espírito. Ele se torna, ao mesmo tempo, mais e mais ativo e agitado; para ele, falar, correr, agir de uma maneira qualquer se torna uma necessidade irresistível: essa exuberância é a característica principal da doença. O maníaco discursa, gesticula, fala ao acaso, passa de um assunto ao outro, ocupa-se dos assuntos de outrem, mostra-se indiscreto, faz visitas sem motivo, agita-se, faz mil projetos que logo abandona, começa mil coisas ao mesmo tempo ou sucessivamente, e nada conclui. Sua vontade é perpetuamente vacilante e defeituosa, sem continuidade e sem seqüência; ele não pode mais deter os impulsos imediatos, e não sabe ordenar seus movimentos e atos em vista de um objetivo definido e mais ou menos distante. Ele não tem mais que veleidades momentâneas, logo esquecidas, e não pode preparar um ato de longo prazo; todo poder de organização, de síntese, todo poder de inibição tende cada vez mais a desaparecer. É a incoerência absoluta que se prepara.

Aqui se trata, evidentemente, de um estado anormal e patológico. Convém, porém, observar que a mania é menos uma entidade nosológica, uma afeição distinta, do que um "estado geral, uma perturbação mental sintomática que se pode encontrar em grande número de afeições diversas".[11] E, sobretudo, o que importa é que esses diversos traços característicos formam um conjunto muito unido, muito definido, um verdadeiro sistema natural, que bem põe em evidência relações

---

10 Ball, *Leçons sur les maladies mentales*. Paris: Asselin et Houzeau, 1890, 2ª ed., pp. 265–270. Magnan, *Bulletin médical*, 15 de maio de 1887. As duas descrições são notavelmente concordantes, e apenas completo uma pela outra, apresentando seus diversos traços numa ordem um pouco diferente.
11 Ibid.

recíprocas cuja existência, no estado normal, não nos parece duvidosa. Da mesma forma, mesmo que se atenuem esses diferentes sintomas, que se retire o exagero que é sua marca comum e distintiva, obteremos um retrato que todos poderão assinar.

OS PASSIONAIS — Se a vivacidade e a volubilidade dos fenômenos afetivos têm por efeito habitual uma exaltação e uma instabilidade análogas às manifestações da atividade, é preciso aguardar até que o ardor e a permanência das tendências sensíveis se acompanhem de uma atividade enérgica, violenta, e que se leve por inteiro numa direção definida que lhe é imposta pelo desejo predominante. É, com efeito, o que ocorre.

Os passionais, tal como os definimos, são indivíduos que caracterizam precisamente o ardor e a impetuosidade do desejo. Os tipos mais completos dessa classe, aqueles que o senhor Ribot chama de heróis fogosos, um Pedro o Eremita, um Lutero, um Danton, um Napoleão, são homens em quem a impetuosidade de uma paixão poderosa ocasiona uma atividade de aspecto enérgico, vibrante, insatisfeita: são forças, e aliás, freqüentemente forças brutais. Eles seguem em frente, não se detêm nas dificuldades teóricas, não se embaraçam por escrúpulos excessivos, ignoram a arte de temporizar. Se são mal dotados pelo lado da inteligência e se suas paixões são baixas, são a Besta, são o instinto tirânico, violento e implacável. Se são de inteligência poderosa, colocarão a serviço de seus apetites e de suas paixões uma vista clara e precisa do objetivo a atingir, e dos meios que conduzem a ele, uma vontade ativa, intensa e persistente. Mas o que lhes falta é a vontade inibidora; eles terão infinitamente mais dificuldades que outros em se dominar, em se autocontrolar. O que domina é a impulsividade. E, conforme neles as paixões sejam mais múltiplas e divididas, ou que, ao contrário, uma paixão única invada e absorva de certa forma a alma inteira, sua atividade, sem perder sua violência explosiva, será mais irregular, mais tumultuosa, ou, ao contrário, mais canalizada e contínua, mais "una", mas de uma unidade que não é sua obra própria, que lhes foi imposta, por assim dizer, a partir de fora, como alguns personagens de Balzac, que são menos um homem passional do que uma paixão feita homem.

A EMOTIVIDADE — Todavia, não se deveria concluir do que precede que a exaltação da sensibilidade se acompanhe sempre de um desenvolvimento correlato da atividade. Ao menos nos casos em que o exagero da sensibilidade é a expressão de alguma desordem, de desorganização mais ou menos profunda, é fácil constatar uma depressão, ou ao menos perturbações correspondentes na atividade e, ao mesmo tempo, na motilidade e na vontade.

E, antes de tudo, quando a dor (física ou moral) é intensa e contínua, ou repetida e habitual, ela atenua a atividade. De Vintschgau e Dietl, assim como Exner, observaram que "as emoções psíquicas deprimentes alongam o tempo de reação durante várias horas, e mesmo durante vários dias, em alguns cêntimos de segundo".[12] Sem dúvida, certas dores agudas parecem, à primeira vista, provocar uma superexcitação violenta das energias ativas: os movimentos são acelerados, todo o corpo é agitado. Mas, como o observa Bain, logo após vem um período mais ou menos prolongado de prostração, abatimento, esgotamento. A força vital está em decréscimo, e essa depressão, após um acesso de dor, ultrapassa muito a que se seguirá à mesma descarga de força muscular. Ele conclui: "Se se considera o fim, assim como o começo, a dor, sob todas as suas formas, longe de ser estimulante, destrói as forças vitais".[13]

Os efeitos da dor física e da dor moral são singularmente análogos, e este não é um dos menores argumentos que militam em favor de sua identidade de natureza. Elas se transformam, aliás, uma na outra, com muita facilidade. É quase supérfluo lembrar quão vivamente os lamentos, as tristezas, os lutos influem sobre o organismo, sobre o estado geral da nutrição, e quais desordens fisiológicas podem gerar. Da mesma forma, a dor física, quando, por assim dizer, se instala de forma permanente no organismo, penetra até a alma e provoca um estado permanente também de tristeza e de ansiedade moral. É o que bem o mostra a mudança de caráter que se observa nas doenças crônicas acompanhadas de longos sofrimentos. "Parece", disse a esse propósito Charles Richet,

> que após uma hiperestesia medular, há mais tarde uma hiperestesia cerebral. A aptidão do sistema nervoso em ser fortemente estimu-

---

12 Exner, *Archives de Pflüger*, t. VII, pp. 628 e ss.; De Vintschgau et Dietl, ibid., t. XVI, p. 330. Cf. Wundt, *Éléments de psychologie physiologique*, t. II, p. 258. Toulouse et Vaschide, *Temps de réaction dans les deux périodes d'une folie circulaire*. Société du Biologie, 1897. Georges Dumas, *La Tristesse et la Joie*, pp. 46 e ss.

13 Alexander Bain, *Les sens et l'intelligence*, p. 85.

lado por excitações fracas seguiria, pois, essa progressão: de início, hiperestesia da parte doente; depois, de toda a região vizinha; mais tarde, hiperestesia sensitiva geral; e, enfim, após longos anos em que a dor pareceria acumulada pelo tempo, hiperestesia moral.[14]

O que quer que seja, vejamos brevemente os efeitos da dor física e, depois da dor moral sobre a atividade. Uma sensibilidade orgânica viva, por conseguinte muito acessível ao sofrimento, nos torna atentos ao estado do corpo, ao funcionamento dos órgãos; ela leva a um encolhimento do campo da consciência, uma espécie de isolamento doloroso em si. Daí, para dizer *en passant*, certa perversão dos sentimentos, da irritabilidade, um estado de nervosismo inquieto, um egoísmo refinado e cômodo, uma espécie de debilidade moral. Daí também uma repugnância muito viva à ação, ao movimento, do qual se teme perpetuamente que avive a dor. Sente-se viver, a única ocupação é a contemplação do desfile de suas sensações, é-se absorvido nessa contemplação desencorajadora, e as energias ativas se atrofiam em benefício daquele super-estímulo interno. A correnteza centrípeta, se ouso dizê-lo, tornando-se invasora, suprime, ou tende a suprimir, a correnteza centrífuga. A hipocondria nos revela esses efeitos aumentados. E Maine de Biran os observou sutilmente e analisou em si mesmo. "Desde a infância", escreveu ele em seu *journal* [diário], "lembro que me espantava em sentir-me existindo, e já era levado, como que por instinto, a observar-me dentro de mim, para saber como eu podia viver e ser *eu*". Ora, este é o sinal de uma perturbação orgânica, de certo estado de miséria fisiológica. "Quase só há", dirá Biran, "pessoas *malsãs*, que sentem existir; aqueles que passam bem, ocupam-se mais em usufruir da vida do que em perscrutar o que ela é. Eles quase não se espantam em sentir existir. A saúde nos leva aos objetos exteriores, e a doença nos reconduz ao nosso interior". O próprio Biran era uma alma melancólica e recolhida. E observamos nele "uma tendência quase invencível em observar escorrer em si o fluxo das impressões sem nada fazer para modificar o curso mutante dos eventos. Nos campos, onde ele vive o mais que pode, na Câmara, onde suas funções de procurador o retêm, ele age pouco, ele vê agir".[15] Ele não tem o gosto pela

---

14 Charles Richet, *Recherches expérimentales et cliniques sur la sensibilité*, p. 255.
15 A. Bertrand, *La psychologie de l'effort*, p. 16.

ação, e nele a vontade sofre por isso: "Erro", disse, "como um sonâmbulo no mundo dos negócios". E, se ele diviniza o esforço, é "por uma espécie de intensa reação contra seu temperamento". "Não estou bem em nenhum lugar", escreveu ele ainda, "porque trago em meu organismo uma espécie de aflição, de mal-estar. Tenho o sentimento de minha personalidade apenas o tanto quanto é necessário para sentir minha impotência, o que é um grande suplício. Sempre estou perto de fazer muitas coisas... e nada faço".[16]

O mesmo enfraquecimento da potência muscular, o mesmo desgosto pela ação entre as pessoas portadoras de uma doença e entre as pessoas naturalmente levadas à tristeza. O melancólico repugna absolutamente todo tipo de esforço, de trabalho, de ocupação; mostra uma tendência notável em sentar-se ou em deitar-se; os movimentos que produz são sem vigor, de lentidão e de incerteza características. Os tristes e os emotivos-sentimentais apresentam uma fisionomia bastante semelhante. "O homem triste é freqüentemente reconhecível por seu aspecto exterior: anda lentamente, cambaleia, arrasta os braços relaxados, sua voz é fraca, sem brilho, por conseqüência da fraqueza de seus músculos expiratórios e da laringe. De bom grado ficaria inerte, relaxado, mudo".[17] Essa diminuição dos fenômenos motores se traduz sob a forma de abulia. A vontade ativa é profundamente atingida: a execução de um ato concebido parece tão difícil, tão árduo, que é abandonada após a primeira leve tentativa, e às vezes, nem se pensa em tentá-lo. "O sentimento de não desejar", diz Schüle, "de não poder se decidir é o segundo sintoma principal da melancolia; ele forma, com a depressão dolorosa, a essência mesma da doença".[18]

Às vezes essa abulia coexiste com uma inteligência muito clara, muito lúcida quanto ao que se deve fazer, por quais razões e por quais meios; mas o esforço necessário para passar à realização constitui um obstáculo intransponível. Outras vezes, à abulia propriamente dita se ajunta um estado particular de hesitação, de dúvida, que designamos pelo nome de abulia intelectual. Os motivos se opõem; oscilam; cada razão de querer

---

16 Maine de Biran, *Journal de ma vie intime*.
17 Lange, *Les Émotions*. Paris: Félix Alcan, p. 38.
18 Schüle, *Maladies mentales*, p. 25. Citado por Georges Dumas: *Les états intellectuels dans la mélancolie*, p. 41.

suscita uma razão equivalente de não querer. A vontade aqui não age, porque o próprio pensamento não resolve nada. Em suma, há nisso um novo aspecto desse enfraquecimento do poder de síntese pessoal, desse estado de miséria psicológica no qual vimos a causa profunda da maioria das perturbações da inteligência e da vontade. Observemos, enfim, que na tristeza e na melancolia (tanto no sentido vulgar quanto no sentido médico do termo) a inatividade é favorecida também por essa disposição do espírito que já mencionamos, em viver uma vida interior, a se fechar em si, a se afundar em seu infortúnio, a ruminar seus males, a se comprazer em devaneios indolentes. A atividade é atenuada, e a vontade fica mais tímida. As almas ternas raramente têm vontades enérgicas.

Assim, observamos uma depressão análoga da atividade e uma falta semelhante de vontade, por um lado, entre as pessoas tristes, morosas, porque são muito sensíveis à dor física e porque a base de seu temperamento é uma espécie de estado permanente de mal-estar; e, por outro lado, entre os melancólicos sentimentais, em quem a vida emocional é mais intensa, a sensibilidade moral mais desperta, os sentimentos ternos mais desenvolvidos, mas cuja sensibilidade é, todavia, dolorosa, inquieta, sofredora.

Um fato novo, porém, à primeira vista contrário ao que acabamos de notar, se nos apresenta agora. A emotividade — que sempre está assentada sobre uma base de esgotamento doloroso — freqüentemente está acompanhada de uma reação que parece muito viva e cuja natureza é preciso caracterizar. Existe, como o vimos, uma espécie particular de emotividade que desenvolve um estado de fraqueza irritável com uma impulsividade tumultuosa e espasmódica, violenta, mas imprevista e descontínua, procedendo por sobressaltos, por acessos bruscos seguidos de períodos mais ou menos prolongados de declínio extremo. Essa irritabilidade, essas impulsões irresistíveis, essas reações súbitas, essas cóleras sem motivos, em suma, denunciam menos uma grande atividade do que uma excitabilidade reflexa anormal. Também são sinais de uma inatividade relativa das funções psíquicas superiores, das faculdades de controle, e são sinais de falta de coordenação, de falta de equilíbrio, e, por conseguinte, de instabilidade mental e de fraqueza nervosa. Essa impetuosidade relativa, esse estado mais aproximado da ação reflexa primitiva, provêm do fato de que emoções e tendências não são controladas umas pelas outras, refreadas, organizadas, inibidas. Eis por que, entre os emotivos, a vontade é ao mesmo tempo explosiva e instável; ela prevalece, e não consegue conter-se sob a pressão de uma emoção, de uma volubilidade; mas como essas emoções se suplantam bruscamente uma à outra, essas volubilidades não podem ser retidas por muito tempo diante do espírito, de forma a tornar-se um princípio permanente de ação; a força ativa do indivíduo se despende imediatamente e logo se esgota; a conduta é caótica, a vontade, sempre animada, indecisa e impotente. A períodos de superexcitação violenta sucedem-se períodos de depressão, de esgotamento, de impotência. Há uma incapacidade quase absoluta de se dominar: a emotividade é incompatível com uma vontade firme e perseverante; ora o poder de ação é estranhamente enfraquecido, durante as fases de prostração, ora o poder de contenção é abolido, durante as fases de superexcitação. Assim se explicam, ao mesmo tempo, a impulsividade e a falta de resolução que se observam entre os homens desse tipo.

Observemos, enfim, que a natureza particular da inteligência ordinariamente ligada à emotividade concorre também, por sua parte, para dar esse aspecto característico à atividade e à vontade. Na maioria dos emotivos a atenção é lesada; fixa-se com dificuldade, é penosa, oscilante, instável, caprichosa. Ora, a aprosexia está estreitamente ligada à abulia, a ponto de termos podido justamente ver, em ambas, síndromes de uma mesma perturbação psicológica.[19] Isso não é espantoso, uma vez que, entre os indivíduos cuja atenção é mais ou menos profundamente atingida, a vontade se mostra sem decisão e sem resistência, igualmente e sempre impotente para começar a se deter; eles são irresolutos, hesitantes, discutem muito tempo antes de se decidir sobre uma ação sem importância, temem enganar-se, duvidam de si mesmos e dos outros, são desconfiados e inquietos, não têm perseverança e previdência — e são sujeitos a impulsos irresistíveis, cedendo súbita e violentamente a procedimentos irrefletidos. É o que bem mostra o estudo de numerosos estados patológicos, como a neurastenia e a histeria, onde esses diversos sintomas sempre concordam.

Também vimos que a emotividade está normalmente unida ao desenvolvimento da imaginação, e que, entre os mais bem dotados intelectualmente, ela freqüentemente provoca o gosto pela análise e o abuso, o

---

19 Ver, em particular, com relação a esse assunto, Pierre Janet, "Étude sur um cas d'aboulie et d'idées fixes", em *Revue Philosophique*, abril de 1891, e "Histoire d'une idée fixe", em *Revue Philosophique*, fevereiro de 1894.

excesso de sutilezas duvidosas e racionalistas, com seu acompanhamento habitual: o temor quase mórbido pelo definitivo, pelo irreparável, tanto na ordem afetiva quanto na intelectual. E são também quem desviam a ação, suprimem a vontade, sem suprimir o sofrimento que há em se sentir capaz de querer. Biran e Amiel notaram em si mesmos esse singular estado de alma. "Tenho terror à ação", escreve Amiel. "Por quê?" — "Por timidez". "Donde vem essa timidez?".

> Do desenvolvimento excessivo da reflexão, que reduziu a espontaneidade, o impulso, o instinto a quase nada, e, por isso mesmo, a audácia e a confiança. Quando é preciso agir, vejo em todos os lugares apenas erro e arrependimento, ameaças veladas e lamentos mascarados... Como me sinto vulnerável em todos os pontos, e em todos os lugares acessível à dor, permaneço imóvel. Tenho a epiderme do coração muito fina, a imaginação inquieta, o desespero fácil, e as sensações, por outro lado, prolongadas... Tenho muita imaginação, consciência e assimilação, e não muito caráter... A vida prática me faz recuar... Tive o desespero precocemente e o desencorajamento profundo... Tenho o espírito sutil, complexo, a faculdade de distinção e análise... Mas a análise levada até o fim se devora a si mesma. Pela análise me anulei... O que me falta é caráter, é querer... A ação é a minha cruz, porque seria o meu sonho [...].[20] Nesse eterno observador de mim mesmo (Maine de Biran), reencontro-me com todos os meus defeitos: indecisão, desencorajamento, necessidade de simpatia, inação; com meu hábito de me ver passar, sentir e viver; com minha incapacidade crescente para a ação prática.[21]

Parece que é a eles, a esses modernos Hamlets,[22] que se dirigem estas palavras de Leopardi:

> A fineza de tua própria inteligência e a vivacidade de tua imaginação te excluirão em grande parte do domínio de ti mesmo. Os brutos voltam facilmente para os fins a que se propuseram todas as suas faculdades e forças. Mas os homens só muito raramente utilizam

---

20 Amiel, *Fragments d'um Journal intime*, t. I, p. 101.

21 Ibid., t. I, p. 123.

22 Ver em Dumas, *Les États intellectuels dans la mélancolie*, pp. 55–67, uma engenhosa e curiosa análise do personagem de Hamlet: melancolia, espírito de análise, abulia, impulsividade: são esses os seus elementos essenciais.

todo o seu poder, detidos que estão, na maioria das vezes, pela razão e pela imaginação, que mil incertezas para a deliberação e mil obstáculos para a execução lhes criam. Os menos aptos, ou os menos habituados a considerar ou a equilibrar os motivos, são eles mesmos os mais imediatos a tomar uma resolução e os mais poderosos na ação. Porém, os que se assemelham a ti, as almas escolhidas, continuamente dobradas sobre si mesmas e como que ultrapassadas pela grandeza de suas próprias faculdades, impotentes, por conseguinte, de se governar a si mesmos, são os mais freqüentemente submissos, seja na deliberação, seja na execução, à falta de resolução, que é uma das grandes penas que afligem a vida humana.[23]

III — Há, pois, entre os modos da sensibilidade e da inteligência e os da vontade, relações definidas e constantes. Essas relações são de dois tipos: relações de exclusão, de coexistência ou correlação.

A apatia é inconciliável com uma atividade enérgica, exuberante e sempre prestes a se despender. Da mesma forma, há exclusão entre dor e atividade, entre emotividade e vontade perseverante, paciente, senhora de si.[24]

Por outro lado, há oposição entre a atividade e certas disposições da inteligência. É, de início, uma direção puramente objetiva do pensamento especulativo e contemplativo, ou ainda diletantismo do espírito. É também o desenvolvimento excessivo da imaginação sonhadora, romântica e quimérica. É, enfim, a mania esgotante da análise, a extrema sutileza do espírito.

Reciprocamente, a atividade enérgica, espontânea, sempre a ponto de se despender, acomoda-se mal em uma sensibilidade muito refinada e requintada; ela repugna a meditação prolongada, quase não tarda em considerar abstratamente todas as questões; tem uma predileção marcada por reter apenas as razões de agir, as idéias práticas.

Lembremos agora as leis de concordância. A apatia e a inércia coexistem, em geral; ao menos a apatia acarreta uma atividade lenta e monótona. A sensibilidade viva e forte, voltada para o prazer, está ligada a uma atividade rica e expansiva. Se ela é volúvel e superficial, acarreta

---

23 Leopardi, *Dialogue de la nature*, citado por Lombroso, *L'homme de génie*, p. 71.

24 Somente há dois casos a distinguir: ora é o desenvolvimento da emotividade que impede a formação da vontade; ora, ao contrário, é o desenvolvimento da vontade que refreia e modera a emotividade.

uma atividade dispersiva, a quem agrada mais a agitação do que a verdadeira ação. Se ela é ardente, passional, provoca uma atividade impetuosa, de energia vibrante, sustentada, mas que se transforma com dificuldade em vontade contida e refletida. Se, enfim, essa impressionabilidade se torna extrema, se a emotividade se exalta ao ponto de tornar-se característica, provavelmente teremos que lidar com uma atividade impulsiva e caprichosa, sujeita a defeitos profundos, a uma vontade instável, sucessivamente prevalecendo ou se apagando, irresoluta e explosiva, sem poder de detenção suficiente, sem regularidade e sem calma.

Uma inteligência automática, lenta, rotineira, corresponde na maior parte dos casos a uma atividade lenta, sem flexibilidade e sem variedade. A falta de atenção acarreta problemas de falta de coordenação na motilidade e uma alteração semelhante na vontade; a volubilidade do espírito acarreta incoerência na atividade. O desenvolvimento da atenção, a firmeza do pensamento, o hábito da reflexão são, ao contrário, as condições necessárias de ordem e de medida na conduta, da unidade no querer.

Se quiséssemos contemplar mais do alto essas relações diversas, poderíamos observar aqui, também, que a organização e a desorganização psicológicas se traduzem de uma mesma maneira harmoniosa na vida afetiva, intelectual e ativa.

A irascibilidade, a emotividade irritável e impulsiva, a incoerência no pensamento, a inaptidão para a atenção e a reflexão, a atividade caótica (que são a característica da maioria das raças inferiores, de certos degenerados e de grande número de indivíduos normais) testemunham uma profunda falta de coordenação, uma falta de análise, uma associação dos elementos psíquicos.

A excessiva volubilidade dos sentimentos, das idéias, dos movimentos, das volições, com falta de estabilidade, de permanência, são a marca de uma coordenação incompleta, imperfeita, com as tendências apresentando também uma notável disposição em agir cada qual por sua conta.

Em outros casos, há uma coordenação excessiva, uma predominância exagerada dos fenômenos de inibição, qualquer que seja, no mais, sua natureza; de onde a concentração, a opressão da sensibilidade, uma espécie de aglutinação das idéias que rodeiam sem parar sobre um mesmo centro, que dificilmente se organizam em sínteses novas, e em conseqüência, a hesitação, falta de resolução, temor à ação.

Às vezes, como na apatia, a inércia, a rotina intelectual, o que está ausente não é a coordenação, mas a riqueza dos elementos, a vivacidade das tendências, sua variedade e flexibilidade.

Enfim, a ponderação, com riqueza e harmonia das funções psíquicas, é a expressão de uma organização superior: é a plenitude da vida que, aqui como em tudo o mais, pressupõe que não haja nem excesso, nem falta, em nenhum sentido, nem absorção das tendências umas pelas outras, nem conflito, nem luta, com toda desarmonia se resolvendo, em última análise, numa perda final das forças.

CAPÍTULO IV

CAPÍTULO IV

Classificação dos caracteres

1 — "A natureza, grande fazedora de embaraços, é muito menos pródiga do que desejaria parecer. Ela tem dois ou três moldes nos quais joga os homens, talvez ao acaso, e por algumas nuances próximas todos os homens saídos do mesmo molde se assemelham".[1] As coisas, na verdade, parecem acontecer menos simplesmente, e uma classificação dos caracteres, para espremer um pouco mais a realidade, comporta uma complexidade que, na verdade, é desconcertante. O que é verdadeiro, todavia, é que com os diversos elementos do caráter combinando-se segundo certas leis gerais disso resulta certo número de tipos, entre os

1 Alexandre Dumas, *L'Ami des femmes*, ato II, cena I.

quais se partilha a infinita diversidade dos indivíduos, e também que a preponderância desta ou daquela função da vida psíquica baste para já caracterizar uma numerosíssima classe de homens e a acarretar, em seqüência, certo número de traços concordantes. Ora, é precisamente ao esboçar uma classificação dos caracteres (que, aliás, não tem a pretensão de ser definitiva ou completamente nova) que veremos manifestarem-se, de forma concreta, essas leis de coordenação e subordinação de que já falamos.

Sem querer proceder a uma crítica detalhada de todas as classificações propostas, e eliminando da seqüência aquelas fundadas sobre uma classificação dos temperamentos, não podemos deixar de lembrar e de apreciar brevemente as mais interessantes e recentes.

Não nos deteremos às de Fourier,[2] às do Doutor Bourdet,[3] ou às do Doutor Azam.[4] Ou elas não têm um princípio diretor, ou o princípio do qual partem é verdadeiramente muito exterior, muito fácil, e, por assim dizer, um pouco infantil. São, em suma, nomenclaturas de traços de caracteres; uns simples; outros mais ou menos compostos e derivados.

Em seguida, vamos aos trabalhos mais recentes sobre esse assunto, isto é: aos dos senhores Bernard Pérez, Ribot, Paulhan e Fouillée.

O senhor Bernard Pérez toma como ponto de partida de sua classificação a consideração dos movimentos. Ele dá de seu princípio e de sua classificação uma idéia muito clara neste breve resumo:

> Um estudo minucioso, com uma classificação rigorosa das diversas formas ou combinações de movimentos, representaria um esquema exato de todas as modificações possíveis da personalidade

---

[2] Charles Fourier, *Théorie des quatre mouvements*. Há 12 paixões: da predominância de uma ou de várias entre elas resultam 810 caracteres, que se classificam por uma série de *títulos*: caracteres *monotitulares* (uma dominante qualquer), *bititulares*, *trititulares*, etc.

[3] Doutor Bourdet, *Des maladies du Caractère*, 1858. 36 caracteres provenientes da presença, do exagero ou da falta de 12 qualidades principais (coragem, liberalidade, magnanimidade...); o Doutor Bourdet, aliás, só indica algumas dessas 12 qualidades, e não classifica e nem enumera os 35 caracteres teoricamente determinados.

[4] Doutor Azam, *Le Caractère dans la santé et dans la maladie*, 1887. Três grandes categorias: os bons caracteres, os maus caracteres, os caracteres que são bons ou maus segundo as circunstâncias; no todo, mais de 100 caracteres. "Essa divisão", observa o autor, "não é uma classificação e não poderia sê-lo; ela é absolutamente arbitrária e só tem o objetivo de facilitar o estudo" (p. 58).

humana. Não tenho a pretensão de traçar um simples esboço dele. Bastar-me-á encontrar, na ordem das manifestações motoras, alguns modos gerais representando certo número dos modos caracteriais. Assim, negligenciando todas as demais qualidades ou formas gerais dos movimentos, detenho-me a estas três: *rapidez, lentidão, energia intensa* ou *ardor*, às quais, acrescentando suas combinações duas a duas, pareceram-me oferecer os elementos de uma classificação muito simples e de fácil verificação.

A rapidez dos movimentos nos parece acarretar um primeiro tipo de caráter, o dos *vivos*; a qualidade contrária, o dos *lentos*; a energia muito proeminente, o dos *ardentes*; a mesma energia, combinada com a vivacidade, mas com esta predominante, nos oferece o tipo intermediário dos *vivos-ardentes*; combinada com a lentidão, o dos *lentos-ardentes*. Distinguimos ainda a classe dos *ponderados* ou dos *equilibrados*, temperamentos médios ou de feliz harmonia, em que nem a vivacidade, nem o ardor, nem a lentidão têm uma supremacia evidente.[5]

Essa classificação é seguramente clara, interessante e mesmo, em certo sentido, verdadeira; ela é, sobretudo, muito felizmente ilustrada por "retratos", dos quais quase todos são engenhosa e finamente traçados. Mas o princípio não deixa de levantar algumas dificuldades. Não direi que ele é inteiramente arbitrário, e que a classificação seja por isso puramente artificial. Porém, a motilidade, se realmente é uma característica aparente, permanece exterior e como que episódica; ela é uma expressão derivada da natureza psíquica muito mais que sua base, e isso pode mesmo ser, em muitos casos, uma expressão equívoca, como o observamos anteriormente. A energia dos movimentos é um signo, uma manifestação objetiva, por assim dizer, da violência dos desejos ou da impulsividade das tendências; ela poderia também ser o sinal de certa exuberância da atividade espontânea, ou ainda a expressão de uma vontade sempre forte e sempre pronta. Do signo é preciso voltar à coisa significada. Certos tipos de caracteres são necessariamente omitidos. Por exemplo, os *intelectuais*, aos quais se pode, imagino, atribuir uma forma bem determinada de motilidade. Ou ainda os voluntários, a menos que sejam classificados entre os *ponderados*, o que não seria exato: primeiro, porque há os "ponderados", os "equilibrados", que não são voluntários, e

---

5 Bernard Pérez, *Le Caractère de l'enfant à l'homme*, pp. 23–24.

também porque os voluntários nem sempre e necessariamente são "ponderados" no sentido rigoroso do termo.⁶

Passo em seqüência à classificação do senhor Paulhan, ainda que cronologicamente posterior à do senhor Ribot, porque ela me parece provocar reservas das quais algumas (as mais importantes) são da mesma ordem das que acabamos de formular. Aqui também tomo emprestado do próprio autor o resumo de sua doutrina.

> Se consideramos as qualidades primeiras, susceptíveis de constituir por sua predominância tipos psicológicos, teremos duas grandes classes para estudar: primeiro, a classe das qualidades que se ligam à maneira de ser das tendências, ao caráter geral de suas relações num mesmo indivíduo [...]; segundo, a classe das qualidades que são constituídas pelas próprias tendências [...]; a primeira classe compreende as formas da atividade mental; a segunda, os elementos concretos que dirigem essa atividade.⁷

A primeira classe comporta dois grupos, o que é necessário distinguir: ou se trata "das relações das tendências, dos desejos, das idéias em um mesmo indivíduo, da forma geral como eles se convocam e se associam", ou se trata "das diferentes maneiras como os elementos podem realizar essas formas gerais", "das diferentes qualidades das tendências". Mas, nos dois casos, são as *formas* da atividade psíquica que consideramos; a consideração do conteúdo e da natureza própria das tendências concretas só será abordada em seqüência. Para melhor compreender o princípio, vejamos agora sua aplicação. Na primeira categoria (tipos provindos das formas diversas da associação psicológica), identificaremos: os *equi-*

---

6 Cf. Fouillée, *Tempérament et Caractère*, p. 17: "A classificação proposta pelo senhor Pérez nos parece ter uma falha capital; ela se assenta inteiramente sobre puras considerações de quantidade, abstraindo-se a qualidade. Como você julgaria uma melodia? Não é somente pela intensidade de seus sons e sua rapidez; é preciso considerar a relação mútua. Mesmo num som isolado, é o timbre que é distinto, porque ele contém, como se sabe, uma combinação de harmônicos, dos quais uns são consonâncias e outros dissonâncias. Da mesma forma, o que é característico numa individualidade é o seu timbre moral. As observações sobre os vivos e os lentos nos parecem, pois, estéreis, enquanto não se sabe nem sobre quais qualidades incide a vivacidade ou a lentidão, a energia ou a fraqueza, nem quais são as causas destas, nem quais efeitos necessariamente se deduziriam delas".

7 Paulhan, *Les Caractères*. Paris: Félix Alcan, introdução, p. 11.

librados, os *unos*, os *senhores de si*, os *refletidos*, os *inquietos*, os *nervosos*, os *aborrecidos*, os *impulsivos*, os *compostos*, os *incoerentes*, os *esfacelados*, os *sugestionáveis*, os *fracos*, os *distraídos*, os *sonolentos*, os *ligeiros*, etc. Na segunda categoria (tipos provindos das diferentes qualidades das tendências), encontraremos os caracteres *largos* ou *estreitos* e *mesquinhos*, os *puros*, os *tranqüilos*, os *perturbados*, os *passionais*, os *empreendedores*, os *voluntários*, os *constantes*, os *fracos*, os *mutantes*, os *flexíveis*, os *doces*, os *rijos*, os *vivos*, os *impressionáveis*, os *frios*, os *moles*, etc. Enfim, a terceira categoria (tipos formados pela predominância ou pela falta de uma tendência) compreenderá os tipos determinados: pelas tendências VITAIS (os *glutões*, os *sóbrios*, os *sexuais*, os *pintores*, os *escultores*, os *músicos*, os *gulosos*, os *intelectuais*, os *afetivos*, etc.); as tendências SOCIAIS (*egoístas*, *altruístas*, aqueles em quem domina o *amor*, a *amizade*, as *afeições pela família*, os *humanitários*, os *mundanos*, os *profissionais*, os *avaros*, os *econômicos*, os *vaidosos*, os *humildes*, os *ambiciosos*, os *autoritários*, os *submissos*, os *felizes*, os *regozijantes*, os *pessimistas*, etc.); enfim, as tendências SUPRA-SOCIAIS (os *formalistas*, aqueles que amam os *princípios abstratos*, os *místicos*, os *amantes da verdade*, etc.).[8]

Há nisso uma tentativa cuja força e originalidade não desprezamos. O senhor Paulhan desejou deduzir, em suma, das leis gerais da psicologia,[9] uma determinação dos diversos tipos humanos. Não caberia nas nossas intenções discutir aqui e *en passant* o sistema filosófico desse autor, e devemos nos limitar à sua teoria dos caracteres. Uma primeira observação se coloca: entre essas três grandes categorias

---

8 De fato, o senhor Paulhan distingue não três, mas quatro categorias de qualidades psíquicas; além das que exprimem: 1) "as relações gerais das diversas tendências"; 2) "as diferentes maneiras como os elementos podem realizar as formas gerais"; 3) "a predominância ou a falta de uma tendência"; há uma categoria de qualidades que "difere das três precedentes na medida em que as qualidades que podemos incluir nela são combinações de vários traços tomados de empréstimo das classes precedentes. São produtos secundários da vida, da atividade das tendências em certas condições, e por maior que possa ser seu posto na existência devem ser, sob o ponto de vista científico, considerados como subordinados". Tais são, por exemplo, a *susceptibilidade*, o *ciúme*, a *disposição à mentira*, etc. Essa quarta classe não contém, assim, nenhum elemento novo; "assim não haveria razão em estudar nelas mesmas as formas compostas e derivadas, valendo mais examiná-las a cada vez com os elementos que as compõem".

9 Ou ao menos da *sua* psicologia, fundada sobre a teoria da *associação sistemática*, e que ele expôs na notável obra *L'Activité mentale et les Élements de l'Ésprit*. Paris: Félix Alcan, 1889.

que distinguimos, é bem difícil perceber relações claras e bem definidas. Uma das formas gerais da associação acarretará, necessária ou preferencialmente, tal ou qual *qualidade* das tendências, e quais? E, ainda: tal *forma* de associação e tal *qualidade* das tendências serão tão facilmente compatíveis com estas determinadas tendências concretas quanto com aquelas? Vejo, por exemplo, que deve haver relações estreitas entre certas qualidades da primeira categoria (inquietos, nervosos, compostos, incoerentes) e certas qualidades da segunda categoria (perturbados, mutantes, emotivos); mas talvez ocorra que, em última análise, quase a mesma coisa nos seja apresentada sob nomes e classes diferentes. Não vejo mais tão bem se a gulodice, o amor pela humanidade, o misticismo, a vaidade, o pessimismo concordem um melhor do que o outro com as qualidades distintas nos dois grupos precedentes. Sou mesmo tentado a crer que se possa ser pintor ou escultor e entrar, indiferentemente, em qualquer dos tipos constituídos pelas formas da associação ou pelas qualidades das tendências. E, ademais, pode-se ser pintor e sóbrio ou guloso, avaro ou pródigo, regozijante ou asceta, o que, sem dúvida, se deve ao fato de que as aptidões estéticas de tal ou qual ordem não constituam nem caracteres, nem talvez verdadeiros *traços de caráter*. Em todo caso, há, sob o ponto de vista que acabamos de considerar, uma indeterminação manifesta, que em nossa opinião é particularmente grave.

Isso porque também é pouco legítimo partir das *formas* da atividade mental consideradas *in abstracto*. Haverá colisões com dificuldades inextricáveis quando se tratar de incluir os próprios elementos concretos nas formas; e o que há de arbitrário e artificial nesse método apriorístico explodirá no momento em que for preciso passar da teoria à determinação do caráter de um dado indivíduo. O modo de organização das tendências não depende da sua própria natureza? Elas não se ordenam entre si segundo o que são em si mesmas e por si mesmas? Os elementos concretos do caráter reagem sem dúvida uns sobre os outros; também se opõem uns aos outros, se coordenam e se subordinam; mas é precisamente da natureza própria e da preponderância relativa desses elementos que resulta a forma particular de sua combinação. É, pois, deles que se deve partir, e não da lei abstrata que exprime simplesmente relações, independentemente dos termos. Um caráter não é um modo de relações entre tendências psíquicas; ele consiste nestas mesmas tendências em relação umas com as outras. Não se deve, pois, partir, por assim dizer, de fora para dentro, mas, ao contrário, de dentro para fora.

É um defeito de mesma natureza o que se observa ainda na determinação das diferentes tendências concretas e em sua classificação pelo senhor Paulhan. Ele define cada tendência, como o observa corretamente o senhor Fouillée, por seu objeto, pelo fim exterior para o qual ela nos leva, e a base mesma da vida não é abordada. E o eminente psicólogo acrescenta:

> Entre as formas gerais da associação sistemática e os objetos particulares das tendências ou das paixões, parece-nos que deva existir um intermediário, e esse intermediário é precisamente o caráter mesmo, isto é, a natureza própria da sensibilidade, da vontade, da inteligência [...]; o que é primordial é o modo individual de desenvolvimento e de funcionamento do processo psíquico sentir, pensar, querer.[10]

As classificações dos senhores Ribot e Fouillée distinguem-se precisamente das duas precedentes na medida em que incidem "não sobre a forma, mas sobre a base". Nisso consiste, a nossos olhos, sua superioridade, e nossas reservas serão de uma natureza completamente diferente. "Para constituir um caráter", escreveu o senhor Ribot, "duas condições são necessárias e bastantes: a unidade e a estabilidade".[11] Essa definição permite eliminar logo em seguida os inumeráveis indivíduos humanos que não têm nem unidade, nem estabilidade, nem uma marca que lhes seja própria. Esses "casos toscos" são os *amorfos* e os *instáveis*. Feita essa exclusão, a classificação percorrerá quatro graus: no primeiro, notaremos as condições mais gerais, ou simples quadros, correspondendo aos *gêneros* em zoologia e em botânica. No segundo, encontraremos os tipos fundamentais, as formas puras, correspondendo às *espécies*. "Aqui entra em cena um fator novo: as disposições intelectuais". No terceiro, as formas mistas ou compósitas — análogas às *variedades*. Finalmente, os substitutos ou caracteres parciais, cuja fórmula é esta: "Um amorfo *mais* uma disposição intelectual ou uma tendência afetiva muito dominante [...];

---

10 Fouillée, *Tempérament et Caractère*, p. 127.
11 Ribot, *Psychologie des Sentiments*, 3ª ed., cap. 12, p. 385.

o caráter parcial só age sobre um ponto: para todo o resto, ele sente, pensa e age como todo mundo".

O ponto de partida da classificação, o seu princípio mesmo, será, desde então, a determinação das funções essenciais da vida mental capazes de fazer nascerem por si mesmas os gêneros, por sua união com as disposições intelectuais às espécies, por suas combinações entre si às variedades. Ora, para o senhor Ribot, "a base de todo animal é o *sentir* e o *agir*". Daí advêm duas grandes classes: os *sensitivos* e o *ativos*, aos quais é preciso acrescentar uma terceira, caracterizada pela atrofia da sensibilidade e da atividade, os *apáticos*. Cada um desses gêneros se subdivide em *espécies*, da seguinte maneira:

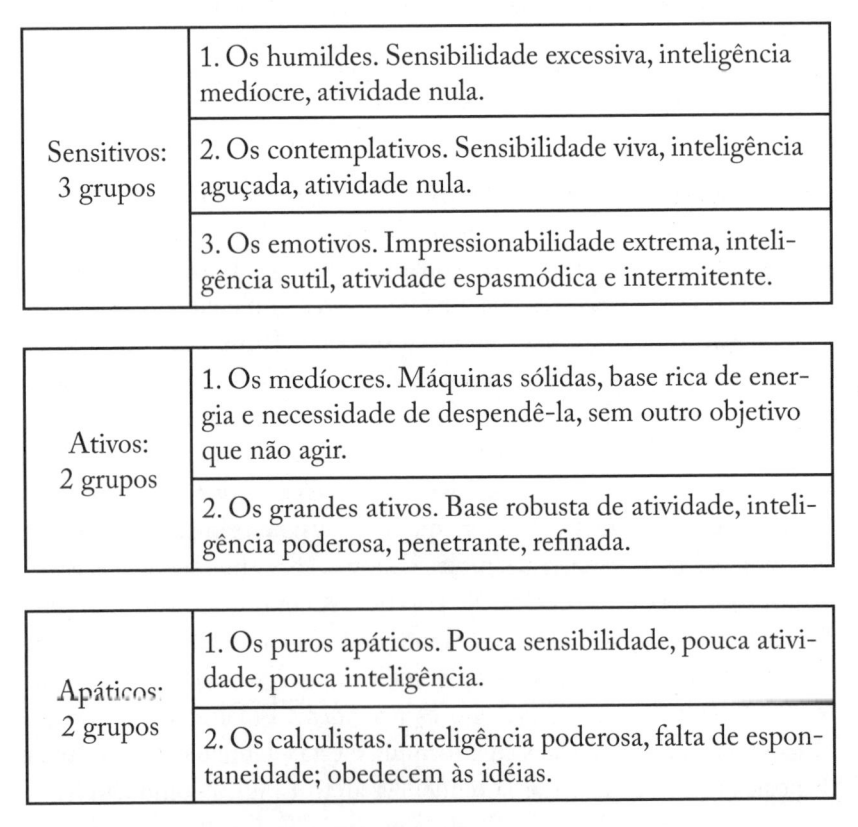

Sensitivos: 3 grupos	1. Os humildes. Sensibilidade excessiva, inteligência medíocre, atividade nula.
	2. Os contemplativos. Sensibilidade viva, inteligência aguçada, atividade nula.
	3. Os emotivos. Impressionabilidade extrema, inteligência sutil, atividade espasmódica e intermitente.

Ativos: 2 grupos	1. Os medíocres. Máquinas sólidas, base rica de energia e necessidade de despendê-la, sem outro objetivo que não agir.
	2. Os grandes ativos. Base robusta de atividade, inteligência poderosa, penetrante, refinada.

Apáticos: 2 grupos	1. Os puros apáticos. Pouca sensibilidade, pouca atividade, pouca inteligência.
	2. Os calculistas. Inteligência poderosa, falta de espontaneidade; obedecem às idéias.

As formas mistas resultam do encontro, num mesmo indivíduo e com intensidade aproximadamente igual, de duas das tendências fundamentais já distinguidas. Obtemos quatro novos tipos:

A. — Sensitivos-ativos. Sensibilidade viva, temperamento ativo, heróis impetuosos.

B. — Apáticos-ativos. Temperamento moral, aproximando-se dos calculistas, heróis passivos.

C. — Apáticos-sensitivos. Atonia e instabilidade, lançando-se à ação com violência, mas por episódios.

D. — Temperados (mas o senhor Ribot não considera que estes sejam caracteres).

Tal é essa classificação, a mais penetrante e mais verdadeira, sob muitos pontos de vista, que conheço. Ela só parece pecar, se posso dizê-lo, por *falta*: exclui muito, e talvez simplifique demais também.

Será legítimo, de início, eliminar os amorfos e os instáveis a pretexto de que uns se prestam a sofrer todas as influências e os outros sejam mutantes de um instante a outro? Nem em uns, nem nos outros se encontra, dirão, uma singularidade característica, algo de notável, um selo original. Deve-se disso concluir que eles não tenham certo caráter? Primeiramente, não há amorfos puros, e essa plasticidade é coisa variável de um indivíduo a outro; depois, ela é, por si mesma, um signo distintivo; e, finalmente, o amorfo se aproxima muito do apático puro, que para o senhor Ribot constitui uma espécie, e que não é muito mais interessante, uma vez que sua originalidade é ser um limite, o que, afinal de contas, é muito pouco. Da mesma maneira, ninguém é absolutamente instável, e nem instável na mesma categoria, nem capaz de oscilações igualmente freqüentes, de igual amplitude, entre os mesmos pólos; por outro lado, o fato de mostrar-se "caprichoso, mutante de um instante a outro, sucessivamente inerte e explosivo, incerto e desproporcional em suas reações", demonstra certa originalidade e (se não entramos completamente no domínio da patologia) faz "o instável" assemelhar-se singularmente ao "sensitivo-emotivo", que é retratado como "só agindo sob a influência momentânea de motivos poderosos, e depois atravessando períodos de esgotamento e marasmo".

Passemos agora aos tipos de caracteres que o senhor Ribot retém e vejamos se o princípio sobre o qual ele se apóia para classificar todos os que não são nem amorfos, nem instáveis é amplo o suficiente. Também aqui noto três exclusões principais que me parecem inteiramente justificadas. Primeiramente (e este é o ponto menos importante, aliás), nos recusamos a fazer dos temperados ou dos equilibrados um gênero, ou mesmo uma espécie. Sem dúvida, eles estão incluídos no grupo dos tipos mistos, mas, de certo modo, relutantemente. A propósito de Goethe, que consideramos comumente como um exemplar quase perfeito do tipo (o que, de resto, é muito contestável), o senhor Ribot chega ao ponto de duvidar que ele seja um caráter, ou mesmo um gênio. Que os temperados constituam uma "espécie" distinta e claramente caracterizada, parece-nos certo. Lendo, por exemplo, o interessantíssimo retrato que o senhor Pérez traçou do senhor Roland,[12] se perceberá que um caráter de tal tipo pertence a um grupo definido, e mesmo assim não entra de uma forma clara em nenhuma outra categoria. E mais: vemos aí não somente uma espécie, mas um gênero. A *harmonia*, o *equilíbrio*, nos parecem algo tão importante e tão fundamental quanto o *excesso* ou a *falta*; a ponderação é tão característica quanto a desproporção e pode, por conseguinte, ocasionar um tipo também "puro", a um gênero também característico.

Continuemos. Entre as funções essenciais da vida psíquica, o senhor Ribot se recusa a contar a inteligência e não fala da vontade. Sobre o primeiro ponto, já insistimos anteriormente.[13] Não retornaremos a ele: a função de pensar nos pareceu tão "inata" quanto a atividade, tão característica quanto "o gosto pelas viagens sem razão e sem destino", por exemplo, e capaz, desde o início, por sua preponderância, de constituir também um gênero da mesma dignidade que a preponderância da sensibilidade. O mesmo ocorre com a vontade. Ela não é, naturalmente, tão primitiva, tão simples quanto o sentir e o agir; ela é uma manifestação superior, complexa e ulterior; não é perceptível na base da vida psíquica, ou melhor, da vida animal.[14] Será este um motivo suficiente para não contá-la quando se trata da vida humana, e se deverá recusar explorar seus picos? Além de que o desenvolvimento mais ou menos notável da vontade, num dado indivíduo, talvez encontre suas condições e, num certo sentido, sua base em determinada constituição particular da sensibilidade, da atividade, da inteligência — cremos que, *de fato*, essa

---

12 Bernard Pérez, op. cit., pp. 181–187.
13 Cf. parte I, cap. 4.
14 "A base de todo *animal*", escreveu o senhor Ribot, "é o sentir e o agir". Que o seja, mas a questão é precisamente saber se é toda a base do homem, se é o homem *inteiro*.

faculdade propriamente humana, muito desigualmente repartida, aliás, entre os homens, quando se torna predominante, basta para dar a certa categoria de indivíduos uma natureza própria e francamente diferenciada. Avaliamos, assim, que há uma classe de *voluntários*, como também uma classe de *intelectuais*; suprimi-los seria simplificar excessivamente.

Esse abuso da simplificação que tentamos mostrar vem, no fundo, da própria concepção que o senhor Ribot faz do caráter. O caráter, para ele, "são os instintos, as tendências, os impulsos, os desejos, os sentimentos: tudo isso e nada mais". Eis por que todo verdadeiro caráter é "uno", "estável", "inato"; eis por que "a marca própria de um caráter é de aparecer desde a infância"; eis por que "os verdadeiros caracteres são raros". É que, com efeito, o senhor Ribot parece entender por caráter, em última análise, uma espécie de vocação definida, irresistível e inata; em uma palavra, a fatalidade de um instinto poderoso. E, assim, os amorfos e os instáveis serão justamente excluídos, como também os voluntários e os intelectuais, pois nem a vontade, nem a inteligência são instintos, ou, pelo menos, puramente instintos. E, se os apáticos são dispensados, é porque trazem consigo uma espécie de irresistível instinto de resistência ou inércia. Mas essa acepção da palavra *caráter* não será arbitrariamente restrita? O caráter não é toda a "fisionomia moral" de um indivíduo? Não seria preciso reintegrar, na compreensão do termo, um grande número dos elementos assim eliminados? Se a teoria do senhor Ribot é, de um extremo ao outro, tão solidamente construída, tão vigorosamente conseqüente, talvez seja porque ela se distancie muito da realidade concreta e complexa, e, para querer reduzir esta a um número pequeno de elementos simples, a mutile. O amor pela clareza pode ter seus inconvenientes.

A classificação do senhor Fouillée não tem, a nossos olhos, os mesmos defeitos: na verdade, tem defeitos mais graves. Esta classificação é, como a do senhor Ribot, tripartite.[15]

> Uma vez que restabelecemos a presença da inteligência nos elementos primordiais da evolução mental, logicamente chegamos a distinguir três grandes gêneros de caracteres: o sensitivo, o intelectual e o voluntário. Todos nós, diz Platão, somos compostos por uma hidra, um leão e um homem: a hidra de cem cabeças é a paixão; o leão é

---

15 Observemos, porém, que o senhor Fouillée parece considerar os "equilibrados" como que formando um gênero à parte, ainda que não os descreva e nem os subdivida.

a vontade; o homem é a inteligência; pode-se acrescentar que nossa forma moral muda segundo um desses três elementos predomine.¹⁶

Dados os gêneros, passemos às espécies.
Entre os *sensitivos*, três espécies a distinguir:
1) Os sensitivos com pouca inteligência e pouca vontade;
2) Os sensitivos com energia voluntária, mas pouca inteligência;
3) Os sensitivos com pouca vontade, mas muita inteligência.

As divisões do gênero dos *intelectuais* são menos claramente marcadas na obra que analisamos. Porém, se as compreendemos bem, eis quais seriam:
1) Os intelectuais exclusivos, com subdivisões possíveis em concretos (imaginativos) e abstratos, em intuitivos e dedutivos;
2) Os intelectuais tendo sensibilidade e pouca vontade; nestes, poderíamos dispor os meditativos e contemplativos, e os analistas;
3) Os intelectuais com muita vontade.

Os *voluntários* se dividiriam naturalmente também em três categorias:
1) Os voluntários com pouca sensibilidade e pouca inteligência;
2) Os voluntários com muita sensibilidade e pouca inteligência;
3) Os voluntários com muita inteligência e pouca sensibilidade.¹⁷

Nossas críticas quanto a essa classificação serão breves. Não nos alongaremos em observações quanto a pormenores como: que diferença há entre um indivíduo dotado de *muita sensibilidade, muita vontade e pouca inteligência*, e um indivíduo dotado de *muita vontade, muita sensibilidade e pouca inteligência*? Em suma, a obscuridade aqui vem da grande indecisão dos termos que o senhor Fouillée emprega: *muita* ou *pouca* sensibilidade, vontade, inteligência. Não poderíamos retornar contra ele a objeção que ele dirige, se não me engano, ao senhor Bernard Pérez, de que se trata de uma questão não de quantidade, mas de qualidade?

---

16 Fouillée, *Tempérament et Caractère*, p. 135.
17 Ibid., p. 178. O senhor Fouillée também parece estabelecer uma divisão em "vontades de impulso" e "vontades de inibição", e também em "vontades egoístas" e "vontades altruístas"; mas essas novas classes não correspondem bem claramente às que acabamos de encontrar.

O que me interessa é, sobretudo, saber que natureza, que forma de sensibilidade, ou de inteligência, ou de vontade se encontra em um dado indivíduo, segundo nele domine este ou aquele modo de vontade, de inteligência ou de sensibilidade.

Outra dificuldade, que já assinalamos: essa classificação dos caracteres não está relacionada à dos temperamentos que o autor propusera, porque o conhecimento do caráter deve ter como base a determinação dos temperamentos, e uma teoria dos caracteres deve ser fundamentada, ao mesmo tempo, na biologia e na psicologia.

Ora, entre os *temperamentos* descritos pelo senhor Fouillée, eis o sensitivo de reação imediata: sensibilidade viva, emoções fugitivas e pouco profundas, volubilidade dos sentimentos, disposição ao otimismo, humor divertido, ligeireza, despreocupação, aptidão a viver no presente, atividade volúvel e superficial, falta de perseverança, presença de exuberância, vivacidade. Isso é a descrição de um caráter; não a encontramos mais na classificação dos caracteres propriamente ditos. Da mesma maneira, se há um temperamento ativo, por que não contaríamos um caráter "ativo"? E os "ativos" não são necessariamente a mesma coisa que os "voluntários". Tentarei, descrevendo uns e outros, mostrar tão claramente quanto me for possível as diferenças que os separam. Enfim, não vejo razão maior para recusar-me a fazer dos "apáticos" um gênero à parte; o senhor Fouillée se limita a dizer: "A apatia é apenas uma questão de grau, não de natureza", o que não constitui um argumento definitivo, tanto mais que o autor, a propósito dos temperamentos, bem escreveu:

> No fleumático passivo e *apático*, a inércia é excessiva e se estende a tudo, tanto à sensibilidade, quanto à atividade [...]; os apáticos poderiam também se chamar adinâmicos; eles têm algo dessa depressão de forças que caracteriza a doença, o sono e a velhice. Seu temperamento é, *ao mesmo tempo, o antípoda dos temperamentos sensitivo e ativo*.[18]

Em resumo, o que reprovamos no senhor Fouillée é ter desprezado um bom número de tipos de caracteres, de ter simplesmente retomado a

---

18 Ibid., pp. 75–76. Sou eu que saliento esse último trecho da frase, que me parece tanto mais característico à medida que o senhor Fouillée faz do temperamento apático uma subdivisão dos "ativos".

classificação de Bain em emocionais, intelectuais, volicionais,[19] o que é verdadeiramente um pouco estreito.

Devo assinalar ainda as classificações propostas pelos senhores F. Queyrat,[20] Alb. Lévy,[21] Charles Ribéry.[22]

Segundo o senhor Queyrat, as diversas formas do caráter se remetem a quatro gêneros principais:

> Ou há a predominância muito acentuada de um qualquer, dentre os três elementos psíquicos — sensibilidade, atividade, inteligência —, com os dois outros desempenhando um papel completamente secundário, ou então esses mesmos elementos, alternativamente combinados, predominam dois a dois, com o terceiro se apagando; ou então todos os três são aglomerados, aliás, num *tônus* diferente, uma vez que juntos podem ser muito ou pouco desenvolvidos, ou também atrofiados; enfim, é possível que, num mesmo indivíduo, um elemento — a atividade ou a sensibilidade, por exemplo — ora se acuse fortemente, ora se extinga e desapareça por um tempo.

Obtém-se, assim, o seguinte quadro:

I. Tipos puros: predominância marcada de uma faculdade ou de uma tendência	1) Emocionais ou emotivos (sensitivos, afetivos)
	2) Ativos
	3) Intelectuais ou meditativos ou contemplativos

II. Tipos mistos: predominância simultânea de duas faculdades	1) Ativos-emocionais ou passionais
	2) Ativos-meditativos ou voluntários
	3) Meditativos-emocionais ou sentimentais

---

19 Alexander Bain, *On stufy of character*.
20 Queyrat, *Les Caractères et l'Éducation morale*. Paris: Félix Alcan, 1896.
21 Alb. Lévy, *La Psychologie du Caractère*, Paris: Félix Alcan, 1896.
22 Charles Ribéry, *Essai de classification naturelle des caractères*. Paris: Félix Alcan, 1902.

III. Tipos equilibrados: ponderação de uma tonalidade diferente das três faculdades	1) Equilibrados
	2) Amorfos
	3) Apáticos

IV. Tipos irregulares: exercício irregular e intermitente de uma ou de diversas tendências	1) Instáveis ou incoerentes ou impulsivos
	2) Irresolutos
	3) Aborrecidos

Só apresentarei uma observação quanto a essa interessante classificação. O ponto de vista no qual o senhor Queyrat se posiciona quando determina o quarto gênero não é mais o mesmo daquele que lhe serviu para determinar os dois primeiros. Os tipos puros e os tipos mistos resultam da predominância das funções na vida psicológica; os tipos irregulares são constituídos pela *forma* da atividade mental, como o disse o senhor Paulhan. Ora, essa forma não resultará da própria natureza das tendências preponderantes? E, por exemplo, os instáveis não se assemelham estranhamente aos ativos-emocionais, ao ponto de ser uma variedade ou um exagero destes?

A classificação do senhor Alb. Lévy é semelhante à precedente, com a diferença de que comporta apenas os três primeiros gêneros que acabamos de assinalar. Ei-la:

I. Caracteres exclusivos ou unilaterais: predominância de uma única faculdade	1) Os intelectuais ou meditativos
	2) Os sensitivos ou emocionais
	3) Os voluntários ou ativos

II. Caracteres mistos: predominância simultânea de duas faculdades	1) Os intelectuais-voluntários ou meditativos-ativos
	2) Os sensitivos-voluntários
	3) Os meditativos-emocionais
	4) [Poderíamos acrescentar os instáveis]

III. Caracteres equilibrados: em quem não se manifesta nenhuma predominância	1) Os amorfos
	2) Os universais

O senhor Ribéry, que propõe fundamentar sua classificação dos caracteres sobre uma classificação dos temperamentos, chega à seguinte série, que não difere, essencialmente, da que o senhor Ribot estabeleceu:

I. Amorfos			
II. Sensitivos	Afetivos		
	Emocionais	Instáveis	
		Estáveis	
III. Ativos	Passionais	Instáveis	
		Estáveis	
	Apáticos	Fracos	
		Fortes	
IV. Sensitivos-ativos	Afetivos-passionais		
	Emocionais-passionais		
V. Temperados			

II — Esse estudo crítico, como vimos, não é puramente negativo. As últimas teorias que acabamos de examinar nos pareceram, em particular, segundo a expressão de Leibniz, verdadeiras no que afirmam e falsas somente no que negam. Após termos percorrido diversas classificações, o que permanece sólido é que, ao menos, certo número de tipos merecem ser universalmente reconhecidos. Alguns outros não são aceitos por todos os psicólogos, e nos parecem dever ser retidos, porque claramente resultam de todas as nossas pesquisas anteriores, tanto sobre os elementos do caráter quanto sobre as leis de suas combinações. A classificação à qual nos detemos, sem dúvida, parecerá apenas (ao menos nas suas divisões gerais) a reunião, a fusão da do senhor Ribot com a do senhor Fouillée. Aceitamos de bom grado a reprovação, se se trata de uma; uma vez mais, não temos a pretensão da originalidade aqui, a menos que essa originalidade seja não considerar nenhum viés e contentar-se em dizer apenas o que parece exato.

De início, apresentaremos algumas observações bastante gerais sobre o plano que seguiremos. Em um caráter, assim como em um organismo, há sistemas dominantes e sistemas subordinados, há uma grande energia que imprime ao resto sua direção, sua velocidade, e há certa função preponderante, certo traço profundo e essencial, que dá a toda a fisionomia seu selo próprio e distintivo. Bastaria que dois ou mais indivíduos tivessem em comum esse caráter fundamental, e que este fosse neles a peça principal do sistema psicológico e moral, para que merecessem ser classificados na mesma categoria, quaisquer que fossem, quanto ao mais, as diferenças que os separassem sob outras perspectivas. É, pois, da determinação dessas diferentes "faculdades mestras" que se deve partir. Assim, só obteremos "quadros vivos", como o diz o senhor Ribot. Também nos preservaremos de descrevê-los. Não se descreve um "invertebrado". Eis, por exemplo, os "sensitivos": pode-se fazer um retrato deles, pode-se caracterizá-los de outra forma dizendo que neles a sensibilidade predomina, e que por isso ela imprime à atividade, à inteligência, à vontade um aspecto que só seria possível definir mostrando-se de que natureza particular é a própria sensibilidade? Compare, por exemplo, a descrição que o senhor Ribot faz dos "sensitivos" em geral, e a que o senhor Fouillée nos dá de, pelo menos, uma das duas grandes divisões dessa mesma classe dos sensitivos; elas se opõem, quase que palavra por palavra. "Excessivamente impressionáveis, pessimistas, temerosos, tímidos, meditativos, contemplativos" foi o seu balanço, de acordo com o primeiro dos dois autores. Eis agora o que diz o segundo: "Os nervos vibram fácil e rapidamente; otimistas por instinto, levados à esperança, de humor divertido, não se atormentando, inteiramente voltados à impressão presente". Os nomes pelos quais designaremos nossas grandes categorias simplesmente exprimirão o fato de que é esta ou aquela função psíquica geral a sua dominante (a qual, ademais, pode se revestir de vários aspectos característicos).

Digo *dominante*, e não *exclusiva*. Todas as funções da vida mental, em graus variáveis e sob formas diversas, encontram-se em todos os indivíduos: apenas a proporção, por assim dizer, é muito diferente. Todos os caracteres são, pois, mistos, compostos, e não há necessidade de contar aí uma categoria à parte. Todo caráter é um "temperamento", segundo relações variáveis de sensibilidade, de atividade, de inteligência, de vontade. Não há tipos "puros", se se entendem por isso indivíduos em quem apenas uma dessas faculdades se apresentaria, com exclusão das demais.

Todavia, uma dificuldade se apresenta aqui. Acabamos de dizer que os "gêneros" devem ser determinados a partir da preponderância ao menos relativa de certa "função" psíquica. Vamos considerar o gênero dos "temperados"; ora, a ponderação não é propriamente uma função. Todavia, esse equilíbrio entre as diversas funções psíquicas, o qual resulta, ele mesmo, de um modo especial do exercício destas, constitui uma atitude psicológica particular que não é somente de forma, mas de base. Ele pode, assim, ser justamente considerado uma espécie de caráter dominante e servir de característica a um gênero, aproximadamente como a presença ou a falta de um plano de simetria serve aos naturalistas para distinguir filos.

Chegamos assim a contar seis *gêneros* principais, a saber:

Os apáticos;

Os afetivos;

Os intelectuais;

Os ativos;

Os temperados;

Os voluntários.

Em cada um desses gêneros, diversas espécies deverão ser distintas e caracterizadas.

Precisar, completar, e ao mesmo tempo justificar, se possível, nossa classificação, só pode ser descrever os diversos tipos que pensamos ter reconhecido. E, como não bastaria dar indicações gerais e, por assim dizer, simples esquemas, tentaremos apresentar, sempre que for útil, retratos individuais. Estes serão, pois, de pessoas que tive a oportunidade e o prazer de estudar de perto. Esse método, é preciso reconhecer, apresenta o inconveniente grave de tornar impossível toda verificação direta. Todavia, nossos retratos poderão ser verossímeis se, por um lado, parecerem suficientemente vivos, e, por outro lado, o leitor puder encontrar em suas lembranças pessoas de fisionomias análogas.

Os nomes de homens ilustres, ou ao menos conhecidos, que acrescentaremos, permitirão, ademais, melhor fixar as idéias.

A. OS APÁTICOS — São caracterizados por uma depressão anormal da sensibilidade quanto à afetividade e ao desejo ao mesmo tempo. Nada os move; a eles falta completamente ardor e paixão. Essa atonia, que é seu traço dominante, está, além disso, suscetível de gradação e, em várias pessoas, permanecem certo número de pontos sensíveis por onde estes saem, se posso dizê-lo, de sua natureza e de sua fórmula. Basta que essa indiferença seja muito generalizada para que eles entrem nesse grupo. A apatia, que tende a rebaixar o tom da atividade, uma vez que é, no fundo, uma diminuição do tônus vital, e que tende a dar lerdeza à inteligência e um aspecto rotineiro e envergonhado, não obstante não é exclusiva, como o vimos, de toda atividade e do desenvolvimento intelectual. Ela apenas lhes imprime um selo especial. Subdividiremos esse gênero em três espécies:

1) *O apático puro* — É a forma mais baixa. Eles são tão inertes quanto sensíveis; indolentes, sem energia, não tendo gosto por nada, de inteligência obtusa, restritos quase absolutamente aos instintos animais. Estão apenas um pouco mais elevados em relação ao nível do idiota. São capazes, de resto, de trabalhar para necessidades medíocres e uniformes sob o impulso da necessidade. Sua insensibilidade e sua inteligência os tornam às vezes brutais.

Evidentemente, não tenho nomes próprios para citar aqui; os homens desse tipo não deixam traços profundos na história. Talvez pudéssemos encontrar alguns deles na lista dos príncipes que nada fizeram e nada foram. Eis o retrato de um homem que me parece claramente entrar nesse grupo:

Senhor x (retrato III). Um dos belos espécimes de indolência e insignificância que conheço. Insensível a quase tudo, a não ser aos incômodos que possam incidir sobre seus hábitos e seu bem-estar. Nenhum traço de emotividade, como se fosse uma espessa casca em que tudo escorrega; jamais teve, imagino, grandes alegrias ou grandes remorsos. Ignora o que seja entusiasmo, não tem idéia do que possa ser um prazer estético. Todavia, tem algumas afeições, muito enraizadas, mas às quais falta totalmente impulso, profundidade, vivacidade, e que são mais uma parte de seus hábitos do que um pedaço de seu coração. Sem ardor, nada desejando apaixonadamente, somente querendo encontrar, na hora desejada, seu almoço, sua poltrona, suas pantufas ou sua cama. Como possui, aliás, boa saúde e boa situação financeira, possui igualmente um bom humor passivo; não é mau, mas é naturalmente egoísta, não tendo sequer a idéia de se preocupar com seu próximo; tendência muito marcada à avareza.

De inteligência muito medíocre, para não dizer mais. Não somente as coisas do espírito não existem para ele, mas ele também compreende dificilmente, não tem a menor imaginação, a menor vivacidade (eis alguém que não tem a temer a precipitação de suas idéias!), não tem uma opinião, um pensamento, um julgamento que lhe sejam próprios. Ele escuta uma conversa séria com tanto esforço para ter atenção e com tanta profundidade de compreensão quanto se põe a contemplar alegremente a fumaça de seu cachimbo subir. Às vezes a interromperá para soltar alguma tola banalidade ou alguma piada grosseira ou pueril. Em certos pontos, uma espécie de bom senso muito vulgar, que, por outro lado, é apenas psitacismo mediocremente aplicado.

A atividade é extremamente fraca e mole; não tem a menor necessidade de agir utilmente ou de gastar a própria energia; jamais tem propósitos, e permanece de bom grado por dias inteiros não fazendo nada. Sua única ocupação é, moderadamente, andar de bicicleta, porque andam de bicicleta ao seu redor e lhe é preciso passar o tempo. É quase que um tipo de desocupado inerte.

Inútil acrescentar que não é um grande voluntário. Sua vontade, sem iniciativa, sem energia própria, mole e deixando-se ir segundo a linha da menor resistência, só dissimula um pouco sua fraqueza graças à inércia que lhe dá um ar vago de ponderação.

2) *O apático-inteligente* — Esse tipo se distingue do precedente, como seu nome o indica, por um desenvolvimento superior da inteligência. Todavia, ainda não se trata aqui de um puro intelectual, pois o exercício de seu pensamento ainda não se torna uma função absorvedora, imperiosa, verdadeiramente dominante. Os mais distintos representantes do grupo podem ter uma ocupação favorita, mas que não é uma vocação irresistível, uma verdadeira paixão. A inteligência recebe, aliás, do próprio desenvolvimento da sensibilidade, uma fisionomia particular. A chama, os grandes vôos, a riqueza e a exuberância da imaginação são mais ou menos radicalmente ausentes.

O indivíduo pode, pois, ser muito inteligente, mas de uma inteligência com vigor e aspecto próprios, mais regular que poderosa, mais apta a compreender do que a descobrir, a inventar: ela é assimiladora e, por assim dizer, reprodutora, mais do que verdadeiramente original e criadora. Ela chega a dar aos representantes medíocres até a afetação de um caráter muito notável de peso e lentidão. Acrescentemos que, entre os homens desse tipo, a atividade é, em geral, muito mediocremente desenvolvida; não são os que "ousam", mas, ao contrário, os que temporizam, e, como diz o senhor Ribot, os "calculistas". Essa é uma disposição, ou antes, um conjunto concorde de disposições psicológicas que parecem particularmente favoráveis ao desenvolvimento de certas qualidades da vontade; sem dúvida, não será a vontade ativa, enérgica, que de ordinário encontra sua fonte nas tendências sensíveis e na atividade espontânea; mas será a vontade moderada, refletida, igual, suficientemente contínua e perseverante, e mesmo com tenacidade. Todavia, não encontramos aqui a vontade inibidora muito desenvolvida sob sua forma expressa, pois, com os impulsos nunca sendo muito vivos, não há grandes esforços a se fazer para vencê-los e detê-los. Não trataremos dos tipos de luta. Enfim, reservo expressamente o nome de apático-inteligente, e também, como veremos logo, de apático-ativo aos indivíduos em quem a vontade, mesmo que exista e tenha suas características próprias, não apareça como verdadeiramente soberana, como dominante e diretora inconteste.

Gostaria de esboçar aqui o contorno de um representante médio dessa classe.

O senhor x (retrato IV). Encontramos logo de início os traços gerais do apático: falta de emotividade, falta de efusão; não voltarei a eles, e me limito a assinalar, ao lado da frieza, da calma e da indiferença habituais, certa tendência a ver de bom grado as coisas sob seu lado ruim, a se desencorajar (muito mais aliás por falta de energia e de força do que pelo efeito de uma imaginação obsessiva e inquieta). Estável em suas afeições, seguramente amigo, mas muito brusco, um pouco "urso".

Certo desenvolvimento intelectual, certa aptidão científica o distinguem do retrato III. À inteligência falta flexibilidade, variedade, curiosidade universal, ardor, o que não tem nada de estético, nem de brilhante. Justo e aplicado em sua esfera, muita rotina e ofício. Sem espírito de fineza, mas com espírito geométrico, com seus defeitos próprios, como querer tratar as coisas humanas e as coisas do sentimento por princípios matemáticos; de onde vêm lacunas e provas de falta de inteligência, às vezes singulares.

A atividade é muito medíocre; com dificuldade para se mexer, sem espontaneidade, sem espírito de iniciativa, rotineiro e mesmo caseiro, em certo sentido. Vontade sem energia; deixa-se levar por quem sabe conduzi-lo e se deixa facilmente ser preso; um fraco, em suma, que não está distante de se crer um autoritário, porque tem obstinações de uma espécie particular, que não são as obstinações de hábito e inércia, se ouso dizê-lo, apoiadas sobre princípios, ou antes, que ele crê fundadas sobre princípios.

Uma expressão bem superior do tipo nos é dada por Fontenelle, de quem conhecemos a singular falta de sensibilidade, e que foi um homem muito inteligente, mas a quem sempre faltou aquela dose de imaginação e de paixão que faz os grandes espíritos, que "não foi artista em nenhum grau", de quem "os sentimentos eram idéias justas", que "nasceu tranqüilo, curioso e prudente", mas que não tem o fogo sagrado, a paixão pela ciência, que nada descobriu, nada generalizou, e se contentou em ser, como se diz espirituosamente, "o secretário-geral do mundo científico".[23]

3) *O apático-ativo* — Eis um caráter que se aproxima de algumas formas do caráter equilibrado, mas aqui o equilíbrio é, de certa forma, negativo. A apatia é manifesta, porém, em certa medida, é sem dúvida não compensada, mas dissimulada por uma tendência à atividade. Esta, por sua vez, torna-se lenta e calma pela própria apatia. A inteligência, que apresenta qualidades e defeitos análogos aos que apresentamos acima, aqui não tem mais a mesma tendência de se constituir em um sistema relativamente independente; ela se põe, por assim dizer, simplesmente a serviço das tendências ativas, permitindo conceber o fim e os meios para atingi-las. A vontade, aqui também, ainda que mais desenvolvida sob sua forma ativa, e que praticamente não chega a se manifestar como poder de dominação, e nem a ser a característica saliente e preponderante.

No retrato que segue, observarei apenas os traços que diferenciam essa espécie das demais do mesmo gênero "apático".

O senhor x (retrato v). A sensibilidade e a emotividade são muito medíocres, com disposição à rudeza, como que sob a ação de impulsos impetuosos e até um pouco brutais.

A inteligência, normalmente desenvolvida, não tem nada de contemplativa, de meditativa, de sonhadora, de imaginativa; também não

---

23 Faguet, *XVIIIe siècle, études littéraires*, pp. 31 e ss.

é especulativa: apenas muito mediocremente se agrada com abstrações; de resto, não tem mais o sentido do pitoresco ou do belo: é um pouco lenta, mas delineada, vendo as coisas sem refinamento, sem sutileza, mas com justeza e retidão: é um bom senso prático muito vigoroso (aliás, fechando-se voluntariamente na esfera delimitada pela função social).

Atividade robusta que precisa se despender, mas sem excesso, de forma moderada e regular, não procedendo por golpes, por impulsos irresistíveis, mas contínua. Uma base muito rica de energia ativa, mas à qual a apatia dá um caráter muito claro de calma e fleuma.

Da vontade, sobretudo sob a forma da perseverança e do sangue-frio, vontade principalmente feita de hábitos, que vem de certa forma mais de fora do que de dentro. Explico-me: para um grande número de coisas, a vontade é mole, mas se torna firme quando se trata de atos interessando a dignidade profissional, o ponto de honra. Gosta de ver sua vida regrada, com obrigações bem definidas, que poderá cumprir; também não teria sido capaz de fazer por si mesmo, a golpes de vontade, a sua lei e o plano de sua existência. Uma vontade que tem o "temperamento militar".

O holandês, lento, paciente, aplicado, perseverante, com sua prudência prática e calculista, esforço de obstinação metódica, muito bem poderia ser classificado nesse quadro; nele também poderíamos colocar, nos mais altos graus da série, os que o senhor Ribot classifica entre os calculistas: Franklin, Luís XI, Felipe II da Espanha, etc.

B. OS AFETIVOS — Passamos agora ao nosso segundo "gênero". Nomeio-os "afetivos", na falta de um nome melhor, porque "sensível" ou "sensitivo" me parecem comportar uma determinação de sentido e uma especialização muito grandes. Escolho o termo mais vago entre aqueles que são suscetíveis de exprimir a predominância da vida sensível, precisamente porque é o mais vago, e então poderá se adequar às diversas formas com que a sensibilidade se reveste. Essa palavra, como já o disse, significa aqui simplesmente o fato de que, entre os homens desse grupo, a sensibilidade, qualquer que seja sua natureza própria, é dominante em relação à inteligência e à atividade, que podem, naturalmente, apresentar-se em graus muito variáveis. E, como creio que os gêneros sejam "indescritíveis", abordo em seqüência a determinação das "espécies" e das "variedades" principais que se podem esperar diferenciar com uma precisão suficiente. Conto três espécies: os *sensitivos*, os *emotivos* e os *passionais*.

1) *Os sensitivos propriamente ditos* — São aqueles em quem a sensibilidade (considerada sobretudo como afetividade, aptidão em regozijar-se e sofrer) é extremamente viva, suscetível de ser abalada pelo mínimo choque, de vibrar ao menor contato. O que os distingue dos emotivos é que essas impressões são geralmente volúveis e não têm a repercussão prolongada, a persistência e a profundidade que caracterizam, como o vimos, a emotividade propriamente dita. Mas essa sensibilidade, cujo desenvolvimento é o traço fundamental e dominante dos caracteres desse tipo, pode se apresentar sob dois aspectos principais: pode ser particularmente dolorosa e, por conseguinte, depressiva, ou, ao contrário, voltada para o prazer, e por isso mesmo expansiva. Chamarei aqueles de sensitivos-puros ou sensitivos-passivos ou ainda sensitivos-inertes, e estes, de sensitivos-vivos ou, se se preferir, de sensitivos-agitados.

a. *Sensitivos-puros* ou *sensitivos-passivos* — São aproximadamente aqueles que o senhor Ribot, sob o nome de sensitivos-singelos, descreve assim: "Sensibilidade excessiva, inteligência limitada ou medíocre, energia nula; tais são seus elementos constitutivos. Sua nota dominante é a timidez, o temor e todas as maneiras de sentir que paralisam [...]; têm consciência de serem fracos, sem energia para a ação, sem espírito de iniciativa". São, em geral, pessimistas ou, ao menos, dolorosos. Uma sensibilidade orgânica aguda os predispõe à timidez fechada, à inação por medo do esforço; são, de bom grado, desconfiados e inquietos; não ousam começar nada, sempre têm medo de se comprometer, seja agindo, seja abstendo-se. A vontade é quase ausente, quase não chega a se constituir, por causa de um excesso de inibição de tendências, resultado de sua sensibilidade de forma desanimadora.

Senhorita x (retrato vi). É uma jovem sofredora, de sensibilidade acolhedora, de aspecto triste, inquietando-se incessantemente por sua saúde delicada, temerosa e tímida; de maneira suave muito egoísta, que é antes necessidade de fazer-se consolar, de sentir-se ladeada de cuidados afetuosos, apoiada, reconfortada, do que testemunho de ternura ativa. Timidez extrema quanto a estranhos ou indiferentes, certa suscetibilidade sem reação, ou antes grande facilidade em se magoar, e a dobrar-se em si mesma. O que explica sua antipatia por pessoas expansivas, exuberantes, empreendedoras.

A inteligência é sem vigor, sem relevo; à memória falta riqueza, prontidão, tenacidade, exceto no que diz respeito a lembranças penosas, dores orgânicas, tristezas. Imaginação pequena, lentidão nas associações, inaptidão para apreender idéias ou teorias um pouco largas e elevadas, espírito estreito, como que concentrado, deprimido, julgamento hesitante, escrupuloso e também minucioso.

Inatividade quase total; não somente não tem nenhuma audácia nas iniciativas, como nenhuma energia na reatividade; prudência excessiva, sempre desconfia de suas forças, espera coisas desagradáveis e nunca tenta opor-se a elas, ou mesmo evitá-las; vira as costas e logo se resigna.

Extraordinária fraqueza de vontade; não sabe nem tomar uma decisão, nem resistir; cede, arrepende-se, muda de opinião, tem veleidades, mas não passa à ação; finalmente, deixa-se ir e quase imediatamente deixa de lamentar. No conjunto, uma figura pálida, apagada, dolorosa.

b. *Sensitivos-vivos* — Esse caráter corresponde exatamente ao que Kant chama de temperamento sangüíneo leve (Leichtblütig), e do qual dá uma excelente descrição, que segue:

> Ele é sem preocupação, e de esperança fácil; dá a cada coisa, no primeiro momento, uma grande importância, e não pode pensar nela em seguida. Faz promessas magníficas, mas não guarda a palavra, porque não havia refletido antes o suficiente se poderia manter sua promessa. É muito disposto a socorrer, mas é mau devedor, que sempre pede adiamentos. É uma boa companhia, divertido, de bom humor, que não dá facilmente grande importância a nada (viva a ninharia!) e que gosta de todo mundo. De ordinário, não é um homem mau, mas é um pecador de difícil conversão, que se arrependerá muito, mas o arrependimento (que jamais será um *lamento*) será logo esquecido. O trabalho o cansa, e ele sempre está ocupado, mas apenas com diversões em situações novas, porque a constância não foi feita para ele.[24]

Esses diversos traços de caráter, como tivemos a ocasião de mostrá-lo em detalhe, decorrem todos muito facilmente da predominância dessa sensibilidade volúvel, expansiva e voltada para o prazer, que é a nota fundamental do sensitivo-vivo. Disso resultam suas qualidades e seus defeitos de espírito, o vigor particular de sua atividade e de sua vontade.

---

24 Kant, *Antrhorpologie*, parte II, seção A.

Acrescento, em seguida, que encontraríamos aqui uma imensidão de nuances e graus determinados, não somente pelo desenvolvimento variável da inteligência, mas também pelo encanto, refinamento, e também a volubilidade, a impulsividade instável da sensibilidade, que podem ser muito diversas. E assim, certos representantes desse tipo vão juntar-se aos emotivos propriamente ditos.

Escolhi, entre as minhas notas, o seguinte retrato de uma pessoa que me parece uma expressão clara e, ao mesmo tempo, média (o que não significa medíocre ou vulgar) do tipo que tento caracterizar.

Senhorita x (retrato vii). Jovem donzela, alegre, divertida, expansiva, sorridente; nenhum traço de ruminação psíquica; não se põe a lamentar o passado, a atormentar-se por causa do futuro; também não é sentimental, nem sonhadora, nem emotiva; os prazeres, ou os pesares, ainda que vivos, desaparecem rapidamente; ela "toma a vida como esta vem"; não é egoísta; capaz de afeições e de simpatias vivas e mesmo bastante duráveis; não conhece o rancor, é amável e benevolente com quase todo mundo. Uma ponta de vaidade.

Inteligência aberta, curiosa de literatura e de arte, flexível e capaz de dobrar-se a vários pontos de vista; pouco gosto pelas abstrações e pelos raciocínios; julga rápido, e até muito rápido, sem refletir muito; tem bastante leviandade; a vivacidade, que não é exclusiva de certa justeza, impede a continuidade da atenção e a clareza calma do espírito: um pouco de dispersão e dissipação.

Sua atividade é mais por necessidade de não permanecer em repouso; vai, vem, sai, ocupa-se, faz qualquer coisa por fazer qualquer coisa, sobretudo aquilo que lhe agrada momentaneamente, ou que lhe passa pela cabeça. Não é uma voluntária: decide tudo de um golpe, sem grande preparação, sem deliberação prolongada, sem procurar dar-se conta das conseqüências mais ou menos remotas, sem inquietar-se com estas — sob a influência do sentimento, da idéia, do conselho do momento. Não se deixa conduzir, no sentido de que não aceitaria de bom grado a idéia de ser dirigida, mas sempre cede se, perguntada a sua opinião, ela crê poder dirigir os outros. Em suma, vontade fraca, por falta de coordenação, porque ela não sabe preparar e perseguir com perseverança a realização de um fim definido e estável; não se impõe princípios de conduta; mais se acomoda à sua vida do que a organiza; e vive, de certa forma, perpetuamente no presente.

Diderot, assim como Benjamin Constant, parecem-me, com diferentes nuances, exprimir graus superiores do tipo. Naquele, encontramos uma sensibilidade viva, e mesmo ardente, mas sobretudo mutante, caprichosa, volúvel. Como ele próprio o diz, ele tem "o ar vivo, ardente e louco"; "em um dia, cem fisionomias diversas, segundo a coisa que o afetou"; nota uma "rapidez surpreendente nos movimentos, nos desejos, nos projetos, nas fantasias e nas idéias". Prestativo, caridoso, generoso, com estranhos desvios e muita incoerência. Espírito muito curioso, aberto, penetrante, mas inteligência dispersa, sem concentração, sem poder de síntese, de meditação e de pensamento calmo; espírito que muda conforme todos os ventos; que compreende tudo, faz compreender tudo; mas não tem tempo de se deter, de se fixar, se aprofundar, coordenar. De atividade sempre desperta, exuberante, mas sem perseverança; distraído e ligeiro, com um *ponto de embriaguez alegre*, uma imprudência absoluta pelas condições materiais da vida, impaciente com toda regra, incapaz de querer firme, constante e friamente, incapaz, sobretudo, de querer se conter, se dominar, impor-se princípios rigorosos e regulares, submeter-se a uma lei e fazer sua própria lei.

Benjamin Constant nos oferece traços muito análogos, com algo diferente. Ele também é homem de sensações violentas, curtas e diferentes; também nele a sensibilidade sempre passa por exaltações súbitas que duram pouco. Mas ele se desencanta rápido, e só usufrui das coisas para desgostar-se delas, e, por isso mesmo, lhe faltam expansão, devoção, e é, tal como o seu "Adolfo", "uma mistura de egoísmo e sentimento, de entusiasmo e ironia"; tem, como ele, "secura de coração e um grão de sensibilidade que consiste em sentir que esta lhe falta e a sofrer por isso". É que ele emprega de bom grado a sua inteligência muito lúcida e muito sutil e muito prudente tanto para analisar e zombar dos outros e de si mesmo, para "cobrir e defender sua timidez". E, enfim, sua atividade perpetuamente febril é quase de agitação; "superexcitada e em saltos, ativa, não sem objetivo, mas com mil objetivos, e sempre prevalecendo impetuosidades inesperadas"; de singular falta de resolução, de "extraordinária incerteza de conduta" e fazendo-se a si mesmo este lema: *sola inconstantia constans.*

Enfim, sobre o limite que separa os sensitivos-vivos dos emotivos, encontro Stendhal. Sensibilidade superaguda: eis seu traço dominante. Um sensitivo sempre em busca de sensações novas, sempre inteiramente dedicado à sensação atual. Mas sua sensibilidade azedou, porque seu desejo por sensações fortes e ásperas nunca foi plenamente satisfeito; houve sempre desproporção entre os eventos e aquilo que ele desejava. O espírito de análise contribui não pouco para corromper seus sentimentos e desenvolver uma espécie de temor ansioso de vê-los desconhecidos ou zombados; uma incurável timidez que se torna desconfiança tempestuosa. Ele também é incapaz de se dar; tem apenas "ímpetos de amor", o desejo de amar sem ter o poder do amor, e, por medo de ser enganado, ele se destrói com toda a alegria. É "devorado por uma sensibilidade tímida, orgulhosa e desconhecida", como ele próprio o diz, "com uma mania maldita de brilhar". Sua inteligência, assim como sua sensibilidade, é sutil e refinada, e "a sensação predomina incessantemente sobre a percepção". Sua aparente atividade é, em suma, apenas o desejo de multiplicar as sensações; ele "sacode" sua vida, como o diz, por medo que ela o corroa. Tem sobressaltos de energia, de decisão, como que açoitado pelo desejo e também por bravura natural, por amor à luta. Mas não teve vontade; não soube nem desejar, nem o que desejar. Permaneceu sempre inquieto, perplexo, irritado e fraco: "Não tens caráter".

2) *Os emotivos* — A palavra "emotivo", ou "emocional", é tomada aqui não em seu sentido amplo que, por exemplo, o senhor Alexander Bain lhe dá, mas no sentido restrito do senhor Ribot. Já disse o que me parecia caracterizar a emotividade, e não retornarei a isso aqui.

Um emotivo é um homem em quem a emotividade propriamente dita é o caráter dominante que acarreta consigo certos modos particulares de inteligência, atividade, vontade.

Lembremos, enfim, que distinguimos duas grandes formas de emotividade que vão proporcionar duas variedades distintas: uma emotividade de forma depressiva e uma emotividade de forma impulsiva. Teremos, pois, emotivos-melancólicos e emotivos-irritáveis ou, ainda, impulsivos. Descrevamo-los, seguindo o método que adotamos até aqui.

a. *Emotivos-melancólicos* — A sensibilidade é aqui muito impressionável, com uma repercussão prolongada das impressões que parecem invadir toda a consciência, perturbar até o íntimo da alma, produzindo uma agitação que não se pode pacificar em seqüência: as perturbações viscerais, muito presentes, contribuem muito para tornar a sensibilidade dolorosa: há, assim, se não melancolia permanente, ao menos disposição muito notável à melancolia. O que predomina são as emoções deprimentes, tristeza, inquietude, temor, abatimento, e também os sentimentos suaves cujos laços tão estreitos com a fraqueza já observamos. Poderá, aliás, haver períodos de superexcitação, irritabilidade, e mesmo impulsividade, mas bem mais raros, bem mais acidentais que os períodos de prostração, e o colapso que os seguirá será tanto mais profundo e durável quanto mais vivo tiver sido o estímulo. Aqui há, pois, uma tendência à instabilidade, mas bem menos manifesta do que entre os emotivos-irritáveis, porque a sensibilidade encontra um tipo de equilíbrio em sua atitude dolorosa e triste. A inteligência, que pode ser singularmente desenvolvida, o é sobretudo para um certo sentido. Ela se dobra de bom grado sobre si mesma e, por uma espécie de concentração, ora se retrai e se absorve na contemplação monótona dos sentimentos, ora se aprofunda, se ocupa por inteiro à análise inquieta das emoções. A imaginação é muito desenvolvida e se torna sonhadora, sentimental e romântica. As funções superiores de controle, de raciocínio lógico e abstrato sofrem, por outro lado, uma espécie de depressão característica. A atividade é profundamente atingida: há uma tendência marcada para o repouso, uma espécie de estado de esgotamento, uma falta quase completa de energia ativa e mesmo reativa. A vontade é mole; freqüentemente, há mesmo uma verdadeira abulia por falta de impulso, como pela conseqüência da preponderância dos estados sensíveis à forma depressiva. Às vezes também aparecem fenômenos de impulsividade, resultando da falta de coordenação das tendências, da falta de coesão do caráter, do que chamamos de uma diminuição do "poder de síntese pessoal".

Mil nuances poderiam, ademais, ser notadas segundo os aspectos particulares que essa forma de emotividade apresenta: poderíamos distinguir melancólicos propriamente ditos, sentimentais, apagados, etc. Mesmo com todas essas variedades de caracteres se distinguindo, elas se mantêm muito próximas. Podemos, pois, a rigor, limitar-nos a um retrato.

Senhor x (retrato VIII). É um melancólico; a base de seu caráter é um estado de tristeza intransponível e permanente. Sensibilidade moral muito delicada, com um sentimento particularmente vivo de suas misérias, de suas decepções, que aviva e multiplica sua imaginação romântica e quimérica. Em todas as coisas vê razões para se lamentar, se atormentar, se inquietar, não somente por si mesmo, mas por aqueles de quem ele gosta. Sofre pelos outros e para os outros; tem uma ligeira disposição em se crer não perseguido, mas esquecido e pouco amado, de onde advém uma suscetibilidade às vezes quase doentia; e também uma tendência notável a se dobrar dolorosamente sobre si mesmo, a ruminar suas tristezas, a isolar-se em si mesmo.

Imaginativo e sonhador; meditativo e contemplativo; inteligência subjetiva, quero dizer, inaptidão em sair de si para se conectar aos objetos, para se elevar ao conhecimento científico que, de certa forma, se bastaria a si mesmo; a especulação abstrata não é seu feitio; e ele se ilude de bom grado sobre seus sentimentos, seus "estados da alma".

Atividade exterior quase nula; teme o movimento, a agitação; tem consciência de sua impotência, que se torna para ele penosa e que ele não pode vencer; ímpetos de desejo e imaginação, mas que têm apenas o efeito de mergulhá-lo em um estado de prostração profunda. Resignação passiva; a vontade tem dificuldade em se formar, e se desfaz mais rapidamente ainda; às vezes, furores irrefletidos; ordinariamente tímido, hesitante, irresoluto, fraco; encontra mil razões para não querer; não sabe nem se decidir, nem resistir.

Nessa espécie entraria facilmente um grande número de nomes conhecidos ou célebres. Deixo de lado os "personagens literários", como Hamlet, Werther, René, etc., etc.[25] Entre os personagens "reais", encontro Hégésippe Moreau, Maurice de Guérin, Maine de Biran, Amiel, etc.

b. *Os emotivos-irritáveis* ou *impulsivos* — É a emotividade ainda o caráter dominante, mas ela é aqui mais volúvel, mais instável, com um desejo mais violento, o que faz certos tipos dessa categoria se assemelharem aos passionais propriamente ditos. Os nervos são sempre vibrantes; as emoções, sempre vivas, sem proporção com sua causa ou ocasião, se sucedem, se expulsam, se substituem; o indivíduo está sempre trêmulo, virado do avesso ou transportado, palpitando de inquietude ou de esperança, passando subitamente do entusiasmo ao desencorajamento, da exuberância ao declínio, da alegria mais expansiva à tristeza mais som-

---

25 Na literatura contemporânea, exemplos seriam abundantes: o Frédéric Moreau de Flaubert (*A educação sentimental*), o Des Esseintes de Huysmans (*À Rebours*), o Charles Demailly de Goncourt (*Charles Demailly*), o Frédéric de Périgny de Prévost (*Confession d'un amant*), e mil outros.

bria. Antipatias e simpatias súbitas, ardentes, tanto quanto irrefletidas. Suscetibilidade e irritabilidade. Eis, na ordem da sensibilidade, as manifestações desse estado de fraqueza irritável que faz a base desses caracteres. À inteligência, muito diversamente desenvolvida e poderosa, sempre falta mais ou menos equilíbrio, medida, ponderação. Encontraremos nessa categoria muitos artistas, e também inventores, pessoas de idéias novas, utopias, paradoxos, muito poucos espíritos refletidos, pessoas de raciocínio lúcido e lógicos rigorosos, e quase nenhum espírito prático e positivo. A atividade é freqüentemente muito desenvolvida, mas é, antes, uma reação intermitente, impulsiva, espasmódica, com períodos de abandono completo. A vontade também é caprichosa, entusiasmada, explosiva, sem firmeza, sem perseverança, sem estabilidade, toda dominada por sobressaltos da sensibilidade, sem poder de contenção, sem aptidão em se controlar e em submeter-se a princípios racionais.

Se eu não temesse abusar das divisões e das subdivisões, poderia distinguir os impulsivos propriamente ditos, os instáveis, os incoerentes, os desfacelados. Mas há aí uma questão mais de grau do que uma diferença de natureza, e todo emotivo-impulsivo é mais ou menos incoerente e dividido.

Todos os tipos que o senhor Paulhan descreve como resultantes da predominância da "associação por contraste" (os inquietos, os nervosos, os aborrecidos), e também aqueles que são caracterizados pela "atividade independente dos elementos do espírito" (os impulsivos, os compostos, os desfacelados, os sugestionáveis, etc.) entram no presente grupo, precisamente porque essa "forma de associação" das tendências resulta, como já observamos, da própria emotividade. O "caráter histérico" nos mostra, enfim, sob o aspecto patológico, esses diversos traços concordantes. Esse tipo de caráter também se encontra quase sempre entre os indivíduos neuróticos. Dou aqui dois exemplares, muito diferentes em relação a numerosos pontos de vista:

Senhora x (retrato ix). Impressionável e ardente, mas de sensibilidade instável, passando do riso às lágrimas, do entusiasmo sem razão ao desespero menos justificado. Temperamento amoroso; tem caprichos muito vivos e que seriam paixões, se fossem mais duráveis. Graciosa, procura agradar, gosta de chamar a atenção, dá-se por inteiro à afeição atual; sem ingenuidade, mas com muita espontaneidade e irreflexão no ímpeto apaixonado.

A memória, a imaginação e o julgamento estão sob a dependência quase exclusiva das emoções do momento. Vê as coisas e as pessoas segundo o estado atual de seu coração; não se preocupa com o que não a seduz; o passado é quase abolido a partir do momento que não a toca mais; assinalei nela exemplos de esquecimento que quase chegam ao ponto da inconsciência. Uma inteligência intuitiva muito viva e, no mais, flexível; mas há falta de bom senso, de ordem nas idéias, de medida e de tato, firmeza e estabilidade.

Pouca atividade espontânea, e até indolência; mas capaz de dançar uma noite inteira, de patinar um dia inteiro, fazendo apenas aquilo que lhe agrada e muito rapidamente chegando ao excesso. De impulsos violentos, às vezes tenazes, ao serviço dos quais ela pode pôr muita flexibilidade, e de astúcia melíflua. Mas sem vontade refletida, fria, perseverante; sem seqüência na conduta, sem espírito de ordem, nem pelo conjunto, nem pelo detalhe. Abandona tudo de uma vez; tem súbitas mudanças de opinião; cabeceia; não é precisamente falsa ou dissimulada, e, no entanto, um caráter sem base, porque a direção e o autodomínio lhe faltam completamente e ela se deixará sempre levar por seu coração ou por seu temperamento, e jamais submeterá sua vida a princípios contidos e imutáveis.

Senhor x (retrato x). Eis agora um tipo muito superior do mesmo grupo. É um emotivo, mas cujas emoções têm um caráter infinitamente menos pessoal: são essencialmente de ordem altruísta ou social, ou ideal. Sem traço de egoísmo: afetuoso, entusiasta, generoso até o engano, confiante até o ponto da ingenuidade, apaixonado pela literatura, pela ciência, pela justiça social. E tudo isso com exuberância. Inteligência superior, viva, penetrante, engenhosa, rica, original, mas um pouco congestionada de idéias, faltando um pouco de ordem e método, levando para todos os sentidos; capaz, todavia, de ligar-se de forma exclusiva e durante muito tempo a certa ordem de estudos, com algo de excessivo precisamente no seu entusiasmo e no seu exclusivismo; impulsos e sobressaltos. Não tem, no grau mais elementar, o sentido da vida prática. Atividade espontânea, ama o movimento, tem energia, tem iniciativa, de bom grado, até o nível da simples agitação. Nenhuma firmeza de vontade; imprevidência e despreocupação; é também um impulsivo, mas um impulsivo consciente, que se dá conta de sua fraqueza de querer e dela toma seu partido e se deixa ir, se se pode dizê-lo, por princípio. Poderá ter acessos de obstinação, inclusive por coisas pequenas, e cederá, nas circunstâncias graves, à primeira solicitação: não tem vontade de resistência, e feliz se acomoda, por não ter domínio de si mesmo.

É nesse grupo que eu classificaria homens como Benvenuto Cellini, Jean-Jacques Rousseau, Byron, Mozart, Musset, Berlioz, etc.

3) *Os passionais* — Em alguns dos indivíduos que acabamos de citar, em particular em Benvenuto Cellini, ou em Berlioz, vemos uma violência aparecer, um entusiasmo do desejo que os aproxima singularmente dos passionais. Eles formam a transição. Os verdadeiros passionais se distinguem, com efeito, por certas características que é necessário entender. O que faz a paixão não é somente o ardor, a força das tendências, e sim, sobretudo, a preponderância e a estabilidade de certa tendência exaltada à exclusão e em detrimento das demais. A paixão é uma inclinação que se exagera, sobretudo que se instala e permanece, se faz centro de tudo, subordina as outras inclinações e as compromete a segui-la. Como dissemos, a paixão é, no domínio da sensibilidade, aquilo que a idéia fixa é no da inteligência. Sem dúvida, para ser um verdadeiro passional, não é necessário ter tido na vida apenas uma verdadeira paixão, que tenha imposto a toda a existência uma espécie de unidade absoluta, ainda que seja, por assim dizer, exterior e recebida. Há homens em quem várias grandes paixões se puderam suceder, ou até, ainda que mais raramente, coexistir; mas não encontraremos nessa classe esse algo de tumultuoso, de desordenado, de incoerente na impetuosidade que caracteriza os emotivos-impulsivos, mesmo quando eles parecem se assemelhar estranhamente ao tipo que estamos descrevendo.

O passional é, pois, um homem cuja sensibilidade profunda e ardente se sobrepõe inteiramente num sentido definido com mais ou menos calor, fervura interior, cadências violentas, ou, ao contrário, continuidade no desenvolvimento, unidade e permanência no próprio ardor. É o temperamento dos amores e dos ódios poderosos e exclusivos. Esses homens sacrificam tudo à sua paixão, e se tornam mais ou menos seus escravos. Podem ser lentos para se emocionar, mas sua impressionabilidade também é lenta para mudar: ela é tenaz, profunda e durável; é bem menos afetividade e aptidão em se abalar do que tendência, apetite e desejo. Para julgá-los, aliás, é necessário ter em conta a natureza e a qualidade de suas paixões: há os que são apenas brutos, violentos e imbecis; os que, ao serviço de paixões egoístas, colocam uma inteligência superior; e os que, enfim, têm paixões essencialmente generosas, desinteressadas, altruístas ou ideais.

A inteligência, eu o disse, pode ser muito diversamente desenvolvida; mas ela sempre se apresenta como uma fisionomia comum. Dessa fisionomia, que já tentamos delinear, só lembro aqui os traços principais. A imaginação, em geral muito desenvolvida, é concreta e ardente, com certa parcialidade, certa falta de flexibilidade; não é, de bom grado, contemplativa. O pensamento abstrato, lógico, metódico, prudente, circunspecto, raramente se encontra entre os homens dessa classe; ele pode ter grande vigor, mas tem reservas, predileções, exageros que denotam uma falta grave de reflexão fria e de ponderação. A atividade é, comumente, poderosa e enérgica, mas violenta, preponderante, entusiasmada, dominada pela própria intensidade da paixão. Os passionais são capazes de esforços poderosos e de uma tenacidade notável. O excesso de impulso dá à sua vontade algo de vibrante e enérgico, mas, ao mesmo tempo, suprime em grande parte o poder de controle e de detenção. Eles foram feitos para dominar os outros, muito mais do que para se autodominar.

Poderíamos distinguir diversas variedades no interior dessa espécie, a partir da elevação da inteligência, da soma de energia ativa e, sobretudo, a partir da natureza das paixões. As duas variedades essenciais seriam, como eu disse: os *egoístas* e os *altruístas*. Mas sempre temos, em suma, um tipo fundamental de caráter.

Não sinto aqui necessidade de apresentar um retrato anônimo, pois esse grupo é rico em homens célebres: são aqueles que o senhor Ribot chama os heróis entusiasmados, homens de guerra, grandes pregadores ou apóstolos revolucionários, oradores, escritores, artistas ou poetas: são Alexandre e Napoleão, Pedro o Eremita, Lutero, São Vicente de Paulo ou Savonarola e Danton, Mirabeau e Vallès, Lamennais e Michelangelo e Alfieri, e mais vinte, cujos nomes vêm à memória de todos.

C. OS INTELECTUAIS — Há homens em quem a vida psíquica inteira parece concentrar-se na intelecção. As idéias são a única coisa importante: eles vivem para elas e por elas. Neles, a inteligência se organiza num sistema distinto, mas torna-se o sistema preponderante e dominador; eles, de bom grado, tomariam como lema esta frase de Buffon: "Nossa alma só nos foi dada para conhecer". São os intelectuais, quero dizer, os intelectuais exclusivos, os intelectuais puros. Eles não necessariamente deixam de ter sensibilidade e atividade, mas estas parecem concentrar-se no cérebro. Schopenhauer os chama de *monstra per excessum*, mas essa monstruosidade não é mais extranatural que a de um daqueles grandes ambiciosos que viraram o universo do avesso. Poderíamos subdividi-los, a partir da inclinação do espírito de cada um e do objeto particular de seus estudos, em *concretos* e *abstratos, observadores, sistematizadores, dedutivos*. Preferi dividi-los em *afetivos* e *especulativos*; e o primeiro grupo se subdividiria em *diletantes* e *passionais*; essas distinções me parecem resultar das relações que existem entre a inteligência e a sensibilidade. O diletante é aquele que, em seu jogo de idéias, procura o prazer que existe em prestar-se a todas as formas de pensamento: é, à sua maneira, um sensual. O especulativo persegue a verdade pela verdade; procura, poderíamos dizer, retornando à palavra de Pascal, as coisas, e não a pesquisa das coisas. Enfim, pode-se apaixonar pela posse do saber ao ponto de sacrificar tudo que encanta e atrai os demais homens às coisas do espírito, à necessidade de conhecer.

Ainda falta muito para que o intelectual seja necessariamente um apático. Sem dúvida, pode ocorrer, em virtude mesmo da lei do equilíbrio que rege a alma assim como rege o corpo, que o desenvolvimento da inteligência se faça em detrimento da sensibilidade e da atividade. Sobretudo ocorrerá que o pensamento, estendendo seu império sobre todo o organismo psíquico, refreie e modere os ímpetos tumultuosos da sensibilidade ao dar à alma calma e serenidade, crie uma espécie de apatia superior e adquirida. Mas a dominação que a inteligência pode exercer não é, de forma alguma, exclusiva de uma sensibilidade forte, de uma energia poderosa. Mas, é de se pensar que elas tomarão um aspecto e uma direção particulares. A agitação vulgar, externa e contingente desaparecerá para dar lugar a sentimentos mais elevados, a alegrias mais austeras e menos perecíveis, a uma atividade mais interna, mas não menos fecunda.

1) *Os intelectuais-afetivos* — Na falta de um termo melhor, chamo assim aqueles em quem a atividade intelectual, sendo preponderante, aparece como que invadida de sensibilidade, como que só se desenvolvendo dessa forma por ser, ela mesma, fonte de prazeres incessantemente renovados ou objeto de paixão insatisfeita. Daí os diletantes e os passionais.

a. *Os diletantes* — Freqüentemente se analisou que o diletantismo de Renan parece ser o representante mais característico dessa variedade: e muito se insistiu nisso, embora me pareça exato apenas pela metade.

Mas ele se classifica bem na categoria em que eu classificaria homens como, talvez, Leonardo da Vinci, e seguramente Montaigne e Bayle.

Eis um homem que conheço e que é um representante médio desse tipo.

O senhor x (retrato xi). É um espírito prudente, aberto e curioso, de uma curiosidade universal, interessando-se tanto pelas coisas da arte, da poesia, quanto pela ciência. Leitor incansável, sabe muito, aprende muito, pelo prazer de ler, saber e aprender. É o único gosto vivo que conheço nele, mas ele o leva a um grau raro. Não é de uma inteligência poderosa, capaz de construir sistemas novos, pôr questões de forma original, ou mesmo deixar uma obra sólida. Quase não se preocupa em tirar partido de seus conhecimentos; simplesmente encontra prazer neles. De temperamento calmo e humor também calmo, poderia, à primeira vista, passar por um apático amável. Nem vivo, nem emotivo, nem expansivo, nem irritável ou suscetível, é o modelo do homem galante e do homem do mundo. Possuidor de uma boa fortuna, não teve necessidade de procurar uma ocupação prática, e estou convencido de que ele teria tido pouco sucesso com ela se esta demandasse muita atividade e energia. Sua vontade nunca encontrou ocasiões graves para ser exercida; ela é muito fraca; em suma, acomoda-se facilmente a todas as coisas, desde que possa entregar-se à sua distração favorita.

b. *Os passionais* — Eles não se confundem com os passionais propriamente ditos, pois a paixão puramente intelectual que os anima é de uma natureza especial e tem efeitos muito particulares. Bordas-Demoulin e Mentelli, de quem já falei, são expressões notáveis dessa variedade.[26]

2) *Os especulativos* — São os grandes intelectuais, as inteligências soberanas. Limito-me a citar ao acaso, de lembrança, Cuvier, Gibbon, Kant, Helmholtz, Espinosa, Woepke, Ampère. "Para que serve o mundo?", dizia este último. "Para dar pensamentos aos espíritos". E o senhor Fouillée, que cita essa palavra, acrescenta: "Eis o intelectual e sua visão do universo. O mesmo Ampère, pouco tempo antes de sua morte, discutia filosofia com um de seus amigos, e como este lhe aconselhasse cuidar de suas forças e de sua saúde, gritou-lhe: 'A minha saúde! Falas da

---

26 Cf. François Huet, *Histoire de la vie et des ouvrages de Bordas-Demoulin*; Descuret, *Médecine des Passions*, pp. 721 e ss.

minha saúde! Entre nós só se deve questionar o que é eterno'".[27] E, se se deseja ver como a sensibilidade e a vontade podem ser transformadas e, por assim dizer, transfiguradas por um pensamento que só se liga às coisas eternas, basta reler a biografia daquele que Schleiermacher chamava "o grande, o santo Espinosa".

D. OS ATIVOS — Assim como o senhor Fouillée, considero os ativos constituindo um gênero à parte, que se distingue dos voluntários. Parece-me que o senhor Ribot descreveu excelentemente esse gênero: tendência natural e incessantemente renascente para a ação, assemelhando-se a máquinas sólidas, bem munidas de energia potencial; de vida superabundante e vivendo, sobretudo, exteriormente; alegres, empreendedores, expansivos, corajosos, audaciosos, temerários, em geral otimistas, porque se sentem muito fortes para lutar contra os obstáculos e vencê-los, e também porque têm prazer em lutar. A necessidade de agir, de se despender, eis o que é dominante neles. O senhor Ribot escreveu: "Considere um pequeno comerciante, sem espírito, sem cultura, pertencente a esse tipo: ele se despende em idas e vindas, ofertas de serviço, conversas sem fim e sem trégua. Não é a atração do ganho: é sua natureza que o impele, ele precisa agir. Ponha um sensitivo em seu lugar, e ele só fará o estritamente necessário, ou o que lhe interessa".[28]

Entre os ativos, como vimos, a sensibilidade é em geral voltada para o prazer; ela é expansiva e volúvel. Não são emotivos, e nem puros-sensitivos, ainda que se aproximem destes últimos às vezes. O que os distingue é que neles a atividade vive por si mesma, não está subordinada à sensibilidade, não espera os impulsos desta, mas, ao contrário, parece preveni-los.

A inteligência, que pode ser ora muito medíocre, ora muito elevada, sempre peca pela falta de reflexão, de meditação; é um pouco caprichosa e dispersiva, insuficientemente calculista e especulativa. Para agir rápido, não deve comparar muito os prós e os contras; sobretudo, não deve comparar muito as razões que levam à abstenção. Os verdadeiros ativos também nunca têm a preocupação com aquilo que não possam atingir, com o ideal; eles têm pouca preocupação em se escamotear; desprezam

---

27 Fouillée, *Tempérament et Caractère*, p. 153.
28 Ribot, *Psychologie des Sentiments*, 3ª ed., p. 397.

a ideologia. Não têm vida interior, precisamente porque só vivem para a ação, para o exterior.

Isso proporciona a existência de um caráter de ligeireza muito notável. Quero dizer com isso que sua vida não se desenrola num encadeamento lógico e progressivo; eles não unem os diversos momentos por uma série de meditações. A vida não se prolonga, mas recomeça sempre: a experiência os instrui pouco, porque eles só retêm dela o que pode levá-los a agir. Sua vontade apresenta, pois, lacunas graves. Eles querem, por assim dizer, só o dia-a-dia, e suas volições formam uma sucessão, e não uma série contínua: à sua vontade e, por conseguinte, ao seu caráter, falta a unidade interior (*idem velle, idem nolle*) de que os estóicos faziam a condição essencial da força moral.

Segundo essa atividade seja mais ou menos potente, revista-se de aspectos diferentes na sua forma de se despender, seja unida a uma inteligência fraca ou notável, tratamos de variedades diversas desse tipo: os *medíocres*, os *agitados*, os *grandes-ativos*.

1) *Os ativos-medíocres* — São aqueles cuja atividade, ainda que robusta e rica, só se despende com grande vivacidade e não é posta a serviço de uma inteligência bem desenvolvida. Neles, a sensibilidade é mediocremente impressionável; as emoções são raras e fugidias; eles conservam perpetuamente uma igualdade de bom humor muito apagada e um pouco mole. Falta-lhes entusiasmo e exuberância. Sua inteligência é rotineira e monótona. Sua vontade peca por falta de originalidade e de personalidade, de seqüência e de tenacidade; deixam-se conduzir de bom grado e agem por agir, por necessidade, antes de tudo, e na direção que se apresenta ou é indicada.

O senhor x (retrato XII) é um desses homens. É simples, bom rapaz; não precisamente divertido e alegre, mas de boa saúde e bom humor, não se inquietando, não se perturbando, não perdendo o sangue-frio com facilidade. Bastante egoísta, talvez simplesmente porque lhe faltasse um pouco de nervosidade a mais: companhia agradável, nunca aborrecido, nunca suscetível ou irritável. A inteligência é menos que brilhante; ele jamais teve um grande gosto a cultivar; não gosta de discutir, quase não se interessa pelos assuntos da ciência, da arte, da literatura, da política: algumas idéias pouco originais, pouco profundas, pouco largas, pouco variadas lhe bastam nesse quesito. Não deixa de ter senso prático e positivo. É um ativo: ama o movimento, a ocupação, monta a cavalo, caça, faz esgrima, dá-se a todos os exercícios do corpo, tem gosto pelas viagens, mas tudo sem predomínio, sem frenesi, como se fosse um meio ao qual ele fosse consagrado. Nele, falta relevo à vontade; decide-se rapidamente, ou ao menos não delibera por muito tempo, mas quase sempre aceita o que lhe é proposto; não é nem perseverante, nem tenaz; é um homem de hábitos, muito mais do que de princípios.

2) *Os agitados* — Aqui aparece uma forma de atividade muito diferente da que descrevemos anteriormente. Eis aqui homens que empreendem mil coisas, mas não terminam nenhuma; estão sempre em busca de projetos novos; vão, vêm, não podem se fixar; misturam as tarefas, mudam de objetivo, de ofício. Sua atividade não é mais fecunda, muito ao contrário, mas se atordoam e atordoam a todos, e são intrometidos. Os desejos e os sentimentos são vivos, mas muito superficiais; eles se prendem e se desprendem; interessam-se pelas coisas, e logo não pensam mais nelas; estão sempre gesticulando, rindo, agradando; amigos universais, dispostos a ajudar a todos, demonstrativos e barulhentos, mas com quem não se deve contar muito: são de tal forma ocupados que o esquecem no momento que você sair, para se pôr à disposição de outro. Seu espírito é um esboço, ainda que às vezes seja divertido na sua vivacidade impulsiva passando de uma idéia à outra, são distraídos e dissipados. Sua vontade apresenta as mesmas características; é instável e dispersa; sua existência poderia ser figurada por uma série de linhas quebradas sucedendo-se mais ou menos ao acaso.

Não creio ser necessário dar aqui um retrato individual, já que os traços que acabo de reunir foram tomados quase todos de uma pessoa que me parece um exemplar aproximadamente típico dessa espécie de caráter. Não seria impossível, aliás, encontrar na história nomes para citar aqui, que fossem representantes eminentes dessa espécie. Law, por exemplo, e Beaumarchais.

3) *Os grandes-ativos* — Nestes, a atividade aparece, ao mesmo tempo, mais potente e regular, mais contínua; a necessidade de agir não se despende sem objetivo, ou por mil objetivos. Eles combinam com uma inteligência mais ou menos potente e refinada os meios necessários à realização de seus projetos, que perseguem com coragem e perseverança.

Sem dúvida, interessam-se vivamente por aquilo que começam, mas não são homens de grande sensibilidade, não são passionais: às vezes parecem espécies de apáticos parciais. Da mesma forma, também não são necessariamente grandes voluntários; são capazes de uma energia singular no cumprimento de sua obra e podem ser de vontade indecisa e fraca em tudo o que é estranho. Sua temeridade testemunha freqüentemente certa falta de sangue-frio refletido e domínio de si. É a esse grupo que pertencem, diz o senhor Ribot, "os conquistadores do século XVI, aqueles capitães espanhóis (F. Cortez, Pizarro), cujas expedições lembram um romano, que, com um punhado de homens corajosos como ele, viraram do avesso os grandes impérios do México e do Peru e aparecem aos vencidos como se fossem deuses". Conheci um homem que fez seu nome como explorador, que encontro em minhas lembranças aproximadamente assim:

Senhor X (retrato XIII). Um grande rapaz de aparência muito frouxa, indiferente e calmo, de ar um pouco enfastiado: é que, logo no liceu, onde estávamos, seu gosto pela ação e pelas viagens nunca se satisfazia completamente. Talvez esse gosto adormecesse ainda nele; e ele sonhava com aventuras. Não me pareceu de sensibilidade nem muito impressionável, nem muito ardente. Os estudos clássicos não o seduziam vivamente, ainda que ele fosse de inteligência muito aberta e viva. Saindo do liceu, encontrou seu caminho, mesmo que de início este se desviasse singularmente, chegando à África. Tomou-se de paixão pelas viagens, levou durante algum tempo uma vida muito aventurosa e bizarra, partiu para a África um pouco ao acaso, e desde então só pensou em se entregar a essa atração irresistível que o continente negro exerce sobre ele. Fez várias explorações notáveis na África, e lá morreu.

E. OS TEMPERADOS — Até aqui, estudamos tipos caracterizados pela preponderância clara de certa função da vida psíquica. Encontramos agora homens nos quais o que chama a atenção é, ao contrário, um justo equilíbrio entre essas diversas funções. E esta é uma forma de caráter que me parece tão natural e típica quanto aquelas que provêm de uma ruptura do equilíbrio. Os homens desse gênero se subdividem, naturalmente, em várias espécies: 1) segundo o equilíbrio seja, por assim dizer, mais espontâneo e primitivo, ou, ao contrário, adquirido e, em certa medida, artificial; 2) segundo as funções que se temperam naturalmente e se organizam entre si sejam medíocres ou potentes. É assim que creio poder distinguir os *amorfos* e os *equilibrados superiores*.

1) *Os amorfos* — É o equilíbrio na mediocridade; distinguem-se dos apáticos por não terem a mesma força de resistência e inércia destes. O senhor Ribot, que se recusa a fazer deles caracteres, descreve-os excelentemente:

> Neles, nada de inato, nada que se assemelhe a uma vocação; a natureza os fez excessivamente plásticos. São integralmente o produto das circunstâncias, de seu meio, da educação que receberam dos homens e das coisas [...]. São isto ou aquilo, ao sabor das circunstâncias. O acaso decide sua profissão, seu casamento e o resto: uma vez postos na engrenagem, fazem como todo mundo.

Podem tornar-se "mesa ou colher", mas nunca "deus". Talvez seja o menos interessante dos caracteres, mas não o mais raro: basta observar ao redor para encontrar pessoas desse tipo; é deles que se diz: "Uma boa massa de homem". Encontram-se deles em todos os graus da escala social e em todas as profissões. Eles têm sua utilidade: obtém-se deles o que se quer, à condição de não solicitar-lhes mais do que uma boa vontade frouxa, uma aplicação sem vigor, uma inteligência muito limitada, uma iniciativa nula. Evidentemente, não tenho nomes próprios a citar, a não ser algum personagem real do gênero de Luís XIV. Não vejo necessidade de dar um retrato, o que não seria mais que uma repetição monótona da palavra *medíocre*.

2) *Os equilibrados-superiores* — Passamos do grupo precedente a este por toda uma série de graus intermediários sobre os quais não tenho que insistir: uma classificação não deve deter-se nos casos duvidosos ou ambíguos, nas formas transitórias, mas antes identificar as formas claras e fortemente diferenciadas. Entre os equilibrados-superiores, a harmonia se concilia com a plenitude e a riqueza da vida psicológica em todas as suas funções: é a moderação na força. A sensibilidade pode ser fina e dotada de certa impressionabilidade forte, e mesmo de certo ardor, mas não flui com brusquidão e violência; acessível a um grande número de sentimentos, encontra, em sua extensão mesma e em sua

elevação, as condições de seu equilíbrio. A inteligência é flexível e variada, capaz de se interessar por uma imensidão de coisas; capaz de prontidão e clareza; de segurança e de um grande amor pela clareza; tem mais moderação do que força no pensamento. Atividade perseverante e regrada, paciência e calma, energia tranqüila e esclarecida, bem consciente de seus recursos, sem impetuosidade febril, sem vibração exagerada, mas potente, clara em suas determinações, bem detida em seus fins e em seus motivos.

Com nuances diferentes, e talvez com ligeira preponderância ou da sensibilidade, ou da inteligência, ou da atividade, encontro essa forma de caráter em Rafael, Goethe, Descartes e Montesquieu, em Buffon e em Michel de l'Hôpital ou em Hampden.

Tal é, por exemplo, o retrato de Buffon que o senhor Faguet nos dá aqui:

> A base desse temperamento é a energia tranqüila, a paciência, a lucidez e o orgulho sem inquietude, isto é, sem vaidade [...]; a qualidade essencial de Buffon é a boa saúde. Ninguém, apoiado numa robusta constituição física, teve saúde moral mais magnífica. Ele, verdadeiramente, não conheceu as paixões. O que na sua vida se pode, a rigor, chamar por esse nome são apenas caprichos, ou antes, distrações de um temperamento vigoroso. Ele jamais brigou ou incomodou, ou pediu, ou exigiu. Nunca se irritou, nunca foi ciumento. Seu verdadeiro desdém dos críticos é algo admirável. Ele não prestou atenção nem mesmo aos elogios; pois, de uma vez por todas, estava francamente de acordo com aqueles de que se julgava digno, e lhe teria sido inadequado tanto superestimá-los, quanto retirá-los. Uma coisa humana desconhecida nesse homem é a inquietude. Ele teve uma vida admiravelmente calma. Se as definições são mais claras quando dadas pelos opostos, pense em Pascal para compreender Buffon. São antípodas. Um, o doente, o passional, o eterno inquieto, o eterno espantado. O outro, o perfeito equilíbrio, a potência calma, o olhar tranqüilo, o trabalho fácil e regular, a perfeita serenidade de espírito e de alma.[29]

F. OS VOLUNTÁRIOS — Há homens, enfim, em quem o dominante é a vontade mesma. Ela aparece neles não mais como um poder subordi-

---

29 Faguet, *XVIIIe siècle, études littéraires*.

nado, como um elemento condicionado, mas como o princípio superior, a energia capital à qual todo o resto se submete mais ou menos completamente, do qual todo o resto depende e recebe seu impulso e sua direção. São propriamente os *voluntários*, os quais se apresentam sob dois aspectos principais, segundo a vontade se manifeste mais sob a forma inibidora ou sob a forma agente; de onde vêm nossas duas variedades: os senhores de si e os homens de ação. Naturalmente, esses dois elementos constitutivos da vontade nunca estão separados um do outro; por isso é que distingo o homem de ação do ativo propriamente dito. Também por isso é que há certo número de homens que são, ao mesmo tempo, grandes homens de ação e senhores de si, como Wellington, por exemplo, para citar apenas este. Há, em ambas as categorias, representantes muito apagados e outros muito superiores.

1) *Os senhores de si* — São aqueles que empregam mais particularmente sua energia para dominar-se, vigiar-se, adquirir sobre suas paixões um domínio sempre mais completo. Se a sensibilidade é naturalmente ardente, esse governo de si supõe uma luta que pode ser incessantemente renascente: também se sente neles como que um esforço constante, algo de contido, a preocupação constante de se refrear; donde às vezes vem um tipo de angústia, uma reserva um pouco fria, uma desconfiança, um orgulho um pouco sombrio, algo de altivo, mas com uma nuance particular que só se encontra nas almas elevadas. Eles podem, aliás, se a natureza for menos rebelde, ou se a vitória for mais definitiva, chegar ao equilíbrio de uma natureza especial, que eu chamaria de ponderação adquirida ou desejada.

Como exemplos, eu poderia citar Jean Reynaud e Joseph de Maistre, assim como Madame Swetchine e Prosper Mérimée, ou ainda Epicteto e Wellington.

O que mais impressiona no caráter de Joseph de Maistre, tal como se revela pelas suas cartas íntimas, é uma vontade constante de se vigiar, de submeter-se a certos princípios que ele fez para si ou que aceitou, mas que quer imutáveis. Sua natureza não é da mesma espécie de seu caráter. Ele tem uma sensibilidade viva, ardente e mesmo preponderante, impressionável, irritável; o coração é quente, a afeição, enérgica, e se sente que ele vigia seu coração. "Vai bravamente no teu caminho, meu caro Rodolfo", escreveu a seu filho. "Viva a consciência e a honra! Jamais encontrarás temores ou lamentações nas minhas cartas. Tudo isso sem prejuízo do que se passa no meu coração". "Sempre é bom observar-se", escreveu em outro lugar; e, ainda: "Faço consistir *a* prudência, ou a *minha* prudência, bem menos na arte de esconder os pensamentos do que na de lavar o coração, de maneira a não deixar lá nenhum sentimento que possa se perder ao ser mostrado". Eis o que nos explica que sua inteligência pareça, à primeira vista, estar quase em contradição com seu coração. "Ele era muito bom, mas fez um mau sistema". É porque ele se liga a princípios e, no domínio dos princípios, vai até o fim; tira-lhes, com um estranho rigor, todas as conseqüências que lhe parecem deles decorrer, e em teoria é intransigente, excessivo, e mesmo violento, pois via nele um dever imperioso e punha nele sua honra e seu orgulho. "Sempre continuarei a dizer o que me parece bom e justo, sem me aborrecer por nada do mundo. É para isso que eu valho, se valho para algo".

Ele aplicava essa vontade muito firme e refletida sobretudo para se dominar. A ação propriamente dita sofre de forma até profunda. De uma prudência muito calculista na preparação, de vontade muito contida, muito corajosa nas decisões de princípio, capaz de uma perseverança muito grande, ele freqüentemente permanece hesitante na ação e mesmo irresoluto nas pequenas circunstâncias da vida prática, quando seu dever, tal como o concebe, não está em jogo. E é nesse sentido, creio, que se devem tomar passagens de sua correspondência, como esta: "Falta-me a ação... Eu gostaria de desejar, mas sempre acabo por pensar... Não sei agir. Passo meu tempo contemplando".[30]

Na mesma categoria, mais particularmente como tipo daqueles que poderíamos chamar os *ponderados,* eis um homem cuja fisionomia moral eu gostaria de esboçar brevemente.

Senhor x (retrato xiv). Sensibilidade viva e expansiva, moderada pela intervenção habitual da reflexão das tendências morais; altruísmo e generosidade, benevolência e bondade, gostos estéticos e morais delicados; retidão e sinceridade; orgulho sem vaidade e sem deslumbramento. Inteligência naturalmente fina, flexível e engenhosa, aberta e franca, amando a clareza, vendo as dificuldades e as objeções, muito

---

30 *Lettres et opuscules inédits du comte J. de Maistre*, publicadas por seu filho, o Conde Rodolphe de Maistre, v. ii; Cf. Paulhan, *J. de Maistre et sa philosophie*.

moderada e refletida, com mais charme e graça do que profundidade, notável sobretudo por uma preocupação constante de medida, justeza e justiça.

A atividade natural e física é preponderantemente medíocre: o temperamento é doentio. Mas a energia moral é grande; a vontade é firme, perseverante, bem determinada por motivos atentamente pesados e apreciados, sem excessos nem obstinações irrefletidas, e, todavia, capaz de ir ao objetivo fixado, apesar de seu custo e de sacrificar seus interesses à sua dignidade e às suas convicções. Mais disposta a realizar em si certo ideal moral e de harmonia, tanto quanto de força, e a adquirir a serenidade do sábio, do que voltada para a atividade exterior, individual ou social.

2) Os *homens de ação* — Caracterizei-os, em suma, distinguindo aqueles que designei pelo nome de senhores de si e de ponderados. É nessa classe que devemos incluir os indivíduos que souberam perseguir, sem falhas e com uma energia tranqüila, o objetivo que tinham fixado. Eles podem ser, sem dúvidas, mais ou menos inteligentes, e por isso mesmo se propor a fins mais ou menos elevados; podem ter restringido sua atividade, sua firmeza e sua perseverança aos limites de sua função social muito humilde, ou tê-las levado ao domínio da vida pública; em todos os casos, são caracteres de uma consistência superior, e são homens verdadeiramente. Eles podem, ademais, ter deficiências de qualidade, ser de caráter rude e imperioso, autoritários e severos com os outros, de honestidade obstinada e não sem secura e dureza, e ter, assim, rigidez e algo de estreito; podem não inspirar ternura, não se fazer amar, mas impõem respeito; todos sentem que podem e devem contar com eles. Limito-me a citar alguns e apenas o suficiente para fixar as idéias: Bernard Palissy e Washington. Ou, ainda, Harrison e Guizot.

Essa classificação, sem dúvidas, parecerá a alguns muito complicada, e a outros muito simplificada e não encerrando em seus quadros a infinita complexidade da natureza. Ela seria, assim, muito larga e estreita ao mesmo tempo, se todos os diversos caracteres que a observação permite constatar pudessem entrar em alguma dessas divisões e subdivisões, e se cada tipo que descrevemos aparecesse claramente diferenciado de todos os demais. Para permitir abarcá-los de um só olhar, devemos apresentá-la numa tabela esquemática, onde indicamos os gêneros, as espécies e somente as variedades essenciais.

Os apáticos	Apáticos puros
	Apáticos-inteligentes, os calculistas
	Apáticos-ativos

Os afetivos	Sensitivos	Sensitivos-passivos
		Sensitivos-vivos
	Emotivos	Emotivos-melancólicos
		Emotivos-impulsivos
	Passionais	

Os intelectuais	Intelectuais-afetivos	Diletantes
		Passionais
	Especulativos	

Os ativos	Ativos-medíocres
	Agitados
	Grandes-ativos

Os temperados	Amorfos
	Equilibrados-superiores

Voluntários	Senhores de si	Propensos à luta
		Ponderados
	Homens de ação	

Antes de concluir este capítulo, devemos prever duas objeções que parecem apresentar-se espontaneamente ao espírito quanto a essa classificação. É preciso lembrar, em primeiro lugar, que deliberadamente descartamos os casos claramente patológicos e que quisemos descrever e classificar apenas os caracteres normais.[31] Em seguida, consta manifestamente que o último gênero que computamos não é *natural*, no mesmo sentido dos demais. Entre os *voluntários*, o caráter não é inato e primitivo, como entre os apáticos ou os afetivos, por exemplo; ele é, em certa medida, adquirido. Mas deveríamos examinar os homens tais como eles de fato se nos apresentam, sem perscrutar que causas contribuíram para torná-los o que são. Apenas quisemos mostrar como, sob a ação das leis que tentávamos identificar, os diversos elementos do caráter, combinando-se e subordinando-se segundo relações definidas, podem ocasionar o surgimento de certo número de tipos suficientemente gerais e característicos.

É somente agora que podemos abordar a questão de saber se o caráter é sempre um dom da natureza ou se ele pode ser uma criação pessoal; se, em virtude dessas mesmas leis de reação mútua, seu destino interno não é o de se transformar e evoluir; se, enfim, a vontade não constitui uma força capaz de operar essa transformação, a força soberana que faz o caráter moral sair do caráter psicológico. Este será o objeto de nossa terceira parte.

---

31 Ver uma classificação dos caracteres anormais e mórbidos muito interessante em Ribot, *La Psychologie des Sentiments*, parte II, cap. 13. Cf. Bourdet, *Les maladies du Caractère*; Queyrat, *Les Caractères de l'éducation morale*, cap. 5 e 6.

TERCEIRA PARTE

A FORMAÇÃO DO CARÁTER

CAPÍTULO I

A EVOLUÇÃO DO CARÁTER

A essência do caráter é transformar-se. À fórmula *todo verdadeiro caráter é imutável*, opomos, sem hesitar, esta: *todo caráter é não somente modificável, mas em perpétua via de evolução*. A mudança é a lei do mundo mental, como é a lei do mundo físico: todos somos, fisiológica e moralmente, seres em metamorfose. Há poucas variedades cuja importância teórica e prática seja, em nossa opinião, mais considerável. Não somos: tornamo-nos. Percorremos uma série de estágios e nos revestimos de uma pluralidade de aspectos às vezes tão singularmente diferentes que temos dificuldade em nos reconhecermos no ser psicológico e moral que éramos dez ou quinze anos antes. Os eventos de nosso passado, as paixões que nos agitavam então, nossos desejos, esperanças, temores, crenças, esforços, desânimos, tudo isso nos parece tão estranho ao nosso eu presente que temos dificuldade em crer que se trata de nós. "A memória o representa, mas numa espécie de nuvem", diríamos, de preocupações passadas. "O tempo", diz Pascal, "amortece as afeições e as querelas, porque mudamos e nos tornamos como que outra pessoa. Nem o que ofendeu, nem o que foi ofendido são mais os mesmos. É como um povo que tivéssemos combatido e que revíssemos depois de duas gerações. São os franceses ainda, mas não os mesmos".[1] E essa é uma fonte profunda de melancolia; não será, com efeito, essa impotência em que estamos, no curso de nossa vida efêmera, de nos manter por pouco que seja em meio à torrente universal, a prova mais estrondosa de nossa miséria? "O tempo passa, a água corre, e o coração esquece".

Essas transformações, ora lentas ao ponto de serem imperceptíveis, ora súbitas e profundas, não atingem somente a superfície, mas a base de nosso ser. São as tendências, as funções psíquicas constitutivas que se desenvolvem, vêem sua natureza se modificar, sua preponderância relativa variar; e também suas relações recíprocas, seu modo de agrupamento e de combinação que podem mudar. A alteração incide, assim, ao mesmo tempo, sobre o caráter inteiro, sobre sua matéria e sua forma. Não alego, naturalmente, que todos os caracteres necessariamente sofram modificações radicais; digo apenas que todos são alteráveis sob a influência de mil causas, e que todos, mais ou menos profundamente, e também mais ou menos espontaneamente, se transformam. E quando, em aparência, o caráter está apenas se conservando, se mantendo, protegendo, de certa forma, sua integridade em face de todas as forças que agem sobre ele, ainda não será legítimo dizer que ele se molda, e que, segundo a palavra de Descartes, a conservação é aqui uma espécie de criação continuada?

O que quer que seja quanto a isso, a imutabilidade é tão pouco a marca essencial do caráter que poderíamos nos perguntar se os tipos naturais de caracteres talvez não sejam "tipos de evolução". Quero dizer que as diferentes espécies de caracteres seriam constituídas menos por uma combinação estável e permanente de elementos também permanentes e estáveis do que por uma espécie de lei interna de desenvolvimento em virtude da qual se sucederia certa quantidade de fases e momentos determinados em sua natureza e na ordem de seu aparecimento. Esse de-

---

1 Pascal, *Pensées*. Ed. Havel, art. IX, XLV.

senvolvimento, naturalmente, pressupõe um germe no qual ele está, de certa maneira, contido; mas, se ele está num certo sentido pré-formado, ele não está formado; não está inteiramente explicado por ele. A série de manifestações não decorre do caráter inato e, por assim dizer, embrionário, da mesma forma que as conseqüências derivam do princípio que as envolve.

Essa evolução do caráter resulta de uma pluralidade de causas que é necessário distinguir. Poderíamos dividi-las em causas físicas ou orgânicas, causas propriamente psicológicas e causas sociais. Preferimos, todavia, colocarmo-nos em outro ponto de vista. Algumas dessas causas são constantes, inerentes, por assim dizer, ao ser mesmo, operando em um sentido que podemos considerar uniforme, realizando, ou ao menos tendendo a realizar efeitos que são, de forma muito geral, de mesma espécie para todos os indivíduos: em uma palavra, há nisso uma evolução natural, contínua, que tem sua lei e que aparece, ela própria, sob um duplo aspecto — evolução fisiológica e evolução psicológica. Por outro lado, há causas cuja presença é ou passageira, ou acidental, cujos efeitos, por conseguinte, são variáveis e em larga medida imprevistos. Tratamos aqui, pois, de circunstâncias, aliás muito diversas, que agem provocando crises mais ou menos normais ou anormais, mais ou menos lentas e súbitas, mais ou menos superficiais ou profundas, mais ou menos passageiras ou duráveis. Acrescentemos, enfim, que entre esses agentes de transformação do caráter há um que, por sua natureza e importância, merece ser distinguido de todos os demais e ao qual consagraremos um estudo especial: a vontade. Limitar-nos-emos, por conseguinte, no presente capítulo, a perscrutar o sentido geral da evolução natural que todo caráter normal segue e a indicar as principais crises que ele pode atravessar.

I. A EVOLUÇÃO NORMAL — Do nascimento à morte, o ser humano descreve uma curva que, tanto sob o ponto de vista psicológico quanto fisiológico, apresenta uma regularidade muito notável para que nela vejamos a expressão de leis constantes e suficientemente gerais.

a. *Evolução orgânica* — Há, de início, uma evolução orgânica, que ainda que deva ser considerada sobretudo do ponto de vista de suas manifestações psíquicas, não pode passar em silêncio.

O indivíduo normal percorre uma série de períodos que comumente resumimos em quatro principais: infância, juventude, idade viril, velhice.

Em cada um desses períodos poderíamos estabelecer um número de subdivisões. Os fisiologistas distinguem a primeira infância, do nascimento à primeira dentição (7 a 8 meses), e a segunda infância até à segunda dentição (7 anos, aproximadamente). Na juventude, poderíamos distinguir a juventude propriamente dita (indo até a puberdade, aproximadamente aos 17 anos) e a adolescência (da puberdade até os 25 anos aproximadamente). A idade viril (de 25 a 60 anos) comportaria três estágios: um estágio de aumento (25 a 35), um período em que o indivíduo, tendo atingido seu máximo desenvolvimento, se manterá nele (período de *status quo*, de 35 a 45), e, enfim, um estágio de decréscimo lento. A velhice, enfim, ou fase de dissolução, é uma preparação e como que uma antecipação da morte. Vale a pena observar aqui que os números indicados têm um valor apenas relativo, e que variam muito de um sexo ao outro[2] e de indivíduo a indivíduo; são apenas médios, e só são dados a título de aproximação, com todas as reservas feitas.

Tentemos esboçar, em linhas gerais, as principais características desses diversos períodos, do ponto de vista fisiológico.

Durante a infância, é a função da nutrição que predomina quase que exclusivamente; é essencialmente um período de crescimento no qual a assimilação predomina sobre a desassimilação. Todas as funções da vida vegetativa estão particularmente ativas: a atividade digestiva é incessante, a circulação é mais rápida, a respiração é mais acelerada do que será no adulto; a produção de calor, por isso mesmo, é maior. Os tecidos primitivamente muito flácidos se tornam mais consistentes e mais resistentes; o sistema ósseo se solidifica.

Durante o período seguinte, esse progresso é perseguido, mas com uma energia mínima; as manifestações da vida animal, que primitivamente eram elementares, não tinham por assim dizer nem persistência, nem resistência; desenvolvem-se de forma notável; os diferentes órgãos que cresceram e se diferenciaram tendem ao desempenho de forma mais independente; mas todo esforço exige também imediata reparação e repouso: daí, ao mesmo tempo, a necessidade de agitação e a volubilidade da vida sensível.

Com a adolescência, uma mudança de orientação se manifesta; o centro de gravidade se desloca. Um fato capital se produz: a afirmação

---

2 Os números dados convêm mais aos homens que às mulheres.

dos sexos. A função sexual, a vida sexual, tomam o lugar preponderante que a vida nutritiva e sensitiva haviam ocupado.

Por volta da idade de 25 anos, o desenvolvimento extremo se realizou; o equilíbrio se estabelece entre as funções de assimilação e as funções de secreção; o máximo de energia ativa e motora parece atingido; há equilíbrio entre o sangue, os músculos e os nervos, com preponderância variável, segundo os indivíduos, da vida ativa ou da vida cerebral. As faculdades intelectuais, com efeito, vão chegar a seu completo florescimento. É o período da conservação, que logo será seguido de um período de depressão lenta e contínua.

Enfim chega a velhice, caracterizada pela diminuição de energia das diversas funções; os tecidos se tornam mais flácidos, com exceção dos tecidos fibrosos, que tendem a se ossificar; os ossos se tornam mais densos e mais frágeis; a digestão é mais difícil e menos completa, a circulação é mais lenta, os músculos se contraem mais lentamente e menos facilmente; o sistema nervoso perde sua irritabilidade, os órgãos dos sentidos se enfraquecem, as funções cerebrais se alteram. De maneira geral, há desarmonização funcional; "o homem é todo ocupado em manter entre as suas energias faltantes um difícil equilíbrio".

Há, assim, evolução, e depois regressão; essa evolução consiste provavelmente em uma passagem em direção a uma diferenciação mais delineada das diversas funções, as quais adquirem cada uma, uma vitalidade mais enérgica e sucessivamente preponderante, aliás; ao mesmo tempo, há passagem para uma coordenação e um equilíbrio mais bem definidos e mais exatos. O período de regressão, ao contrário, é uma passagem para uma atividade mínima de cada função, dentre as quais algumas até desaparecem mais ou menos completamente, e ao mesmo tempo para uma crescente falta de coordenação, uma ruptura do equilíbrio lentamente adquirido.

Do ponto de vista psicológico, poderíamos talvez dizer que essa evolução orgânica tem por conseqüência, ou ao menos por correspondente, uma passagem progressiva da atividade orgânico-motora à atividade sensitivo-motora, e enfim à atividade ideo-motora, com retorno a uma atividade orgânico-motora difícil e enfraquecida.

Aqui tratamos, que fique claro, do desenvolvimento normal e médio do ser humano. As suspensões do desenvolvimento e a degeneração impedem muitos indivíduos de percorrer esses diversos estágios, mas esta parece ser sua ordem natural e constante de aparecimento. É evidente, de outra parte, que a passagem de um desses estados orgânicos ao outro (estados tão diferentes que se quis fazer deles estados sucessivos: temperamento colóide, temperamento erótico, temperamento adulto, temperamento assexual ou de conservação).[3] É evidente, afirmo-o eu, que essa sucessão de estados fisiológicos tem sobre o caráter uma influência considerável e, por conseguinte, ocasiona uma evolução concordante da vida mental, de forma que quase poderíamos defender a idéia de que o homem passa por certo número de caracteres determinados, cuja ordem de sucessão é definida e constante.

A evolução orgânica nos parece, assim, a base da evolução psicológica, mas esta merece ser descrita por si mesma e mais atentamente.

b. *Evolução psicológica* — Por essa expressão entendo a evolução natural e normal das diversas funções da vida mental, tal como ela prossegue sob a influência de leis psicológicas muito gerais, e, tanto quanto possível, abstraindo-se todas as ações perturbadoras acidentais e intercorrentes. Também aqui há desenvolvimento e regressão, e esse duplo movimento pode continuar em cada uma das funções psíquicas.

Em sua sábia obra sobre a psicologia dos sentimentos, *Psychologie des Sentiments*, o senhor Ribot nos fornece uma preciosa contribuição ao estudo dessa dupla lei de evolução e dissolução na esfera da sensibilidade, mesmo que ele se ocupe quase que exclusivamente da ordem de aparecimento e desaparecimento dos *fenômenos* ou das *tendências* sensíveis, sentimentos, emoções, instintos, inclinações. A evolução vai do simples ao complexo, do inferior ao superior, do estável ao instável; das emoções egoístas às ego-altruístas, às altruístas, e enfim às emoções desinteressadas; a lei de dissolução segue a ordem inversa: "As manifestações que são as últimas datadas na evolução são as primeiras a desaparecer [...]; a dissolução vai do superior ao inferior, da adaptação complexa à adaptação simples, encolhendo pouco a pouco o campo da vida afetiva".[4]

Se considerássemos não mais a matéria, por assim dizer, mas a forma da vida afetiva, os diversos modos da sensibilidade, veríamos algo de análogo. À sensibilidade volúvel, superficial, efêmera e caprichosa da infância, sucede-se uma fase em que a impulsividade se torna mais arden-

---

3 Cf. Jaccoud, "Tempérament", em *Nouveau Disctionnaire de Médecine et de Chirurgie*.
4 Ribot, op. cit., parte II, cap. 14.

te, mais impetuosa, caracterizada pela vivacidade e duração maiores das emoções e das paixões. Depois se opera uma espécie de abrandamento, ou mais exatamente um equilíbrio superior entre os diversos tipos de emoções e inclinações que se opõem e que, sobretudo, se organizam, formam sínteses mais complexas, se hierarquizam; de onde resulta uma menor impulsividade, sendo esta sempre um sinal de desorganização, de ruptura do equilíbrio. Nesse momento, aliás, o desenvolvimento das faculdades propriamente intelectuais intervém, para moderar o tumulto das tendências afetivas. Enfim começa um período em que o zelo, o ardor e o desejo se extinguem progressivamente; o cansaço e o esgotamento se traduzem por uma espécie de invasão gradual da indiferença, da apatia e de um retorno ao egoísmo.

A evolução intelectual segue uma curva análoga. O desenvolvimento da inteligência é mais tardio que o da sensibilidade. As diversas funções intelectuais aparecem numa ordem que também vai do mais simples ao mais complexo; os poderes de representação, de restauração e de combinação sensível precedem os de concepção, de sistematização propriamente intelectual. Se chamamos aqueles de operações automáticas e estes de operações ativas, vemos que o indivíduo vai do automatismo primitivo à atividade mental, para voltar ao automatismo. À dispersão mental sucede a reflexão, o exercício das faculdades de controle, a capacidade maior de atenção voluntária, de julgamento comparativo e compreensivo, de abstração, de raciocínio lógico. Então, a degradação se manifesta por uma diminuição progressiva da flexibilidade do espírito, da aptidão assimiladora, do poder de adaptação, da faculdade em adquirir noções originais, de se dobrar a pontos de vista novos; o pensamento se limita por algum tempo a manter-se em suas posições; ele se ancilosa, em certo sentido, e se ossifica; as idéias novas não aparecem mais, não se deixam mais ser aceitas: há um estado singular de misoneísmo. O espírito, que passou da credulidade à crítica, cai na rotina. Enfim se produz a desagregação, os sistemas se dissociam e o indivíduo caminha mais ou menos lenta e completamente para a demência senil.

A atividade, que depende em larga medida, como vimos, da sensibilidade e da inteligência, segue a mesma fortuna destas. Ela aparece em seu apogeu na juventude e na adolescência; mas talvez seja uma ilusão. A agitação e o ímpeto turbulento não são a verdadeira plenitude da atividade: toda falta de equilíbrio, toda falta de coordenação, todo conflito se traduz, em última análise, por uma perda de forças. A atividade mais rica, mais fecunda é a mais claramente orientada, a melhor regulada; e ela também só aparece após a volubilidade infantil, após o entusiasmo da juventude, e atinge seu apogeu (ao menos, se manifesta sob sua forma mais elevada de atividade voluntária) somente na idade madura. Em seguida, as forças físicas declinam; o gosto e o poder de agir diminuem; repugna-se cada vez mais o esforço; deseja-se a paz, o repouso, a inércia. A força moral e o poder voluntário são alterados: a irritabilidade morosa dos velhos é a prova disso.

E, assim como no ponto de vista fisiológico as diferentes fases da vida individual parecem constituir temperamentos diferentes, talvez se possa perguntar se, considerado em sua evolução psicológica, cada homem não passe por diferentes tipos de caracteres, com a infância e a juventude correspondendo ao tipo afetivo, a virilidade ao tipo intelectual, ou ao tipo ativo, ou ainda ao tipo ponderado, e a velhice ao tipo apático (só que se produziriam aqui fenômenos análogos às interrupções de desenvolvimento e aos fatos recorrentes).

Deixemos de lado essas considerações muito aleatórias, para notar a influência que três leis de importância capital exercem sobre a evolução psicológica: a lei de adaptação, a lei do hábito e a lei do equilíbrio.

A lei de adaptação aparece sob um duplo aspecto: externo e interno. Ela é adaptação do sujeito consciente com o meio e adaptação do sujeito consciente consigo mesmo. Sob seu primeiro aspecto, ela exprime sobretudo uma ação social (educação, instrução, costumes, leis, ofícios, costumes mundanos, etc.); sob seu segundo aspecto, exprime essencialmente uma ação psicológica. Por lei de adaptação entendo a tendência mais ou menos consciente do ser em direção à coordenação, à sistematização de suas diversas funções. Deixo aqui de lado a questão de saber se é uma lei de mecanismo ou de finalidade;[5] limito-me a indicar seus efeitos gerais.

O espírito (tomando o termo em sua acepção mais ampla) é essencialmente uma síntese ativa de uma infinidade de elementos, de tendências. Aquelas que podem se organizar, comumente acabam por fazê-lo. Fazemos, em certa medida, esforço para nos pôr de acordo conosco mesmos, para fazer "adequar", "conspirar" a sensibilidade, a inteligência e a atividade. As funções mentais, todavia, não se desenvolvem todas

---

5 Cf. Paulhan, *L'activité mentale et les élements de l'esprit*. Paris: Félix Alcan.

pari passu, não aparecem todas simultaneamente, nem se dirigem todas necessária e primitivamente no mesmo sentido. Também a acomodação se realiza progressivamente e ocasiona uma série de mudanças: de tal sorte que a lei da adaptação é uma verdadeira lei do vir-a-ser, uma lei da evolução. Seguramente, não se deve crer que a unidade jamais seja perfeita; mas desse ideal aproxima-se mais ou menos e a saúde moral consiste precisamente nisso. Tendências divergentes sempre subsistem, e sempre estamos mais ou menos divididos contra nós mesmos; sistemas podem se manter ou se formar independentemente dos outros sistemas. Mas o ser se acomoda mal com esses puxões e esses conflitos; também procuramos fazê-los cessar. Adaptamos nossas idéias, nossas teorias, a nossos sentimentos, à nossa conduta, e vice-versa. "Quase sempre, para viver em paz conosco mesmos, travestimos em cálculos e em sistemas as nossas impotências ou as nossas fraquezas".[6] E talvez seja por isso que jamais somos completamente sinceros e nem inteiramente de má-fé. Apesar da aparente unidade, a multiplicidade subsiste, com efeito, assim como a falta de coordenação sob a coordenação. Mas ainda é preciso que a desagregação do composto mental não vá longe demais. Se esta se exagera, caímos na patologia, vemos aparecer esse estado de "miséria psicológica" que consiste essencialmente numa impotência singular a realizar a síntese dos fenômenos psicológicos: os elementos atuam então de forma independente e automática. E, segundo o equilíbrio, a adaptação, a sistematização se realizem mais ou menos completamente, temos diversas formas de caracteres. Mas o que nos importa neste momento é novamente notar que, em virtude dessa lei que tende a produzir a unidade, o caráter deve se transformar e se modificar perpetuamente. A lei mesma de constituição do caráter é uma lei de evolução: a continuidade aqui não é permanência, fixidez, imutabilidade; ela é continuidade de desenvolvimento.

O mesmo ocorre, no fundo, com a lei do hábito. Sobre o hábito, seu papel, seus efeitos no domínio da atividade, do pensamento, da sensibilidade, tudo já foi dito e redito para que precisemos retornar aqui.[7] É ela que faz a solidariedade dos diferentes momentos da vida individual, que liga o presente ao passado, e no presente pré-forma o futuro.

---

6 Benjamin Constant, *Adolphe*.
7 Ver, em particular, Marion, *La Solidarité morale*, parte I, cap. 3.

> Os atos sucessivos que compõem a história de uma mesma vida são ligados entre si, influem uns sobre os outros e formam, não digo um encadeamento necessário, mas uma série onde tudo se conecta [...]; há uma lógica nas coisas [...], o que semeamos germina sozinho e, depois, colhemos. Não iríamos ao ponto de dizer que a lei mecânica, a rigor, reja os fenômenos morais. Mas, se algo no desejar se cria (ignoramos como), é certo que *nada se perde*. Tudo que uma vez foi inserido no tecido de nossa vida moral tende a persistir lá, e lá fazer seus efeitos serem indefinidamente sentidos.[8]

Mas o hábito não é somente um poder conservador; é também, e sobretudo, um poder multiplicador e transformador. Ele permite aos efeitos parciais juntarem-se uns aos outros, fortalecerem-se mutuamente: por isso mesmo, ele amplifica. E quando nos compromete num caminho, não somente nos mantém lá, mas nos conduz com rapidez crescente. Simultaneamente, torna-se uma força modificadora; impõe-nos, de certa forma, a necessidade de evoluir numa certa direção. A preponderância que ele confere às inclinações freqüentemente satisfeitas torna-se cada vez mais marcada, ao mesmo tempo que se atrofiam aquelas que não foram exercidas. Assim se encontra alterado o plano de organização de todo o sistema psíquico.

Resta a lei de equilíbrio, que une seus efeitos aos das duas grandes leis precedentes; mas, ao passo que estas tendem a produzir e a manter o equilíbrio, aquela tende, ao contrário, a rompê-lo. A lei de equilíbrio dos órgãos implica que toda hipertrofia de um sistema orgânico se acompanhe de uma atrofia correspondente de certos outros sistemas. O que é verdadeiro dos órgãos, o é também das funções. O que é verdadeiro do corpo, o é também do espírito. Todavia, é preciso entender essa lei. Herbert Spencer observa[9] que nos seres viventes a maior atividade funcional de um sistema, em geral, pressupõe e, por sua vez, tende a produzir uma coordenação superior das funções, assim como sua atividade mínima e mais lenta provoca uma menor regularidade, uma menor harmonia das diversas outras funções. Algo de análogo se encontra na vida psicológica. A lentidão e o empobrecimento de uma função mental ordinariamente acarretam uma menor coordenação; e, por outro lado, o

---

8 Ibid.
9 Herbert Spencer, *Principes de Biologie*. Paris: Félix Alcan, pp. 431 e ss.

consenso da atuação das tendências está junto à condição e ao resultado de sua atividade mais rica e mais plena. Mas, isso admitido, não é menos verdade que, se há superatividade desproporcional de um sistema orgânico ou psíquico, esse excesso de desenvolvimento se faça em detrimento do funcionamento normal dos demais sistemas e em detrimento também de sua harmonia total. Que uma tendência venha a se exagerar, a se exaltar de maneira a absorver e monopolizar todas ou quase todas as energias disponíveis, será preciso que as demais tendências sejam ou suprimidas, ou ao menos profundamente transformadas; ou elas perecerão, ou serão levadas pela tendência predominante e se porão a seu reboque. Se a organização e redistribuição segundo esse novo plano se podem realizar facilmente, o problema será passageiro, e um equilíbrio de nova sorte, com novo centro de gravidade, se estabelecerá no interior do ser. Mas, se as tendências repugnam a dobrar-se assim a esse novo modo de subordinação, se a desproporção se torna extrema, o equilíbrio vital ou mental se compromete, e a falência final será iminente. A lei do equilíbrio, combinando seus efeitos com os da lei do hábito, faz que o indivíduo, se nada vem se opor a ele, deva fatalmente cair no lado para o qual ele naturalmente já pendia.

Uma vez mais, vemo-lo; se há no caráter algo de primitivo e também de permanente, se há certas partes de nós mesmos que são tão intimamente, tão profundamente nossas que subsistem e se mantêm, ao menos seria impossível crer que todo o resto seja imutável e que aquilo que permanece seja sempre idêntico a si mesmo. Tudo se transforma ao nosso redor; da mesma forma, tudo se transforma em nós. A mudança é a condição da vida; como não seria a lei do caráter?

II. AS CRISES — A evolução do caráter, cujas condições e causas gerais acabamos de identificar, não procede, evidentemente, com regularidade e continuidade perfeitas. Já vimos uma parte das razões para que isso aconteça. Produz-se nele certo número de crises. Elas podem ser diferentes por natureza; podem ser mais ou menos numerosas e profundas, segundo os indivíduos, mas em última análise qualquer que seja sua origem, quaisquer que devam ser suas conseqüências, pode-se descobrir nelas um mecanismo psicológico aproximadamente constante.

Quando um elemento novo se introduz, um elemento antigo desaparece, seja lenta, seja bruscamente. As sínteses mentais anteriores são, numa medida mais ou menos larga, desassociadas, desorganizadas. E depois, comumente o equilíbrio se restabelece segundo um novo plano. Às vezes o choque pode ser bastante violento, e a perturbação bastante profunda, para que o equilíbrio seja definitivamente rompido, para que a saúde moral seja irremediavelmente comprometida. O estado de desagregação se torna então permanente e, por assim dizer, constitutivo, o que ocorre, por exemplo, na histeria de origem traumática (e aqui estamos no domínio da patologia). Aqui também nos limitamos a assinalar o caso, sem nos aprofundarmos nele, para só nos ocuparmos dos casos normais.

A desordem foi passageira; mas sempre houve um período de perturbação, de ansiedade, de agitação. A mudança incide ao mesmo tempo sobre o conteúdo do caráter e sobre a orientação e o modo de organização dos elementos. Há empobrecimento? É evidente que a base do ser está alterada, que o desaparecimento de tendências outrora ativas provoca um sentimento doloroso de diminuição, de vazio, um estado de desconforto, de tristeza, de fraqueza. Há enriquecimento, ao contrário? Produz-se um tipo de expansão, um sentimento de plenitude, a consciência de um aumento, de uma vida mais ativa, uma exaltação que se acompanha de alegria; mas, como a tendência nova ainda não teve tempo de se combinar, de se harmonizar com as demais, a atividade é de certa forma fragmentária, intermitente, procedendo por impulsos algo incoerentes e desordenados; ademais, certas tendências de formação mais antiga sempre se encontram, pelo menos parcialmente, contrariadas, inibidas, e esses impedimentos devem necessariamente ocasionar acessos de melancolia, de ansiedade, de desencorajamento, de declínio, de certa forma cortando os períodos de excitação. Tal é, em suma, o esquema comum de todas as crises, das quais agora resta indicar brevemente as principais.

Elas são de três tipos principais: orgânicas, sociais, psicológicas.

As crises morais que vêm do temperamento são, elas mesmas, normais ou puramente acidentais. Tanto umas quanto as outras têm impacto na vida mental e, freqüentemente, têm por primeiro sintoma uma mudança no caráter; este é, às vezes, o resultado mais marcante e durável. "Observemos", diz Maudsley,

> o efeito freqüentemente produzido por um violento ataque de loucura. O doente recobra inteiramente a razão; suas faculdades inte-

lectuais não perderam nada de sua vivacidade, mas seu caráter não é mais o mesmo. Ele não é moralmente o mesmo homem. Doravante, talvez sua vida seja tão diferente de sua conduta passada quanto, em sentido oposto, a existência de Saulo de Tarso foi a do apóstolo Paulo. Um ataque de epilepsia produz o mesmo efeito. Uma febre e uma ferida na cabeça também transformam o caráter.[10]

Assim, a loucura substitui a violência; e o ódio, a doçura e a bondade; ela exagera uma disposição natural, muda a dureza em crueldade, a irascibilidade em impulso frenético.

Chamo de crises normais aquelas que todo ser deve atravessar em seu desenvolvimento natural. Tais são, por exemplo, as crises da puberdade e da menopausa. Não vou aqui descrevê-las em detalhes; limito-me, pois, a lembrar esta passagem de Griesinger:

> Com a entrada em atividade de certas partes do corpo que até então haviam permanecido numa calma completa, e com a resolução total que se produz no organismo, nesta época da vida, grandes massas de sensações e de inclinações novas, idéias vagas ou distintas e impulsos novos passam à consciência num espaço de tempo relativamente curto. Eles penetram pouco a pouco no círculo de idéias antigas e chegam a fazer parte integrante do eu. Este se torna, por isso mesmo, completamente diferente; ele se renova, e o sentimento de si mesmo sofre uma metamorfose radical.[11]

À imagem dessas crises muito características e aterradoras, há certamente uma multidão de outras menos aparentes, menos definidas: crises de crença e de temperamento muito variáveis em sua intensidade e freqüência.

Não falo da maternidade, porque essa é uma crise sentimental, moral e social tanto quanto, ou até mais, que uma crise orgânica.

---

10 Maudsley, *Le Crime et la Folie*. Paris: Félix Alcan, p. 62.
11 Griesinger, *Traité des Maladies mentales*, p. 55. Cf. Beaunis, *Les Sensations internes*, pp. 64–66: "É como um segundo nascimento, menos rápido e menos violento que o primeiro, mas que em vez de surpreender um organismo num estado ainda apático, com pouca consciência, como o do feto, surpreende um ser inteligente, sensível, impressionável, e sabendo, até certo ponto, observar e analisar o que experimenta".

As crises acidentais e imprevisíveis resultam de uma doença, de um acidente propriamente dito. As febres infecciosas, as doenças do coração, do estômago, de útero, o diabetes, etc., têm influência considerável sobre o caráter. Por mais forte razão, o mesmo ocorreria com doenças como a coréia, a epilepsia, a histeria e todas as doenças propriamente mentais. Quase sempre, nestes últimos casos, há uma predisposição, uma tara hereditária mais ou menos lerda, mas o acaso, as circunstâncias, um choque brusco, uma emoção violenta são a causa ocasional do desenvolvimento considerável de um germe que talvez permanecesse latente. Ademais, é assim que o estado vago, generalizado, indeterminado, se fixa, se orienta, se reveste de uma forma imprecisa.

Há, por outro lado, crises que podemos chamar de sociais. Não insisto nelas, pois se revestem sempre da forma de crises psicológicas, e são sociais somente por sua causa: porque exprimem a ação do meio social e a adaptação do indivíduo a esse meio. Escolha do ofício, hábitos profissionais, casamento, etc.: eis algumas, entre mil outras, dessas influências externas que ocasionam crises de ordem sentimental ou intelectual, de que se deve agora dizer algo.

São estas as que chamei de psicológicas propriamente ditas. As crises sentimentais parecem às vezes confundir-se com certas crises orgânicas; mas distinguem-se destas. O amor, por exemplo, não é a mesma coisa que a puberdade. Ora, o aparecimento do amor, o aspecto de que ele se revestirá, a violência que ele adquirirá, eis o que é imprevisível; e eis uma das crises morais mais graves que um homem pode atravessar. Que efeitos não podem também produzir sobre nosso caráter uma grande dor, um luto, uma decepção, uma esperança frustrada, uma ilusão desaparecida, tanto quanto uma alegria inesperada, uma felicidade, um sucesso inesperados? Também aqui, é preciso reconhecê-lo, o choque exterior pôde simplesmente pôr em movimento tendências adormecidas e nos fazer reconhecer que, sem percebê-lo, vivemos por mil pontos. Essa revelação, porém, não seria de perturbar violentamente nossas almas? E não é assim mesmo, muitas vezes, que também nós encontramos nosso caminho para Damasco?

Também a inteligência pode ser subitamente metamorfoseada e, por seu intermédio, o caráter inteiro. Essas crises intelectuais são às vezes preparadas e se estendem por um período muito considerável da vida: há mais desenvolvimento do que aparecimento súbito. O momento, por exemplo, em que a criança atinge o que se chama "idade da razão" é singularmente indeterminado, e nisso não há nenhuma espécie de criação súbita. Mas não é menos verdadeiro que um dia a criança descobre em si uma capacidade de raciocinar, de pensar por si e para si, de que ela apenas suspeitava. E, em alguns meses, seu caráter se altera singularmente: pode tornar-se indócil, indisciplinado, "respondão", "do contra". Certas crises são mais rápidas e mais fortuitas: resultam da introdução no pensamento de uma idéia, de uma doutrina, de um sistema científico, político, moral, filosófico até então totalmente ignorados. Não me iludo muito com a eficácia do *ensino* da moral, por exemplo. E, no entanto, pude observar, em certo número de pessoas jovens, uma espécie de revolução moral no dia em que seu espírito se abriu à sedução que a doutrina de Kant pode exercer. Eles verdadeiramente descobriram a idéia do Dever puro: e isso pode ir muito longe. Uma palavra saída da boca de um mestre e dita com o acento necessário pode tornar-se, um dia ou outro, para esta ou aquela pessoa, causa de renovação, princípio de salvação. Só falta que essa palavra seja pronunciada.

Resta saber, enfim, se não pode haver crises da vontade e, por assim dizer, crises de liberdade. No que elas podem consistir, em que medida e de que maneira podemos ser os artesãos voluntários e autônomos de nosso próprio caráter, eis o que me proponho a examinar no próximo capítulo.

O que desejei mostrar aqui (apenas porque convém repetir, já que isso é desconhecido por alguns e serve de desculpa para outros) é que, sob a ação de tantas causas que se entrecruzam combinando seus efeitos, só o destino necessário de evoluir perpetuamente é imutável no nosso caráter.

CAPÍTULO II

A CRIAÇÃO DO CARÁTER PELA VONTADE

O nosso caráter se faz: mas podemos fazê-lo por nós mesmos? Eis a grande questão que é impossível evitar.

    Nascemos com uma natureza psicológica definida, ao menos em potência; é algo de primitivo, resultado do temperamento, da hereditariedade, do entrecruzamento de uma infinidade de causas desconhecidas e misteriosas, cujo efeito é a única coisa visível e cuja ação é coerciva; é o nosso caráter *inato*. Esse caráter inato sofre, por sua vez, mil influências diversas e se transforma incessantemente; temos aqui um caráter *adquirido*. Essa transformação será fatal? Poderá ser assimilada ao desenvolvimento de uma fórmula, e o homem, segundo uma expressão célebre, será "um teorema ambulante"? Essa transformação se faz como o crescimento de um vegetal? Contra os fatalistas de todas as escolas, avaliamos que essa evolução depende, ou pode depender, da reação própria do indivíduo; que ela é, ou pode ser, obra sua, criação pessoal de sua vontade. Além do caráter inato e do caráter adquirido, pode haver um caráter *desejado*.

1 — Há algo em nós que independe de nós, nos é próprio: tal é a dupla verdade que Kant e Schopenhauer quiseram estabelecer e que, em todo caso, iluminaram fortemente com sua famosa teoria do caráter inteligível e do caráter empírico. Vale a pena determo-nos nisso por um instante.

Consideradas sob o ponto de vista de seu desenvolvimento no tempo, todas as ações do homem, pelo fato mesmo de que fazem parte do mundo dos fenômenos, estão submissas à lei da causalidade universal e devem poder se explicar por causas naturais necessárias. De forma que, se conhecêssemos todas as circunstâncias, tanto internas quanto externas, nas quais um indivíduo se encontra, "calcularíamos sua conduta futura com tanta certeza quanto um eclipse da lua ou do sol". O conjunto dessas condições internas, com sua eficácia própria e necessária, abstraindo-se todas as circunstâncias exteriores, ou, em outros termos, "a lei da causalidade interior" de um dado ser, é o *caráter empírico*. Ele é, como tal, excluído da vontade livre; não pode ser modificado, alterado, dirigido, empregado por ela: seu desenvolvimento é fatal. E o caráter empírico não se revela nem mesmo a nós, a não ser pelo desenvolvimento, pela série de suas manifestações fenomênicas; ele é essa série, e como ela só pode ser conhecido pela experiência. E esse caráter empírico, como tudo que é fenomênico, encontra sua suprema razão de ser em uma "coisa em si", em um "númeno", a saber, no *caráter inteligível*. Esse caráter inteligível, na verdade, não pode ser imediatamente conhecido; não tomamos consciência dele; apenas apreendemos suas expressões sucessivas; ele é somente "concebido a partir do caráter empírico, da mesma maneira que somos obrigados, em geral, a dar para o pensamento e para fundamento aos fenômenos um objeto transcendental, ainda que não saibamos nada do que ele é em si mesmo". Podemos, no entanto, saber algo dele; podemos, se posso dizê-lo, determiná-lo negativamente, considerando o que ele não é. Estando situado do lado de fora da esfera dos fenômenos, "ele não está submetido a nenhuma condição de tempo"; está, por conseguinte, excluído da "lei de toda determinação do tempo"; em uma palavra, está fora da causalidade; ele é livre, é a liberdade mesma. Uma vez dado esse caráter, toda a conduta é necessária, mas antes do nascimento, ou melhor, fora de todo nascimento, por um ato de criação atemporal, cada qual se faz livremente o que deve ser. "Diríamos bem", escreveu Kant sobre o caráter inteligível,

> que ele começa *por si mesmo* e espontaneamente os seus efeitos no mundo sensível, sem que a ação comece *nele*; e isso seria verdadeiro sem que os efeitos devessem, por isso, começar por si mesmos no mundo sensível, porque são sempre predeterminados pelas condições empíricas no tempo passado, mas pelo único meio do caráter empírico (que é simplesmente o fenômeno do inteligível) e porque eles só são possíveis como uma continuação da série das causas físicas. Assim, liberdade e natureza, cada qual em seu sentido completo, se encontram, ao mesmo tempo e sem contradição, nas mesmas ações, segundo as compararmos com sua causa inteligível ou sensível.[1]

Schopenhauer, que aceita e retoma essa distinção, exprime-a nestes termos:

> É preciso tomar o caráter inteligível em cada um de nós como um ato de vontade exterior ao tempo, e portanto, indivisível e inalterável; esse ato, desdobrado no tempo e no espaço, segundo todas as formas do princípio de razão suficiente, analisado e, por isso mesmo, manifesto, é o caráter empírico, que se revela aos olhos da experiência e por toda a conduta e por todo o curso da vida do indivíduo de que se trata [...]. Os atos de um homem são apenas a tradução repetida de seu caráter inteligível, variando somente na forma.[2]

E em outro momento:

> Toda coisa age segundo o que ela é, segundo sua constituição; nessa constituição se encontram contidas *em potência* todas as suas mani-

---

[1] Kant, *Critique de la Raison pure*. Tradução de Tissot, t. II, pp. 169–172, § 645–648. Cf. *Critique de la raison pratique*. Tradução de Tissot, pp. 106 e ss. e pp. 289 e ss.
[2] Schopenhauer, *Le monde comme Volonté et Représentation*. Paris: Félix Alcan, I, p. 303.

festações, mas elas só se produzem *em ato* no momento em que causas exteriores as evocam; é por isso mesmo que essa constituição se revela. Eis o *caráter empírico*, por oposição a outro, mais ótimo, inacessível à experiência, e que serve de princípio último ao precedente: o *caráter inteligível*, isto é, a *essência mesma* da coisa. Nisso o homem não faz exceção na natureza [...]; sendo dado um indivíduo e um caso determinado, só há uma ação possível para ele: *operari sequitur esse*. A liberdade não pertence ao caráter empírico, mas unicamente ao caráter inteligível. O *operari* de um dado homem é determinado, exteriormente pelos motivos, e interiormente pelo seu caráter, e isso de forma necessária: todo ato seu é um evento necessário. Mas é no seu "*esse*" que se encontra a liberdade. Ele poderia *ser* outro; e tudo aquilo em que ele é culpável ou merecedor, é ser o que ele é. Pois quanto ao que ele faz, isso resulta como um corolário, até aos menores detalhes.[3]

No total, fatalidade quanto ao tornar-se, liberdade quanto ao ser, eis o caráter e eis o homem.

Essa grande e bela concepção,[4] o mais poderoso esforço que se fez para conciliar a liberdade, que a moral reclama, e o determinismo, que parece postular a ciência, afirma, poderíamos dizer, uma verdade precisamente contrária à que foi enunciada. Ela inverte a ordem real das coisas. É verdade, claro, que há em nós algo de fatal, e mais ainda, que nosso caráter é em certo sentido obra da liberdade. Mas a parte da fatalidade é o inato, é a base primitiva de nosso temperamento e de nosso caráter, é essa matéria primeira que nos vem da natureza, a qual não podemos transformar em outra coisa menos ingrata e menos rebelde. Longe de ser o produto da razão e da liberdade, esse pretenso caráter inteligível é propriamente o que há em nós de radicalmente ininteligível, o que é refratário a toda explicação, aquilo que não sabemos de onde vem e que nem a luz da consciência jamais poderia invadir completamente. Ele é verdadeiramente empírico, porque é dado como um fato, só pode ser conhecido por experiência, e não é nunca conhecido inteiramente em sua base. Nesse sentido, é da natureza do homem ignorar-se eternamente a si mesmo, porque ele sempre igno-

---

3 Schopenhauer, *Le Fondement de la Morale*. Paris: Félix Alcan, p. 83.

4 Não pretendemos aqui criticá-la: seria o caso de discutir toda a filosofia kantiana, da qual essa teoria é, de certa forma, o centro. Encontrar-se-ão interessantes indicações em Fouillée, *Liberté et Déterminisme*. Paris: Félix Alcan; Pierre Janet, *La Morale*.

rará a série infinita dos eventos e das causas. E, por outro lado, o que foi criado pela inteligência e pela vontade, o que é a expressão da liberdade, é o pretenso caráter empírico, é o desenvolvimento da natureza, é a forma impressa nessa matéria que resiste a nós, onde aliás encontramos nosso ponto de apoio e na qual todos devem, segundo a bela expressão antiga, "esculpir sua estátua". Essa obra, à qual nos convém a moral, é à psicologia que cabe nos mostrar que ela é possível e como é possível.

Ora, é um fato da experiência que o homem pode modificar sua conduta, refrear certas inclinações, exercer sobre suas tendências um controle mais ou menos severo, submetê-las a uma disciplina mais ou menos estreita. Não vou discutir aqui o problema metafísico da liberdade. No momento, limito-me a constatar que a vontade (qualquer que seja sua natureza íntima) é um poder de uma natureza particular, graças ao qual somos não o escravo, mas ao contrário, em larga medida somos o senhor de nosso destino, de nossas tentações, de nossos hábitos. Assim, como o diz Stuart Mill, "nosso caráter é formado *por nós* tanto quanto *para nós*". Construímos um caráter no curso da vida, à força de experiência e reflexão. E isso é tão manifesto que Schopenhauer é forçado a reconhecê-lo: é o que ele chama um caráter *adquirido*, um caráter *artificial*. E eis então como ele procurará conciliar essa verdade de fato com sua teoria da imutabilidade do caráter.

> Os motivos determinam a forma sob a qual se manifesta o caráter, isto é, a conduta, e isso por intermédio do conhecimento: ora, esta é capaz de mudanças; por conseguinte, a conduta de um homem pode mudar visivelmente, sem que lhe seja permitido chegar daí a uma mudança em seu caráter. O que o homem quer propriamente, o que deseja, no fundo, o objeto dos desejos de seu ser íntimo, o objetivo que eles perseguem, não há ação exterior, instrução que possa mudá-lo: sem o que nós poderíamos novamente criar o homem [...]. Para a ação externa sobre a vontade só há um meio, que são os motivos. Mas os motivos não poderiam mudar a vontade em si mesma: se eles têm sobre esta alguma ação, é unicamente sob a condição de que ela permaneça como é. Tudo o que eles podem fazer é mudar a direção de seu esforço, conduzi-lo sem mudar o objeto de sua procura, a procurá-lo por novas formas.[5]

---

5 Schopenhauer, *Le Monde comme Volonté et Représentation*, l. IV, §55.

Mas será, pois, um fato desprezível essa mudança de direção de nossos esforços? Quando Santo Agostinho abandona a vida de prazer para se consagrar a Deus: há nisso uma mudança sem importância? Mudar de conduta seria, assim, insignificante? Saber o que se persegue, por que se persegue, como se conquista, mostrar-se sempre igual, conseqüente e fiel a si mesmo: isso será nada? Será a mesma coisa, para empregar as expressões de Schopenhauer, que correr em zigue-zague, estender as mãos, como as crianças na feira, para tudo que nos dá vontade, procurar aqui e ali fogos fátuos, ou, ao contrário, seguir uma linha de conduta com método e reflexão, ir sem hesitação, sem inconseqüência, aplicar em cada deliberação princípios gerais e constantes? E, se tudo isso pode ser adquirido, como defender que "o caráter não poderia mudar"? Quem não vê, por outro lado, quão singular é essa concepção metafísica da vontade, que alguma misteriosa entidade faz, independent dos motivos, os quais agem sobre ela "a partir de fora" e não podem modificá-la? Stuart Mill, que tem a única preocupação de "salvar" a liberdade, mas que vê a questão como psicólogo, está bem mais próximo da verdade; e a página seguinte é ainda mais significativa por se encontrar sob a pena de um determinista comprovado.

> Pensar que não temos nenhum poder de modificar nosso caráter e pensar que não usaremos esse poder se não tivermos o desejo de usá-lo são coisas muito diferentes, que têm um efeito muito diferente sobre o espírito. Pouco importa a que atribuamos a formação de nosso caráter quando não temos nenhum desejo de trabalhar para formá-lo por nós mesmos; mas, importa-nos muito que esse desejo não seja sufocado pelo pensamento de que o sucesso é impossível e de saber que, se temos esse desejo, a ordem não é tão irrevogavelmente concluída que não possa ser modificada. E, com efeito, se os olhamos de perto, reconheceremos que esse sentimento da faculdade que acabamos de modificar, *se quisermos*, nosso próprio caráter, é o mesmo da liberdade moral de que temos consciência. A doutrina do livre arbítrio, pondo em evidência precisamente a porção da verdade que o termo *necessidade* faz perder de vista, isto é, a faculdade que o homem possui de cooperar para a formação de seu próprio caráter, deu a seus defensores um sentimento prático muito mais aproximado da verdade do que, creio, jamais foi o dos *necessitaristas*. Estes podem ter sentido mais fortemente o que os homens podem fazer para formar mutuamente seu caráter, mas a doutrina do livre arbí-

trio, penso, tem conservado em seus defensores um sentimento mais vivo da educação e da cultura pessoais.⁶

De nossa parte, sinceramente acreditamos na possibilidade dessa cultura pessoal e pensamos que ela pode ir mais longe e que sua eficácia possa ser singularmente potente; e, no entanto, consideramos como falsa e singularmente perigosa a opinião de que a vontade pode exercer um poder direto e absoluto, a todo instante, sobre nossos sentimentos, nossos pensamentos, nossa conduta, e que possa, por uma espécie de ato puro, subitamente criar o caráter. A desculpa que tantas pessoas se dão de que o caráter não pode ser refeito, é uma tolice ou uma cegueira de impotência. Mas, imaginar que se possa reconstruí-lo imediatamente no momento em que a necessidade é sentida, isso também é um grave erro e uma presunção ridícula. A liberdade moral, isto é, o poder prático da vontade, não é um dom; é a recompensa de esforços penosos, de um longo e perseverante trabalho. E como a perseverança é a forma mais rara de coragem, como o esforço repugna à maioria dos homens, estes desistem. Talvez muito poucos entre os inumeráveis indivíduos humanos chegam à libertação, à posse de si mesmos, e muito poucos verdadeiramente se tornam caracteres, isto é, como diz Novalis, "vontades inteiramente moldadas". Tomando as coisas neste viés, poderíamos dizer que há, em última análise, duas grandes classes de homens: os que têm *um* caráter, isto é, uma natureza da qual são escravos, quando não são escravos por circunstâncias e do meio; e aqueles que têm *caráter*, isto é, os que tornando-se senhores de sua natureza, elevam-se acima desta e aproximam-na de um ideal que conceberam.

II — Essa obra suprema da vontade, vejamos, pois, em que medida e de que maneira ela pode se realizar.

Há em nós uma base subjacente, muito resistente, sólida, que parece em larga medida inalterável; há partes em nós mesmos que são tão intimamente, tão profundamente nossas que não se abalam por nada. A prova disso poderia ser procurada nas experiências hipnóticas. Já se acreditou que pela sugestão fosse possível criar artificialmente e à vontade personalidades novas, caracteres determinados. É o fenômeno bem

---

6 Stuart Mill, *Système de Logique*. Paris: Félix Alcan, t. II, l. VI, cap. 2, pp. 424–425.

conhecido da objetivação dos tipos. Mas foi preciso abandoná-la. Além do fato de que essas transformações são essencialmente passageiras, constatou-se que o hipnotizador nada mais faz que salientar uma preponderância relativa a certas tendências pré-existentes e adormecer momentaneamente certas outras. O hipnotizado representa mais ou menos sincera e habilmente um papel que lhe é proposto, ou mesmo imposto; ele o desempenha tanto melhor quanto melhor o compreendeu, e quanto mais esse papel esteja de acordo com sua própria natureza. Nesses tipos de comédias que ele representa aos demais e para si mesmo, seu caráter se reflete e transparece. É o que nos mostra também a resistência dos sonâmbulos às sugestões, e, mesmo no caso em que eles obedecem, a forma particular como cumprem os atos sugeridos, as razões que encontram, a interpretação que fornecem.[7] O ser virtual que está na base de nós mesmos, que nem sempre conhecemos completamente, que pode se revelar sob um dado impulso (sugestão, paixão, etc.), eis o que quase não parece acessível às influências de que dispomos.

Com efeito, o que esse ser exprime? Deixo de lado aqui a ação restritiva da educação, do meio social; tomo o indivíduo em si mesmo, e, se for o caso, no momento de seu nascimento. Cada homem que vem ao mundo encontra, por assim dizer, inscrita em seu organismo fisiológico e mental uma espécie de fatalidade interior. Ele traz em si o traço obscuro de todos os atos, de todos os pensamentos, de todas as paixões de uma longa série de ancestrais; nele vive uma herança misteriosa, não somente física, mas intelectual e moral, que todas as gerações precedentes lhe transmitiram. Nessa obra que se prolonga desde centenas, milhares, milhões de séculos, de que eficácia pode ser meu esforço pessoal? Depositário por alguns minutos de todo o passado da raça, de todo o passado do universo, efêmero representante desse eterno labor, quem sou eu, e o que posso? De que vale essa força ínfima que trago em mim, diante do espantoso peso que me seria necessário erguer? E, se essa evolução da espécie é muito vasta para se deixar abarcar por um único olhar, consideremos a família que nos é visível e presente: vejamo-la desempenhar esse terrível poder da hereditariedade. A teoria de Morel sobre

---

7 Cf. Pitres, *Les Suggestions hypnotiques*; Bernheim, *De la Suggestion dans l'étal hypnotique et dans l'état de veille*; P. Richer, *Etudes cliniques sur la grande hystérie*; Gilles de la Tourette, *L'hypnotisme et les états analogues*; Beaunis, *L'expérimentation en psychologie*; Grasset, *L'hypnotisme et la suggestion*, etc.

a degenerescência e os quadros lamentáveis que os alienistas nos põem aos olhos[8] nos mostram como uma lesão psíquica e uma tara original se transmitem, se transformam, evoluem, com inexorável fatalidade, na seqüência das gerações. As famílias, como os indivíduos, têm suas doenças, das quais a evolução, mais ou menos lenta, necessariamente ocorre, e que "após algumas gerações débeis, levam à morte da raça". Admiráveis exemplos que a escola fatalista não deixa de invocar.

E, no entanto, a hereditariedade pode ser uma força salutar. O aumento e a adesão à razão e à saúde moral podem ser também sua obra. O progresso do mal pode ser eliminado. Outros quadros genealógicos, consolando os primeiros, nos mostram a família se erguendo pouco a pouco, subindo, por assim dizer, a corrente que a arrastara à ruína, perseguindo e concluindo a obra, também coletiva, de sua restauração. E o homem que à primeira vista menos fez, aquele que, sem se curar a si mesmo, pelo menos deteve o movimento de decadência, que de certa forma disse à doença: "Daqui não passas", não terá sido o redentor de sua raça? Ora, esse esforço salvador pôde consistir no quê? Na disciplina de si. Escutemos Maudsley:

> De onde quer que venha, a loucura é a decadência da vontade, a perda da faculdade de coordenar as idéias e os sentimentos; assim, o sábio desenvolvimento do controle da vontade sobre os sentimentos e as idéias fornece ao homem uma força que luta energicamente em favor da sanidade [...]. Quanto mais o desenvolvimento da natureza intelectual e moral é sincero e completo, mais o indivíduo se encontra protegido contra toda espécie de infiltração da degeneração moral. Negligenciar a cultura contínua e o exercício de suas faculdades intelectuais e morais seria deixar seu espírito à mercê das circunstâncias exteriores. Para o espírito, assim como para o corpo, deixar de lutar é começar a morrer. É provável que o número de loucos diminuísse em uma ou duas gerações se os homens deixassem de se enganar a si mesmos e se aplicassem a fortalecer seu caráter, colocando-o de acordo consigo mesmo.[9]

---

8 Cf. Déjérine, *L'hérédité dans les maladies du Système nerveux*. Paris: Asselin et Houzeau, 1886.

9 Maudsley, *Le Crime et la Folie*. Paris: Félix Alcan, pp. 255–281.

Voltemos da família à humanidade. Sem dúvida, o efeito visível de meu esforço pessoal me escapa aqui; sem dúvida, minha obra individual é infinitamente pequena na obra universal. Mas, que importa, do ponto de vista da moral, se eu me mantive apenas nos limites do meu poder, se pigmeu eu me mantive apenas à obra de um pigmeu? Pensemo-lo, pois: a quem visse a série infinita de causas e efeitos, o grão de areia que cada homem põe no edifício que a humanidade arduamente constrói pareceria de nenhum valor. No ser futuro, que se elabora surdamente e que será, talvez, tanto mais superior aos melhores dentre nós, como um Vicente de Paulo o é com relação a um caraíba, nossos desejos mais puros se perpetuarão, nossos pensamentos mais elevados reviverão, nossas esperanças mais nobres florescerão. Nosso valor próprio se pode medir por aquilo que tivermos tentado fazer para preparar esse futuro. Nesse sentido, pode-se dizer que os homens que chegam a ser, no sentido mais completo e mais forte, *caracteres*, detêm em si o segredo dos destinos humanos.

III — Se tal é a obra, como ela pode se cumprir? Onde encontrar o ponto de apoio que permitirá à vontade erguer o mundo? A isso respondo: na natureza mesma. A vontade não se pode exercer no vazio. É-lhe necessária uma matéria, e faltam-lhe instrumentos. Essa matéria é a constituição física e mental inata; seu instrumento são as leis que regem o mundo mental, leis de sucessão e leis de reação mútua; ainda é um determinismo, mas de que ela se serve e ao qual é capaz de dobrar a seu uso. A solidariedade que liga e encadeia os atos do homem lhe permite transformar-se, e é o caso de repetir o mote profundo de Bacon: *non nisi serviendo naturae imperatur.*

Vejamos como. O que somos hoje depende daquilo que fomos ontem, e a condição de amanhã está no hoje. O homem está acorrentado, o homem se acorrenta por si mesmo: este é o segredo de sua libertação. Pois o presente não está totalmente contido no passado; sem dúvida, essas idéias, esses desejos, essas tendências, esses hábitos que encontro atualmente em mim, não posso impedi-los de existir, de tender à ação na medida de suas forças; mas a maneira particular como eu as combino e as emprego não é plenamente explicada pelos próprios elementos presentes: é nessa síntese verdadeiramente pessoal e nova que se encontra algo de original e irredutível, de imprevisível também, que constitui o querer e, talvez, também a liberdade. Assim, é acrescentando algo ao passado que o presente prepara o futuro. E, por isso mesmo, como todo ato mental deixa depois de si o seu traço, como ele se conserva, de certa maneira, e se prolonga indefinidamente, cada um de nossos desejos é uma força que não se perde mais, cujos efeitos se podem adicionar e multiplicar, e se tornar o princípio de uma vida nova. Simultaneamente, o próprio passado se encontra transformado. E, se isso pode à primeira vista parecer um paradoxo, é porque somos cegos por uma falsa assimilação dos fenômenos *internos* pelos fenômenos *externos*. Fora de nós, os fatos se sucedem; permanecemos, e isso não é a mesma coisa. Separamos os eventos externos isolando totalmente cada momento do tempo, de tal forma que o instante precedente e o evento que o preenche nos parecem abolidos quando o instante e o evento seguinte aparecem. Pondo-nos, pois, no ponto de vista lógico ou no ponto de vista físico, podemos dizer que o passado não existe mais, que foi assim radicalmente subtraído de nossas decisões, que nenhum poder humano, ou mesmo divino, poderia fazer que aquilo que aconteceu não tenha acontecido, e que não tenha acontecido precisamente como o foi. Do ponto de vista psicológico, essa proposição também não é rigorosamente verdadeira. Na consciência, o passado subsiste em si mesmo; de forma maravilhosa e misteriosa, ele ainda é o presente, e nós temos domínio sobre ele. Vejamos.

Meus desejos, meus gostos, minhas lembranças, meus princípios de ação anteriormente aceitos e seguidos são *fatores* da minha decisão atual, e no presente têm cada qual por sua parte sua eficácia relativa, sua vitalidade própria. Serão eles os únicos fatores, não somente necessários, mas também suficientes de minha volição? Não falta aqui também o ato mesmo de querer? Ora, esse ato novo, esse esforço, esse impulso psíquico, esse *fiat*, como o diz William James, de que temos consciência, eis o que confere a todas essas condições antecedentes outro valor, eis o que lhes impõe, se posso dizê-lo, um coeficiente diferente daquele que as afetavam. Não é somente uma força antagonista oposta doravante às forças pré-existentes, e que, por conseguinte, modificará sua resultante. Passa-se algo profundo e importante, mas diferente. A resolução que tomo agora pode e deve, sem dúvida, não suprimir, nem aniquilar os motivos e as volubilidades previamente existentes, mas alterá-los, modificar suas relações recíprocas de subordinação, despojar estes de uma parte de seu poder, confirmar ou aumentar a autoridade daqueles.

Assim, não é o bastante dizer que com isso eu tenha tornado possível um futuro que sem o passado jamais tenha ocorrido; é preciso acrescentar também, por paradoxal que pareça a expressão, que criei em mim um passado novo.

Se isso é o que poderíamos chamar de mecanismo da vontade, vê-se por que meios o homem pode chegar a transformar-se e os diferentes elementos de que o caráter se compõe, o modo de combinação desses elementos, a síntese particular que eles constituem. Não se trata de criar, mas de recriar. É preciso dizer do caráter assim compreendido o que Bacon diz da arte: *homo naturae additus*. E se Vênus ou Apolo dependem da pedra de mármore e do martelo e do cinzel, eles também dependem do gênio do artista. Se não depende deste que a matéria seja mais pura ou menos ingrata, os instrumentos mais delicados ou menos defeituosos, ao menos é dele que vem o emprego que ele sabe fazer, a obra que ele extrai. Da mesma forma, o que é a obra da vontade não é a nossa natureza, mas o *uso* que fazemos dela. Mas esse uso contribui para desenvolver uma segunda natureza, que não somente se acrescenta, não se sobrepõe à natureza primeira, mas se substitui por ela progressivamente, ou ao menos se combina com ela para proporcionar um composto novo. Tem-se, portanto, razão em dizer: "Nossos atos procedem, pelo menos, tanto de nosso caráter quanto de nossa iniciativa pessoal e voluntária. Ora, nosso caráter, nossa natureza é algo dado, algo anterior à nossa causalidade própria, que freqüentemente lhe toma emprestada sua energia e sua direção".[10] Nesse sentido, como Schopenhauer gosta de repetir, *operari sequitur esse*. Mas essa é apenas parte da verdade. Com efeito, ocorre que em nosso caráter inato encontramos os meios que podem tornar possível a libertação quanto à natureza; isto é, certa capacidade de reflexão, graças à qual nos damos conta do que somos, do que podemos, da multiplicidade de atos possíveis, de suas conseqüências, de seu valor prático, social, moral, graças ao qual também podemos apreciar, julgar nossas tendências diversas, e com isso opô-las umas às outras, corrigi-las e refreá-las mutuamente; é também um desejo possível por certos bens compreendidos e apreciados de outra forma, ou melhor apreciados; é, enfim, o poder de agir, que é variável, sem dúvida, em sua energia nativa e em seus efeitos espontâneos, mas que, todavia, sempre torna possível

---

10 Lévy Brühl, *L'idée de responsabilité*, p. 15.

nossa intervenção pessoal, que nos permite usar por nós mesmos essas capacidades naturais. As causas que vêm de fora para agir sobre nosso caráter inato e cuja pressão parece constituir uma fatalidade nova acrescentando-se à fatalidade primitiva podem ser tanto princípios de libertação quanto de escravidão. O meio social, por exemplo, ao mesmo tempo que nos compromete numa direção definida pela própria multiplicidade de suas demandas, pela multidão de exemplos variáveis que nos propõe, de idéias que nos sugere, de vias que nos abre diante de nós, de horizontes novos que nos revela, nos proporciona escolher melhor. O hábito, enfim, conserva e consagra nossas vitórias tanto quanto nossos defeitos; ele nos confirma em nossos esforços e em nosso valor tanto quanto em nossas fraquezas e em nossa frouxidão. Há solidariedade em e para a liberdade, assim como em e para a necessidade. E, desta forma, a ação, que em parte procede da nossa natureza, muda e molda essa natureza. Nesse sentido é preciso dizer: *esse sequitur operari*.[11]

A liberdade pode, pois, erguer em certa medida essa placa de chumbo que pesa tanto sobre nossos ombros. É uma liberdade restrita, seguramente, mas real. Não é um poder infinito e sem relação com a realidade, como aquele que alguns metafísicos gostam de imaginar, mas ainda assim é um poder, e o único afinal que temos o direito de exigir. "A liberdade", o disse excelentemente o senhor Renouvier, "não pede uma tábua rasa. Ela simplesmente modifica o que foi dado, como o que foi dado modifica a esfera onde a liberdade se exerce".[12]

iv — Sobre o que pode se exercer essa ação da vontade? Sobre todos os elementos de nossa personalidade moral, sobre todas as funções psíquicas, e mesmo sobre nosso organismo.

Podemos modificar nosso temperamento. Toda a higiene — essa parte essencial da educação moral — está fundada sobre este postulado. "A repetição freqüente das mesmas impressões e dos movimentos que se relacionam a estas", escreveu Cabanis,

---

11 Cf. Paulhan, *La Volonté*, cap. 4, pp. 70–75, § 4 e 5. "O espírito cria a volição, mas também é verdadeiro dizer que a vontade cria o espírito. Com efeito, após a volição, uma vez que a decisão foi tomada, o espírito não é mais o que era antes [...]; a cada ato novo de vontade, o homem se transforma e se desenvolve".
12 Renouvier, *Psychlogie Rationelle*, ii, p. 84.

> é capaz de modificar muito a ação dos órgãos, e mesmo as disposições primitivas da sensibilidade. Se, pois, as causas de certas impressões agem muito freqüentemente, ou durante um tempo muito longo, sobre o sistema, elas poderão mudar seus hábitos e os hábitos dos órgãos; elas poderão, conseqüentemente, introduzir as disposições acidentais ou os temperamentos novos que esses hábitos constituem. Tal é a verdadeira fonte dos *temperamentos adquiridos* [...]. É preciso, pois, entender por *temperamento natural* aquele que nasce com os indivíduos, ou cujas disposições eles trazem ao vir ao mundo, e por *temperamento adquirido* aquele que se forma nos indivíduos pela longa persistência das impressões acidentais às quais estão expostos. As causas capazes de mudar ou modificar o temperamento são as doenças, o clima, a dieta, os trabalhos habituais do corpo ou do espírito.[13]

Ora, a dieta, os hábitos do corpo e do espírito dependem de nós. E por eles podemos modificar a expressão consciente mais direta do temperamento, isto é, do humor. Uma educação bem compreendida, uma higiene inteligente e metódica podem combater com sucesso nas crianças a disposição à tristeza. Mais tarde, a tentativa será, sem dúvida, mais difícil, mas não impossível: pois então encontramos a ajuda não somente da Medicina, mas da inteligência e da vontade. "Rachel Varnhagen, o Doutor Johnson, Henriette Martineau", diz-nos o senhor Fouillée,

> nasceram com um temperamento melancólico; eram esses tristes que gostariam de fugir da pulsação incessante da vida e dizer a seu coração: dorme! Mas, por sua inteligência e vontade, fizeram uma nobre tentativa de triunfar sobre sua tendência orgânica ao desencorajamento e chegaram a vencer esse inimigo escondido da paz interior. À melancolia do temperamento eles opuseram a serenidade de caráter.[14]

Temos, pois, domínio sobre nossa vida afetiva, quanto à sua vivacidade e quanto à sua natureza. Não nos damos, compreenda-se bem, por um simples ato de desejo a sensibilidade de que fomos privados pela natureza; mas avivamos aquela que temos. Há uma cultura possível da

---

13 Cabanis, *Rapports du Physique et du Moral*, XIIe Mémoire; Cf. VIIIe Mémoire: *Influence du régime sur les habitudes Morales*.
14 Fouillée, *Tempérament et Caractère*, p. 103.

sensibilidade; chega-se a desenvolver gostos e sentimentos novos; amolecemos um coração duro, tornamos mais terna uma alma seca e mais quente uma alma fria. Isso é verdade sobretudo quanto à sensibilidade moral. As emoções elevadas, os sentimentos gerais, as aspirações nobres são como flores delicadas que murcham ao menor sopro e pedem para ser cultivadas com cuidados engenhosos e incessantes; podemos, pois, deixá-las perecer por si mesmas; mas também podemos criar para elas uma atmosfera mais pura, mais luminosa, mais doce e mais igual, onde desabrocharão por si mesmas. Inversamente, podemos moderar os movimentos excessivos de nossa sensibilidade, atenuar a violência de nossas emoções, a impetuosidade de nossos desejos e de nossas paixões: é parte essencial do governo de si mesmo. Talvez seja aí, como o observa Bain, que podemos melhor descobrir e medir "o poder volitivo do caráter individual". "O que chamamos *força de vontade* é muito bem manifestado pelo maior ou menor controle exercido sobre as manifestações emocionais".[15] A vontade, operando diretamente sobre os músculos que servem para traduzir exteriormente nossas emoções, age sobre a emoção interior e a acalma. Podemos, por exemplo, provocar voluntariamente o relaxamento dos músculos da face, do pescoço, dos membros, e por esse meio quase que fazer um acesso de cólera nascente decair rapidamente. Deter a expressão de uma emoção é deter a emoção; do mesmo modo podemos, reproduzindo as manifestações externas, despertar uma emoção arrefecida.

Esse controle também se estende aos atos aos quais a emoção nos impele; sob o impulso da cólera nos é possível, se não impedir o coração de bater mais precipitadamente e o maxilar de se contrair, ao menos não agredir. Essa semivitória tornará mais fácil uma vitória menos incompleta, e chegaremos pouco a pouco até as profundezas mais escondidas da sensibilidade. Enfim, está em nosso poder fazer movimentos e atos diametralmente opostos àqueles que a emoção tende a produzir. Somos capazes, se o queremos, de seguir em frente quando o medo nos pede que fujamos, de dizer ao nosso corpo o que Turenne dizia e de vencer o medo orgânico pela coragem moral. A inteligência desempenha seu papel, e um papel capital nessa obra, porque nos permite opor ao impulso espontâneo motivos apropriados aos diferentes casos: o raciocínio

---

15 Alexander Bain, *Les émotions et la Volonté*, p. 355.

pode triunfar ao medo ou à cólera. Por uma disciplina rígida e infatigável chegamos assim a temperar a turbulência e a impetuosidade de sua natureza. Washington, no-lo diz seu biógrafo, "tinha um temperamento ardente, paixões vivas e, num meio onde as causas de tentação e de excitação se renovam sem cessar, fez constantes esforços para triunfar e teve mais tarde a glória do êxito". E mais adiante: "Suas paixões eram violentas e às vezes eclodiam com veemência, mas ele tinha a força de reprimi-las logo em seguida. Seu autodomínio talvez fosse o traço mais notável de seu caráter".[16] E Tyndall escreve, no belo retrato que traçou do caráter de Faraday: "Sob sua doçura e mansidão se escondia um vulcão. Ele era vivo e inflamável, mas estava domado; não tinha deixado o fogo se consumir em paixões inúteis, mas o havia convertido em um centro de raios luminosos para aclarar sua vida e a dos outros".[17]

A constância de humor e a tranqüilidade na alma podem ser, em certas pessoas, um feliz dom da natureza; em outras, são uma conquista da vontade.

De todas as funções psíquicas, a inteligência é seguramente aquela que a educação pode mais facilmente transformar e desenvolver; porque é a única que cultivamos mais freqüentemente. De minha parte, fazendo de bom grado a concessão de que a educação intelectual não é toda a educação, inclino-me fortemente a crer que, se ela é bem compreendida e conduzida, permanece parte essencial da educação moral. Façamo-nos compreender. Não se trata da soma dos conhecimentos adquiridos, nem da extensão e do poder da inteligência em si mesma. Nesse âmbito, o poder da educação é evidentemente limitado pelas capacidades inerentes à natureza do indivíduo. "Não há", como o disse Maudsley, "educação no mundo que faça uma ameixeira dar uvas, ou cardos darem figos". E também não há educação que possa fazer de todo homem um Shakespeare ou um Newton. Mas a educação pode levar ao mais elevado grau de atividade e realização as virtualidades de cada natureza. Sobretudo, pode levar a inteligência a se exercer segundo certo modo, a tomar hábitos determinados. Pode-se corrigir a mobilidade esboçada do espírito, pode-se retirá-lo da escravidão da rotina, pode-se substituir o automatismo pela atividade própria do pensamento. Ora, esta é a verdadeira

---

16 Jared Spark, *Life of Washington*, pp. 7 e 534.
17 Tyndall, *On Faraday as a discoverer*.

educação da inteligência, e ela é obra própria do indivíduo, tanto quanto dos educadores. Ela consiste essencialmente no desenvolvimento das faculdades de atenção e reflexão. Também aqui uma parte se deve à natureza; sob esse aspecto, como sob todos os demais, os homens nascem diversamente dotados. Isso é verdadeiro até quanto aos animais; é pela capacidade natural de atenção deles que se mede sua aptidão para serem adestrados. Mas permanece o fato de que há aí um germe que uma cultura apropriada pode desenvolver em larga medida. Sob o ponto de vista da formação do caráter, isso é capital. Pois, se a liberdade está em algum lugar, é precisamente no poder de reflexão pessoal que ela se encontra. É este, com efeito, o verdadeiro agente do progresso que "substitui por etapas o reino dos caprichos, dos impulsos passageiros e discordantes, pelo reino dos impulsos tenazes em harmonia uns com os outros", que, em uma palavra, tende a formar o *caráter*. É ele que, permitindo à consciência se fixar, deter o fluxo das impressões sucessivas, convocar outras representações, despertar outras idéias capazes de se opor ao impulso atual, formar para si princípios gerais e estáveis ao nível do qual deverão se dobrar todas as diversas tendências; é ele a essência mesma do que chamamos império da vontade, e da razão sobre as paixões. É graças a ele que podemos não pertencer a esse "gênero tão comum de homens *da torrente*, que a fraqueza ou a falta de exercício das funções reflexivas tornam o brinquedo dos eventos e das idéias, e que, entregues sem defesa às idéias que os atravessam, vivem e morrem sem jamais testemunhar em si mesmos a posse de uma certeza qualquer que fosse obra sua".[18] Eis por que o verdadeiro objetivo e o meio da educação não é, como foi defendido,[19] *sugerir* crenças, impô-las, ou ao menos fazê-las penetrar de fora até a alma; por mais nobres e generosas que sejam, elas nos seriam, em larga medida, estrangeiras; seriam também para nós um princípio, não ouso dizer de escravidão, mas de submissão. Necessário é desenvolver na criança o poder de formar crenças por si mesma, na plenitude e integridade de sua liberdade e de sua razão. É preciso ter fé e dar-lhe fé na eficácia soberana da luz e da verdade. É preciso não amassar e modelar sua alma, mas dar-lhe a possibilidade de modelar seu caráter.

---

18 Renouvier, *Psychologie rationelle*, II, p. 135. Cf. ibid., II, pp. 10–20, a engenhosa e profunda teoria do que o senhor Renouvier chama de a "vertigem moral".
19 Payot, *La Croyance*. Paris: Félix Alcan.

A vontade se torna, assim, criadora de si mesma; quero dizer: a vontade, tanto quanto o poder de agir, pouco a pouco dá origem à vontade como princípio dominador, como poder de se governar, de se tornar senhora de si. Pois a palavra *vontade*, como a palavra *liberdade*, pode ser tomada num duplo sentido. Pode-se dizer "dotado de vontade" sem ser "uma vontade", assim como se pode possuir um tipo de poder de liberdade sem ser ainda um agente verdadeiramente livre. É por isso que dizer, de uma parte, como o fizemos, que o ato voluntário é determinado pelo caráter, que é a reação própria do eu, e, em seguida, dizer que o caráter é determinado pela vontade, não é se contradizer. A vontade, com efeito, é em última análise a consciência que tomo de tudo que sou, de tudo que posso, de meus apetites e de meus desejos claros ou confusos, desse resíduo obscuro que todas as minhas alegrias e todos os meus pesares passados deixaram atrás de si, de todas as minhas lembranças, de todas as minhas idéias lentamente armazenadas em mim, de todos os meus hábitos de sentir, de pensar e de agir, e é também a consciência que tenho de poder combinar, segundo um projeto constante e invariável, essa massa de elementos; é a consciência de todo esse *eu agente*. E porque se torna consciente de si, de seu poder e de seus efeitos, porque se reflete, é transparente consigo mesmo, o *eu* se torna uma força nova, um princípio de evolução e de progresso: ele chega a desejar e a fazer. Mas para ter sucesso, é necessário crer de início na possibilidade da obra; é necessário tentá-la. Para merecer e conquistar a liberdade é preciso, de início, desejar-se livre. "A primeira das leis práticas, antes do que se chama um bom uso da liberdade, é o próprio uso" (Renouvier).

Mas "querer", no sentido que acabamos de tomar, é "ter caráter", é substituir, ou ao menos acrescentar o caráter moral àquilo que poderíamos chamar de caráter psicológico. "Sob o ponto de vista pragmático", escreveu Kant,

> a semiótica universal emprega o termo *caráter* com duplo sentido, pois dizemos, por um lado, que um homem tem *tal* caráter ou outro, e por outro lado que ele em geral tem *caráter* [...]; poder dizer absolutamente de um homem que "ele tem caráter" não é somente dizer muito dele, e sim fazer um elogio [...]. "Ter caráter" é possuir aquela propriedade da vontade pela qual o sujeito se liga a princípios determinados que invariavelmente se impuseram por sua própria razão.[20]

20 Kant, *Anthropologie*, parte II, seção A.

Ter certo caráter é ter, se se pode dizê-lo, o assento de uma associação de fenômenos e necessidades que fazem que o indivíduo sinta, pense e aja de certa maneira. Mas ser um caráter é ser o autor, o diretor responsável desse sistema de poderes, de forças, de tendências. No primeiro caso, nossos estados e nossos atos estão *em nós* e são *nossos*, e, num certo sentido, são *nós*; no segundo caso, são *de nós* e para *nós*. Pelo efeito dessa transformação do "natural" em "caráter", o "indivíduo" se torna "pessoa". "Quando a liberdade", diz profundamente o senhor Renouvier,

> faz sua aparição em um dado ser, esse ser, ligado por mil relações ao demais seres e àquilo que ele próprio era, a todas as leis que o constituem ligando-o a si e ao mundo, esse ser adquire uma existência incomparavelmente mais própria; antes se distinguia, agora se separa; antes era ele, agora se torna por ele; daí vem uma essência, ou, se se deseja, uma substância, no sentido às vezes dado a essas palavras; um indivíduo, e o mais individual que nos é conhecido, o indivíduo humano, a pessoa humana.[21]

É assim, enfim, que se realiza a verdadeira unidade, sem a qual não se é um caráter. Ser alguém é ser *um*, poderíamos dizer, modificando ligeiramente o termo de Leibniz.[22] A unidade no espírito é a lógica, a conformidade do espírito consigo mesmo; a unidade na conduta é a conformidade do desejo consigo mesmo; é, diziam os estóicos, a virtude. Essa unidade não é exterior e recebida, mas interior e criada. Não é aquela que resulta da predominância de um instinto ou de uma paixão; é a que vem da constância com a qual se aceitam invariáveis princípios. Os caracteres mais sólidos, com os quais se podem contar, são os que se fazem por si mesmos a golpes de vontade. É a isso que chamo liberdade. Esta não é, pois, imprevisibilidade, mas o contrário. A imprevisibilidade é escravidão. O indivíduo sugestionável é escravo, e quem pode prever sua conduta? O homem passional é escravo também, e quem pode prever aonde sua paixão o vai levar? O homem senhor de si sabe aonde vai, e essa coerência, essa conseqüência é precisamente a expressão de sua independência quanto às coisas e aos homens, quanto a tudo que não

---

21 Renouvier, *Psychologie rationelle*, t. II, p. 367.
22 "Tudo que não é *um* ser também não é verdadeiramente um *ser*": *ens et unum convertuntur*.

depende dele. Ele não está revestido de uma personalidade tomada de empréstimo, variável ao sabor dos eventos. Sua personalidade também não é a individualidade egoísta e baixa, a tirania do instinto, e sim a vontade do universal. O caráter mais elevado é também o mais largo, o mais uno; é, digamos, o mais geral e o mais generoso.

CONCLUSÃO

Meu caráter é um sistema definido de tendências diversas, e cada uma tem sua vivacidade, sua direção e sua natureza próprias ligadas entre si por certas relações de coordenação e subordinação. Essas tendências, e também sua importância relativa, o modo particular de sua combinação, tudo isso vem, em parte, de meu temperamento físico e moral inato e, em parte, das transformações que o meio, as circunstâncias, o próprio curso da vida e, enfim, as reações próprias da vontade e da razão lhe fizeram sofrer. As modificações ulteriores são, elas próprias, como o vimos, condicionadas pelo natural primitivo. Assim, não somos todos igualmente aptos às mesmas coisas. "O homem", dizem, "só é o que se torna, verdade profunda, mas ele só se torna aquilo que é, verdade ainda mais profunda".[1]

1 Amiel, *Journal intime*, t. I, p. 83.

Se os homens conhecessem melhor o seu caráter, aprenderiam a evitar não somente infortúnios, mas falhas. Saberiam melhor o que podem e também o que devem. Pois o dever não é em todos os lugares idêntico a si mesmo. Quero bem crer que, em certo sentido, exista um dever absoluto e imutável, um ideal comum do bem. Mas também é preciso admitir que, de fato, o dever se diversifica de mil maneiras diferentes, que esse ideal se refrata em mil raios quando atravessa as consciências individuais. O que existe, na realidade, é a infinita complexidade das obrigações particulares; a moralidade concreta, se ouso dizê-lo, é a série dos atos pelos quais satisfaço a essas diversas obrigações. E, como elas dependem das circunstâncias em meio às quais o agente moral se encontra localizado, da mesma forma elas dependem da natureza desse agente, de suas aptidões, de suas energias, de sua consciência, de seu caráter. Nenhum homem é capaz de exprimir da mesma maneira, sob o mesmo viés, o "modelo ideal da natureza humana" de que Espinosa fala; ele também não pode empregar os mesmos meios. Poderia ser obrigado a fazê-lo? Sem querer defender o paradoxo de que haja uma moral particular para os grandes homens, que o homem de gênio esteja fora dela e acima das regras da moral comum, estou convencido de que o dever do homem de gênio não é idêntico ao do homem comum, no sentido de que o primeiro tem mais obrigações, e também que ele tem obrigações diferentes. Que nosso pensamento seja, quanto ao mais, entendido da mesma forma. Não desejamos aceitar a proposição de um sociólogo contemporâneo de que "o imperativo da consciência moral está em tomar a seguinte forma: *põe-te em estado de cumprir utilmente uma função determinada*",[2] se com isso entende-se exclusivamente uma função *social*. Subscrevemo-lo inteiramente, se se admitir que possa haver também, para cada um, uma função *moral* particular. Pois cada um de nós é mais especialmente apto a desempenhar tal ou qual papel sob o ponto de vista moral, tanto quanto sob o intelectual ou o social. Cada homem, à sua maneira e num determinado sentido, deve esforçar-se por aprender e desempenhar esse papel; de uma parte, porque ele deve evitar cair para o lado ao qual pende, derramar-se nos pecados para os quais é mais espontaneamente convidado e aos quais está como que mais inclinado (o dever de um Fontenelle não é o mesmo de um Rousseau); de

---

2 Durkheim, *De la division du travail social*. Paris: Félix Alcan, p. 40.

outra parte, porque ele deve tender a fazer sua natureza produzir todo o bem de que é capaz, a tirar dela a maior soma possível de utilidade moral, se posso dizê-lo: o dever de um Espinosa não é o de um Leônidas; um São Vicente de Paulo, seguindo sua via, cumpriu sua função e deu ao mundo um grande exemplo moral, como também um Epicteto, que, sem dúvida, teria sido um Vicente de Paulo medíocre. A perfeição moral de um não é idêntica à do outro. O dever é aperfeiçoar-se, e a perfeição, para cada um, é o mais elevado grau de desenvolvimento, de maturidade, de energia harmoniosa e regrada que suas faculdades comportam; é a realização livre e completa de seu ser.

Também chegamos a esta fórmula: o dever para cada um é o de ter *caráter*. Ter caráter, com efeito, é, como o vimos, realizar em si a ordem e a unidade, substituir o arranjo discordante, passageiro e fatal dos impulsos, pela harmonia e coordenação das tendências; é obedecer a um princípio consciente, razoável, permanente: é, em suma, aproximar-se do ideal de sua própria natureza. E, simultaneamente, é trabalhar para a realização do ideal da natureza humana.

Vejo bem a objeção, sem dúvida, de que se pode ter caráter sem ser por isso moralmente bom, porque uma vontade forte pode ser, ao mesmo tempo, uma vontade imoral e anti-social. Isso é verdade, mas de uma forma particular e, por assim dizer, acidental. O caráter, com efeito, se é a tendência à harmonia e à unidade sob a lei de uma idéia, necessariamente contém em si um elemento de beleza e moralidade.

> Pode-se afirmar que os homens que mais têm vontade são, em geral, aqueles que têm a melhor vontade; que as vidas mais bem coordenadas são as mais morais; que basta poder estabelecer em si uma autoridade e uma subordinação quaisquer para estabelecer mais ou menos parcialmente o reino da moralidade.[3]

Por isso mesmo, o ponto de vista da moralidade individual e o da utilidade social coincidem.

Nada é mais útil à sociedade do que homens de caráter. Pois um caráter não pode ser somente um homem que em seus pensamentos, intenções e volições, obedeça a princípios estáveis e gerais; ele é natural-

---

3 Guyau, *Education et hérédité*. Paris: Félix Alcan, p. 220.

mente levado a desejar essa harmonia e essa unidade fora de si tão bem quanto dentro de si. O eu, organizando-se, alarga-se e procura abarcar o universo, submetê-lo à mesma lei à qual este se submete. Para ser ele mesmo, não é preciso encerrar-se ciosamente em si; encontrar-se é, em suma, encontrar-se nos outros, e, por isso mesmo, é se dar. Aumentar em si mesmo o poder e a autonomia da vontade, tanto quanto for possível, é melhor conceber suas relações com o meio no qual se está colocado, melhor conhecer sua força e ao mesmo tempo seu papel, seu lugar no todo e sua solidariedade com o todo. O caráter mais livre e mais razoável é aquele para quem concentrar-se significa simultaneamente se expandir, pois ele traduz menos o indivíduo que a humanidade, ou melhor, exprime a indissolúvel união do indivíduo e da humanidade.

Eis por que o verdadeiro meio de formar o caráter é a ação. Pois ela tem virtudes maravilhosas para nos curar do egoísmo sob todas as suas formas, do egoísmo mesquinho ou do egoísmo sutil. Ela nos arranca de nós mesmos, e, em sua energia fecunda, aumenta a consciência de nosso valor como seres inteligentes e voluntários.

Eis também por que é preciso fazer do aperfeiçoamento da personalidade o princípio de toda moral e de toda educação, sem temer por isso "dissolver-se na sociedade".[4] Numa época em que, como muitas vezes se observou, nenhuma teoria, nenhuma crença, nenhuma fé permanecem incontestes, esta é uma fé à qual se pode aferrar. A crença prévia e sem a qual todas as demais seriam ineficazes e mortas é esta: o homem não é o brinquedo da fatalidade de seus instintos, de suas paixões, de seus interesses, das forças externas; ele pode, se sabe desejá-lo, criar em si uma natureza moral e uma natureza social superiores; pode avançar ou retardar o progresso; pode se construir e construir o futuro. E, para ousar tentar a provação, é preciso ter fé na eficácia do esforço, é preciso ter fé no valor absoluto da dignidade humana; em uma palavra, na liberdade.

---

4 Durkheim, op. cit., p. 187.

Este livro foi composto em Adobe Caslon Pro e impresso pela Gráfica Santuário em papel Polen Soft 80g para a Editora Auster, em Junho de 2019.